EL FIN DE LA RELIGIÓN

BRUXY CAVEY

Un Encuentro
con la
Espiritualidad Subversiva
de Jesús

Copyright © by Bruxy Cavey, 2007-2020.

El Fin de la Religión
Un Encuentro con la Espiritualidad Subversiva de Jesús
de Bruxy Cavey. 2020, JUANUNO1 Ediciones.

Título de la publicación original: "The End of Religion".
This work is published by agreement with the author Bruxy Cavey.
Esta obra se publica mediante acuerdo con el autor Bruxy Cavey.
Esta obra ha sido republicada en inglés en Noviembre 2020, y esta traducción es la versión en español que se acordó con el autor.
Spanish Language Translation copyright © 2020 by JuanUno1 Publishing House, LLC.

ALL RIGHTS RESERVED. | TODOS LOS DERECHOS RESERVADOS.
Published in the United States by JUANUNO1 Ediciones,
an imprint of the JuanUno1 Publishing House, LLC.
Publicado en los Estados Unidos por JUANUNO1 Ediciones,
un sello editorial de JuanUno1 Publishing House, LLC.
www.juanuno1.com

JUANUNO1 EDICIONES, logos and its open books colophon, are registered trademarks of JuanUno1 Publishing House, LLC.
JUANUNO1 EDICIONES, los logotipos y las terminaciones de los libros, son marcas registradas de JuanUno1 Publishing House, LLC.

Library of Congress Cataloging-in-Publication Data
Name: Cavey, Bruxy, author
El fin de la religión: un encuentro con la espiritualidad subversiva de Jesús / Bruxy Cavey
Published: Miami : JUANUNO1 Ediciones, 2020
Identifiers: LCCN 2020948962
LC record available at https://lccn.loc.gov/2020948962

REL062000 RELIGION / Spirituality
REL030000 RELIGION / Christian Ministry / Evangelism
REL023000 RELIGION / Christian Ministry / Discipleship

Paperback ISBN 978-1-951539-43-6
Ebook ISBN 978-1-951539-57-3

Traducción: Alvin Góngora
Corrector: Tomás Jara
Diagramación: María Gabriela Centurión
Portada: JuanUno1 Publishing House, LLC
Director de Publicaciones: Hernán Dalbes

First Edition | Primera Edición
Miami, FL. USA.
-Noviembre 2020-

Para mamá y papá
que una vez me estimularon en mis búsquedas, luego celebraron
los resultados, y ahora creen que todo lo que escribo tiene que
ser maravilloso.

Contenido

Prefacio: Un descanso de la religión	9
Introducción: Granada de fragmentación sagrada	15

Parte I: El principio del fin

1. Agua, vino y escándalo	27
2. Religión, espiritualidad y fe	35
3. Martes de rosas azules	49
4. La cámara de los horrores	55
5. Quitando lo "mental" de funda*mental*ismo	71

Parte II: Una vida escandalosa

6. Desafiando al poder establecido	89
7. Rompiendo las reglas: *La Torá principal*	95
8. Un cerco alrededor de la ley: *Derrotando la tradición*	103
9. Valores familiares: *Deshaciendo el tribalismo*	113
10. Venga tu reino: *Trascendiendo el territorio*	129
11. Espacio sagrado: *Redefiniendo el Templo*	139
12. Símbolos subversivos	149
13. El día que la religión murió	157

Parte III: Las implicaciones antirreligiosas

14. ¿Quién te crees que eres? ¿*Dios*?   167

15. ¿Dios o Hijo de Dios?   179

16. Palabra de Dios   185

17. Amor en lugar de ley   193

18. De regreso al jardín   201

19. Es hora de madurar   207

20. Religión *vs.* Relación   215

21. ¿Entonces qué?   225

Epílogo: La "religión" que le gusta a Dios   233

Apéndice A: Orígenes de la palabra *religión*   239

Apéndice B: El lenguaje de hoy   243

Apéndice C: Capturando el evangelio   249

Bibliografía   255

Sobre el autor   263

PREFACIO

UN DESCANSO DE LA RELIGIÓN

Aún no he encontrado lo que estoy buscando.

– U2¹

Nuestro mundo está repleto de personas que andan en búsqueda de la realidad última: buscadores de la verdad que se mueven hacia lo espiritual tan rápidamente como se escabullen de la religión.

Para esos buscadores, la religión parece ser muy estrecha, muy rígida como para contener toda la verdad que persiguen. Los buscadores son personas abiertas a aprender de todas las religiones, pero le rehuyen al compromiso con alguna de ellas. Con frecuencia, son personas que rechazan la religión por una razón simple: ya la han sufrido de primera mano. Muchas son personas que en el pasado han sido parte de una religión organizada y la experiencia ha sido más pesada y aburrida que liberadora y revitalizante. Ellas le hacen eco a las palabras de Lenny Bruce, quien dijo: "La gente está abandonando la iglesia y encontrando a Dios".²

Quizás, algo de esto podría describirlos. Mi deseo es que este libro caiga en las manos de alguien que no sea tan solo un indagador escéptico, sino también un buscador espiritual. *Escribo para la gente que ya está cansada de la religión, pero que aún no está preparada para arrojar por la borda la idea de conectarse con Dios.*

---

1 *But I still haven't found what I'm looking for*, éxito musical de U2 (Nota del traductor)
2 "A Rest From Religion", prefacio de *How to Talk Dirty and Influence People*, por Lenny Bruce, citado en Darren John Main, *Spiritual Journeys Along the Yellow Brick Road*, p. 39.

Si tal es tu caso, permíteme sugerir un punto focal para tu búsqueda, un punto de referencia que te ayude a navegar por las muchas alternativas espirituales disponibles en la actualidad. Considera la posibilidad de que Jesucristo esté en una posición incomparable para ofrecerles a todos su ayuda espiritual, sin importar sus trasfondos religiosos. Piensa en esto: un rabí para los judíos, un profeta para los musulmanes, un avatar para los hindúes, un iluminado para los budistas, el Hijo de Dios para los cristianos, un maestro sabio para los seculares, un "amigo de pecadores" para el resto de nosotros. ¿Será coincidencia? A diferencia de cualquier otro líder religioso, profeta, filósofo o gurú espiritual, Jesús, solo él, tiene la capacidad de entregarle un mensaje a la gente de todas las religiones y a quienes no siguen religión alguna. Esto significa que, sin importar la cosmovisión que actualmente tengas, Jesús puede ser el lugar perfecto para empezar tu búsqueda.

Para ser claro: no estoy hablando de la religión cristiana *vs.* todas las demás. Asómate nada más a la historia de la iglesia para percatarte de que el cristianismo necesita oír el mensaje de Jesús tanto como —o quizás más que— la mayoría de las otras religiones. Por el contrario, yo estoy hablando de la persona de Jesús que trasciende a cualquier religión y que las ilumina a todas. Si estás indagando la verdad espiritual, creo que Jesús puede ofrecerte la guía que buscas.

Me fascina observar que no importa qué tan hostil es la gente cuando la religión organizada entra en escena, especialmente la religión cristiana: esas mismas personas tienden a conservar un lugar especial en sus corazones para el Jesús histórico. Por supuesto, ellas pueden reconfigurar a Jesús a su imagen tal como suelen hacerlo quienes sostienen sus propios conceptos acerca de Dios, sin embargo, eso muestra con mayor claridad su deseo de adoptar a Jesús y llevarlo a sus vidas. Ellas quieren que Jesús esté de su lado. Aunque la religión cristiana les pueda repeler, entienden que no pueden acusar a Jesús como la causa de tanta repulsión. Es como si algo relativo a esa figura histórica hiciera eco en sus corazones. ¿Por qué hay tantos libros publicados y vendidos acerca de Jesús? ¿Por qué estás leyendo este libro? ¿Qué hay en Jesús que lo hace tan extrañamente atractivo?

Uno de mis pensadores contemporáneos favoritos, John Stott, confirma este aprecio inusual por Jesús en el mundo de hoy: "En verdad, son muchos los que tienen una postura crítica frente a la iglesia, y, sin embargo, al mismo tiempo, conservan una admiración secreta por Jesús. De hecho, no he encontrado todavía, ni creo que llegue a encontrar, a alguien que no tenga un alto concepto de Jesucristo".[3]

Brian McLaren detalla esta idea un poco más en su profundo libro *The Secret Message of Jesus [El mensaje secreto de Jesús]*:

> Piensen en las personas que, con todo y haber renunciado a la "religión organizada" debido a experiencias malas o inútiles, aún sostienen una opinión positiva de Jesús. O quizás "opinión" no es la palabra acertada: lo que ellas mantienen es un cierto sentido de posibilidad en relación con Jesús, un sentido de que tiene que haber algo más en él, más de lo que la mayoría de la gente se da cuenta, incluso más de lo que muchos que se autodenominan *cristianos* perciben.[4]

¿No será que Dios todavía tiene algo que decirnos a través de Jesús para lo cual aún no tenemos espacio disponible? ¿No será que no va a dejar que marginemos a Jesús, no importa cuán perturbadora o irrelevante nos parezca la religión cristiana?

La religión puede ser agotadora: una rutina de actuaciones prefijadas que se mueve por el combustible de la culpa y el temor. Al mismo tiempo, la espiritualidad genérica puede también constituirse en una empresa agotadora debido a su falta de un punto focal. Muchos de los que han rechazado la religión se han ido hacia una especie de *espiritualidad para todos los gustos* que les permite a sus comensales comparar y seleccionar su sistema de creencias preferido mientras se mueven a

---

[3] Stott, *Por qué soy cristiano*, p. 35.
[4] McLaren, *The Secret Message of Jesus*, xi.

lo largo de la fila. No me malinterpretes. Me fascina un buen *buffet* (¡y tengo la contextura física para demostrarlo!), pero lo que funciona en la comida no necesariamente funciona en la fe. Muchos de esos catadores espirituales también están cansados de una búsqueda que carece de enfoque y fundamentación. Se sienten indigestos y malnutridos, hastiados de calorías espirituales vacías.

Las siguientes palabras de Jesús fueron dichas por y para nosotros, los que estamos cansados de la religión y, sin duda, cansados también de nuestros propios esfuerzos por encontrarle alguna alternativa: "Vengan a mí todos ustedes que están cansados y agobiados, y yo les daré descanso. Carguen con mi yugo y aprendan de mí, pues yo soy apacible y humilde de corazón, y encontrarán descanso para su alma. Porque mi yugo es suave y mi carga es liviana" (Mateo. 11: 28-30).

Observa que Jesús no plantea una religión diferente ni mejor. Antes bien, él nos invita a él mismo como una alternativa a las formas extenuantes de la religión. Este es un tema prominente en su enseñanza. Un tema que examinaremos en mayor detalle más adelante. Por ahora, bástenos con preguntar: si Jesús es de alguna manera Dios con una piel encima, Dios mismo que viene *a nosotros* en persona, ¿cuáles pueden ser las implicaciones radicales? ¿No se altera completamente y por esa razón la dirección de las búsquedas espirituales humanas? Nuestros intentos por alcanzar a Dios desenmascaran la religión, y la cuesta empinada es agotadora. Sin embargo, si Jesús es Dios que viene a nosotros y se vuelve uno de nosotros, la religión se vuelve redundante.

La religión apela a *reglas* que fuerzan nuestros pasos, a la *culpa* que nos mantiene en formación, a los *rituales* que traen a la memoria nuestros fracasos e incapacidad para satisfacer dichas reglas. De esa manera, le añade más carga a los que ya llevan a cuestas el fardo pesado de la vida. Jesús, por el contrario, nos ofrece el descanso que estamos buscando.

Puesto que estas palabras de Jesús capturan la invitación que nos hace a todos y todas, me gustaría volver a citarlas, pero esta vez tal como aparecen en una versión diferente titulada *The Message* [El *mensaje]*, de Eugene H. Peterson. Aquí tienes la oportunidad para ir más allá de la lectura y saborear las palabras que van al centro de nuestros anhelos humanos más profundos. Lee esas palabras de Jesús lenta y concienzudamente para ver si toca alguna fibra profunda en ti:

> ¿Están cansados? ¿Totalmente agotados? ¿La religión los ha dejado exhaustos? Vengan a mí. Escápense conmigo y recobrarán la vida que han perdido. Les voy a mostrar cómo se toma un descanso real. Caminen y trabajen conmigo: miren cómo lo hago. Aprendan de los ritmos sueltos de la gracia. Yo no voy a descargar sobre ustedes nada que sea oneroso ni que les cause estorbo. Manténganse en mi compañía y aprenderán a vivir con libertad, con una carga ligera. (Mateo 11: 28-30)

Yo quiero el "descanso" que Jesús ofrece aquí. Quiero aprender "los ritmos sueltos de la gracia".

Aunque Jesús nos ofrece descanso, observa que dice "*carguen con mi yugo*". No dice "recuéstense en mi sofá". Sí, nos ofrece descanso, pero es un descanso activo, constructivo, creativo. Los yugos son herramientas para el trabajo agrícola que se ponen en el cuello de los animales para que jalen una carreta o los implementos para el arado. Un yugo es, por lo tanto, un símbolo de un trabajo con propósito, de una labor que se hace en cooperación. Digo "en cooperación" porque un yugo une a dos animales que trabajan uno al lado del otro en un esfuerzo rítmico, en equipo. Es posible que Jesús quiera que nos lo imaginemos a nuestro lado en el yugo, o quizás él apunta al hecho de que crecemos mucho mejor espiritualmente cuando avanzamos en relaciones de hermandad con los demás. De cualquier manera, nos promete que va a haber un trabajo involucrado si es que queremos aprender de él, pero que va a ser una labor creativa, con sentido y en *colaboración*, esto es, un trabajo que es más un alivio que una responsabilidad, algo así como debió haber sido la vida en el jardín del Edén (Génesis 2: 15).

Me entusiasma verme como parte de ese movimiento creciente de personas que están descubriendo este descanso de las demandas legalistas de la religión. Puesto que la espiritualidad de Jesús trasciende cualquier institución o tradición religiosas, mucha gente en todo el mundo, proveniente de los más diversos trasfondos religiosos o, incluso, sin ningún historial religioso en absoluto, se está juntando para aprender de esa figura única y singular de la historia; y ahora, la invitación a unirte al diálogo se extiende también a ti.

INTRODUCCIÓN

GRANADA DE FRAGMENTACIÓN SAGRADA

¡1... 2... 5!

—Monty Python

Hay, básicamente, dos clases de personas en este mundo. Están los que les gusta Monty Python[1] y los que no pueden concebir que se haga tanta bulla con todo eso. Yo estoy en el primer grupo y considero que la película de Monty Python sobre el Santo Grial, *Los caballeros de la mesa cuadrada*, es la más divertida que haya visto. (Si también amas a Monty Python, estoy seguro de que justo ahora acabamos de experimentar una conexión profunda. Gracias por atraerme con esos lazos. Si no es así, estoy seguro que me estarás lanzando la mirada "de-qué-diablos-estás-hablando" que los que no son fanáticos de Monty Python reservan para los que sí lo somos... pero ¡en fin! Te pido un poco de paciencia).

Una de mis escenas favoritas en la película del Santo Grial es cuando el rey Arturo y sus caballeros usan "la granada sagrada" para volar en pedazos al desagradable conejo de enormes dientes (no tan aterrador como Frank, el demoníaco conejo de *Donnie Darko*,[2] otra de mis películas favoritas; pero ya me estoy yendo por las ramas).

Curiosamente, creo que la expresión "granada sagrada" puede aplicarse a la Biblia, un documento designado para hacer saltar desde

---

[1] Grupo de humoristas británicos que se hicieron célebres luego de una serie de televisión para la BBC, en 1969 (N. del T).

[2] *Donnie Darko* (2001) es una película estadounidense de ciencia ficción en la que Dark, un adolescente perturbado, tiene un amigo imaginario, Frank, un conejo gigantesco de rostro aterrador (N. del T).

adentro, "en átomos volando", a la religión. Las enseñanzas de Jesús serían como el detonador. Así que, cada vez que tomen una Biblia, sepan que lo que tienen en sus manos es un artefacto explosivo.

Desde luego, no estoy hablando de una explosión física ni de un libro que avale el terrorismo religioso. Me refiero a que es un libro que contiene un mensaje con el suficiente poder para desmantelar el control que la religión tiene sobre nuestro mundo. Soy consciente de que esta perspectiva puede contradecir todo lo que has creído sobre la Biblia y que me corresponde ofrecer alguna explicación seria al respecto. Por lo tanto, es mejor que lo haga.

La Biblia es mucho más que el sacro libro religioso para dos religiones importantes: el judaísmo y el cristianismo. La Biblia es, más bien, una biblioteca de documentos antiguos que apuntan a una sorprendente espiritualidad no religiosa que culmina con el mensaje y la misión subversivos de Jesús. Aunque muchas instituciones religiosas la asumen como su Escritura fundacional, las páginas de la Biblia revelan una agenda irreligiosa diseñada para hacer explotar la religión desde adentro. Estoy convencido de que la Biblia esconde las claves que nos permiten abrirnos el camino de salida de los sistemas esclavizantes de adicción religiosa y que, al mismo tiempo, nos invitan a establecer una conexión directa con lo divino.

Sin embargo, ¿no es la Biblia, acaso, un libro lleno de reglas, regulaciones, rituales y rutinas, esto es, el material del que está hecha la religión? A decir verdad, muchos textos de la Biblia, especialmente los del Antiguo Testamento (la parte que fue escrita antes de Jesús), contienen leyes y rituales, sistemas e instituciones. No obstante, esas ideas religiosas no constituyen el punto de partida ni tampoco son su punto de llegada. La Biblia empieza ofreciéndonos un cuadro del mundo ideal, un mundo *sin* religión, un jardín donde Dios y la gente vivían en desnuda intimidad. Esa fue la intención original de Dios para la humanidad. En la Biblia, no es sino después que la gente le vuelve la espalda a ese ideal de confianza mutua e intimidad que Dios empieza a darles reglas y a señalarles rutinas, tradiciones y enseñanzas; pero ese no es el final del cuento. Las reglas y los rituales de la Biblia son como un mapa para descubrir un gran tesoro, pero no son el tesoro en sí. Yo creo que fue eso lo que el muy venerado poeta y filósofo judío Abraham Joshua Heschel quiso resaltar cuando dijo: "La religión como institución, el Templo como fin último o, en otras palabras, la religión por amor a la religión es idolatría".[3]

La gente religiosa suele confundir el mapa del tesoro con el tesoro en sí.

Los capítulos finales de la Biblia describen hacia dónde es que Dios dirige al mundo: de regreso al jardín, un mundo en el que los rituales religiosos y sus instituciones brillan por su ausencia.[4] Entre los capítulos iniciales y los capítulos finales de la Biblia se desarrolla una trama secundaria de las respuestas precarias de la gente a las reglas y las rutinas de la religión. Sin embargo, al final del cuento, cada una de las páginas de la Biblia apunta hacia, o refleja, la venida de Jesús, aquel que se empeña en ponerle un punto final a la religión y en señalarnos el camino de regreso al ideal del jardín. En síntesis, he ahí por qué veo la Biblia como una Granada Sagrada, pues nos invita a un estilo de vida que hace superflua la religión y vuela en pedazos su monopolio de acceso a Dios.

El Jesús que la Biblia describe es escandaloso. No se lo presenta como el fundador de una religión mundial, sino como el que desafía todas las religiones. Es un revolucionario subversivo, antinstitucional. Cuando digo "antinstitucional" no quiero decir que Jesús se opone a toda forma de organización, sino que se enfrenta a la dependencia que la

---

[3] Heschel, *I Asked for Wonder*, p. 40.
[4] Los capítulos 21 y 22 del libro de Apocalipsis describen el estado final de la humanidad como un regreso al mundo tal cual Dios lo había concebido. El autor destaca el hecho de que no hay "templo" en ese "nuevo mundo feliz" (ver Apocalipsis 21:22, parodiando la novela de Aldous Huxley –nota del traductor). El templo era la institución que conectaba a la gente con Dios en el Israel del siglo I, el foco de los rituales de sacrificio y limpieza, pero en este estado final, dice el Apocalipsis, Dios mismo va a actuar como templo. Ya no habrá formalismos ni estructuras; tampoco rituales que nos conecten con Dios ni con las muchas formas en las que Dios nos ayudó a lo largo del camino. Al final, es el relato de Dios que no solamente nos *revela* una solución sino que se *convierte* en solución; no solamente nos *señala* una senda, sino que se *convierte* en la senda de regreso al jardín. Ese es el significado de Jesús.

gente desarrolla en relación con las instituciones para estar en contacto con Dios. No arribé a esta conclusión porque haya recogido evidencias puntuales y detalladas de fuentes marginales. Tampoco es que haya tenido alguna experiencia mística a través de la cual se me comunicó alguna verdad eterna. Dejemos que esos abordajes los asuman libros escritos por otros autores. Yo escribo a partir del cuadro cautivante acerca de Jesús que encontramos en la Biblia.

Tal como discutiremos en los capítulos que siguen, *la misión primordial de Jesús fue derribar la religión en tanto fundamento de la conexión entre Dios y los seres humanos, y reemplazarla por él mismo, lo divino que llegó a nosotros en nuestro propio contexto y en nuestra propia forma. A eso, Jesús lo llamó "el reino de Dios": Dios y su pueblo viven juntos, tal como lo pretendió desde el principio.* Por esa razón, buena parte de lo que Jesús hizo y enseñó tiene sentido solo cuando nos damos cuenta de que la meta que se planteó de ofrecerle salvación al mundo (ver Lucas 19: 10) incluyó la abolición de la religión como un sistema rival a su reino. Cuando entendemos eso, los textos del Nuevo Testamento cobran nueva vida con una energía renovada. Los relatos que Jesús narró, los argumentos que blandió, incluso las sanidades que operó, todo ello contribuyó a demoler las presunciones arrogantes de los religiosos de su época y a desestabilizar su dependencia del sistema.[5]

Tal como lo indica el subtítulo de este libro, *Encontrando la espiritualidad subversiva de Jesús*, quiero enfocarme en el papel que Jesús jugó en relación con la religión y la espiritualidad, en un esfuerzo por desafiarnos a salir de una y orientarnos hacia la otra. Espero que este libro sea un primer paso para aquellos que quieren indagar acerca de Jesús, y que les permita a aquellos que ya se consideran cristianos recalibrar su entendimiento del Jesús bíblico. El libro secuela de este que tienes en tus manos, *The Irreligious Life [La vida no religiosa]*, ofrece un cuadro de cómo luciría tu vida si abrazaras sin rodeos esta espiritualidad subversiva como si te fuera propia y la vivieras en plenitud.

---

5 El apóstol Pablo recoge en sus escritos ese imaginario al decir que los actuales seguidores de Cristo deben involucrarse activamente, llevando a cabo esa misma misión (ver 2 Corintios 10: 3-5).

Contamos con una diversidad de abordajes disponibles que nos ayudan a regresar a las enseñanzas originales del Jesús histórico que vivió hace 2000 años.[6] Para los propósitos de este libro, he sido intencional al usar la Biblia como mi fuente primaria. Y es por dos razones importantes. He aquí la primera: las cuatro biografías grecorromanas diferentes de Jesús que encontramos en la Biblia (llamadas Evangelios) son históricamente más válidas de lo que se nos ha dicho. Los académicos debaten en torno a qué tan cerca podríamos fijar las fechas de los Evangelios a los eventos que narran, pero todos miden la distancia en décadas, no en siglos. Para ponerlo en perspectiva, los escritos más antiguos que conocemos acerca de Buda datan aproximadamente de cinco siglos después de su paso por la tierra.[7]

La otra razón por la cual uso la Biblia como mi fuente primaria para este libro se trata del hecho de que la gente religiosa, al menos los de tradición cristiana, tienen que tomar seriamente el mensaje *bíblico*. La Biblia es la Escritura de autoridad para los judíos y los cristianos, y es un libro respetado por los musulmanes y otros más. Sí, es cierto que los Evangelios Gnósticos extrabíblicos han capturado el interés del público en general en la actualidad, pero mi propósito en este libro es señalar la naturaleza radical del mensaje de Jesús que ha estado a nuestro alcance, debajo de nuestras propias narices religiosas todo este tiempo. Está ahí, en los Evangelios de Mateo, Marcos, Lucas y Juan. Antes de invitar a la gente a que considere textos más nuevos o a que escojan entre un abanico de teorías complicadas y, con frecuencia, sin corroboración acerca de

---

6 Yo he investigado y enseñado la teoría del Jesús que nunca existió. Aunque es una propuesta fascinante en algunos aspectos, observo que muchos de sus exponentes tienden a poner una agenda antes de los hechos. Concuerdo con el historiador Paul L. Meier, profesor de Historia Antigua de Western Michigan University, quien en la introducción de su libro *In The Fullness of Time* (Grand Rapids: Kregel, 1998) sostiene: "Entre todas las creencias religiosas en el mundo pasado o presente, ninguna se ha basado más exhaustivamente en la historia que el judaísmo y el cristianismo. El encuentro entre lo divino y lo humano en las confesiones bíblicas siempre involucra presupuestos en torno a gente *real*, que vive en lugares *reales*, que actuaron en eventos *reales* en el pasado, muchos de los cuales son mencionados en la historia secular Antigua" (xv). En el fondo, para mí, si el Jesús histórico no fue el origen de las acciones, historias y enseñanzas radicales del Nuevo Testamento, me gustaría saber entonces quién fue el que se inventó todo eso, ¡y seguir a *esa* persona! Por ahora, me contento con llamar a esa persona "Jesús".

7 Para conocer más acerca de los cuatro Evangelios como biografías grecorromanas, ver Richard Burridge, *What Are the Gospels?*

Jesús (y de ellas hay un montón), yo aspiro a mostrar que la Biblia misma apunta a la naturaleza irreligiosa del mensaje de Jesús y de su misión. Quiero hacer explotar el mito popular según el cual la Biblia presenta un Jesús conservador que respalda (y es un producto de) la institución, y que los Evangelios Gnósticos y otros textos antiguos nos llevan a un Jesús más radical que desafía la institución.[8]

En simples palabras, mi meta no es inventar una nueva espiritualidad en el nombre de Jesús, sino llevarlos a que desentierren ustedes mismos un tesoro escondido, una perspectiva que viene directamente de la Biblia. Aunque el paso de los siglos la haya recubierto de una gruesa capa de maleza, quiero que todos juntos despejemos una senda de regreso a la intención original de las palabras y las obras de Jesús. Ciertamente, no somos los primeros en intentarlo, pero tristemente somos parte de una minoría en la historia de la fe cristiana.

Puedes creer que la Biblia es la Palabra inspirada de Dios, que es una colección de documentos históricamente válidos o tan solo uno de los muchos textos antiguos que nos aportan alguna comprensión del Jesús histórico. Con todo, la Biblia puede ser el punto de partida perfecto para investigar sobre Jesús, especialmente porque las instituciones religiosas —que son las que necesitan con más urgencia escuchar su mensaje explosivo— son las que ya lo han abrazado. Los líderes religiosos olvidaron desde hace mucho tiempo las implicaciones peligrosas de la Biblia y la colocaron en el estante de los artefactos inocuos desde el que la exhiben en el edificio eclesial más cercano a sus casas.

---

8 Sin duda, has oído acerca de las teorías que afirman que la iglesia institucional seleccionó para que formaran parte de la Biblia únicamente aquellos textos del evangelio que que parecían respaldar la autoridad de la iglesia y que rechazó otros evangelios que parecían más subversivos, más amenazantes a su posición de poder (los Evangelios de Tomás, María, Pedro, Judas, etc.). Acerca de esto, me gustaría hacer dos precisiones que suelen pasarse por alto en el ruido de estas teorías más sensacionales: la primera, debemos recordar que los Evangelios Gnósticos tienen una fecha tardía de los siglos II y III (mucho más tardíos que los Evangelios canónicos). Así que, los Evangelios bíblicos son una mejor opción para llegar al Jesús de la historia. La segunda, el Jesús de los Evangelios bíblicos de Mateo, Marcos, Lucas y Juan no es alguien que respalde ningún sistema de poder religioso, tal como lo discutiremos en el capítulo 2 de este libro. Si la iglesia institucional intentaba salirse con la suya y de ahogar cualquier sentido de radicalidad, subversión e irreligiosidad en las enseñanzas de Jesús, hizo un trabajo pésimo. Entonces, me he comprometido a invertir mis energías en la exploración de los Evangelios bíblicos a fin de extraerles lo que tienen, antes que a evaporarlas en los textos Gnósticos más recientes.

INTRODUCCIÓN

Sí, yo creo que esta Granada de Fragmentación Sagrada ha estado durmiendo por dos milenios, y ya es hora de que le quitemos el seguro.[9] Por lo tanto, me propongo como meta sostener mi línea de argumentación desde la Biblia misma, antes que presentar una teoría que, para sostener mi perspectiva, desacredite la Biblia.

Con eso en mente, a medida que avances a lo largo del libro, podrás observar que este texto está salpicado de referencias a pasajes relevantes de la Biblia (que, en algunos casos, están seguidos de letras que indican la traducción que estoy citando —en los pocos casos en los que me aparto de la Nueva Versión Internacional, el texto base para este escrito).[10] Si estás interesado en cavar más profundo en esos temas, puedes revisar las referencias, leer el contexto y seguir tu propia investigación. El libro que está en tus manos puede ser una lectura rápida mientras esperas el bus o puede ser una plataforma de lanzamiento a una indagación más profunda, dependiendo de lo que quieras llevarte contigo. Con ese fin en mente, cada capítulo concluye con una sección de ¿Eh? y R *(preguntas y respuestas. Vamos, soy canadiense)* para contribuir a la generación de pensamientos propios, conversaciones con algún amigo o discusiones en grupo. Yo abogo especialmente por las discusiones en grupo porque mi convicción es que la espiritualidad personal crece mejor en el terreno de una comunidad auténtica.

Este libro está planteado en tres secciones. La segunda sección (así como el capítulo 1) es el corazón de la obra. Esos capítulos constituyen un examen de las enseñanzas y las acciones irreligiosas de Jesús. Si la paciencia no es tu fuerte, salta a la hoguera con toda confianza. La Parte I plantea el escenario y bosqueja los asuntos que nos ocupan. La Parte III abre con la pelea por aplicar todo eso en nuestras vidas.

---

9 Lamento el imaginario violento que estoy utilizando, pero tiene un propósito. No estoy hablando de que volemos personas, edificaciones ni estructuras, sino la *dependencia* humana hacia esas personas, edificios y estructuras como sistemas de salvación codependientes. Es una metáfora. A mí me funciona. Una amiga me dijo que, para ella, el momento de hacer explotar la granada comenzó cuando empezó a meditar en Juan 1, un capítulo de la Biblia que incluye pensamientos que, si permites que crezcan como la levadura en tu mente, la "harán explotar" de la mejor manera posible.

10 La referencia a la Nueva Versión Internacional en el paréntesis es nota del traductor. No aparece en el original.

Aprovecho esta oportunidad para mencionar que me refiero a Dios en la categoría gramatical masculina tanto con remordimiento como con convicción. La Biblia no enseña en absoluto que Dios sea masculino. Dios es un Espíritu en el que tanto lo masculino como lo femenino pueden hallar sus orígenes e identidad (ver Génesis 1: 26-27; Juan 4: 24). Y aquí nos encontramos con las limitaciones del lenguaje. El español, así como los idiomas originales de la Biblia (hebreo y griego), no nos aporta un pronombre singular que sea inclusivo en términos de género. Pero no quiero referirme a Dios en términos impersonales (porque no es una *cosa*). Entonces, uso pronombres masculinos porque mi convicción es que Dios es personal, no porque crea que Dios es masculino. Además, quiero estar en consonancia con la sintaxis de los idiomas antiguos.[11]

El filósofo y activista social Jean Vanier afirma: "He aprendido que el proceso de enseñanza y aprendizaje, de la comunicación, va siempre en dos sentidos".[12] Mis años de enseñanza sobre el asunto central de este libro y de vivir sus implicaciones en comunidad espiritual me han enseñado esa misma lección. Ahora que pongo mis pensamientos por escrito para que sean leídos por gente a la que nunca voy a ver, confío en que el diálogo no se detenga. Te ruego que te sientas en libertad de escribirme y contarme tus reacciones, críticas, preguntas, historias y sí, por qué no, incluso tus ratificaciones. En caso de que haya muerto para cuando leas este libro —un pensamiento morboso, pero honesto— quiero que sepas que espero el momento en que pueda conocerte allá, del otro lado.

---

11 Aunque en la Biblia Dios claramente desempeña roles de Padre y Madre en relación con su pueblo, a él nunca se le llama directamente "Madre". La deidad bíblica es un Dios Padre con un corazón de Madre. (Para un imaginario femenino de Dios en la Biblia, ver Deuteronomio 32: 18; Salmo 90: 2; Isaías 42: 14; 45: 9-10; 49: 15; 66: 12-13; Mateo 23: 37; Juan 3: 56; Santiago 1: 18; 1 Pedro 2: 23.)

12 Vanier, *Becoming Human*.

INTRODUCCIÓN

¿Eh? y R

1. Yo sostengo que podemos ver que la Biblia es un documento irreligioso por su comienzo, su final y su personaje central. ¿Qué piensas al respecto?
2. ¿Qué valor hay en basar el mensaje irreligioso de Jesús en lo que dice la Biblia, antes que fundamentarlo en revelaciones personales, conversaciones con Dios o literatura antigua no bíblica?
3. Muchos líderes religiosos en los tiempos de Jesús no se percataron del punto central de sus enseñanzas debido a que sus nociones preconcebidas y sus sesgos institucionales interferían con su capacidad para ver y oír la verdad espiritual. De igual manera, la historia revela que muchos líderes de la religión cristiana han impuesto sus propias agendas sobre las enseñanzas de Jesús antes que someter sus vidas a ese mensaje subversivo.
   - Al comenzar este peregrinaje, ¿cuáles crees que son algunos de *tus* sesgos y agendas escondidas cuando te acercas al tema de Jesús en la Biblia?
   - ¿Cómo podrían esos sesgos y agendas oscurecer tu perspectiva acerca de la fe?
4. ¿Qué es lo que más y lo que menos esperas en el proceso de trabajar a lo largo de este libro?

No vi ningún templo en la ciudad, porque el Señor Dios Todopoderoso y el Cordero son su templo.
–Apocalipsis 21: 22

PARTE I
EL PRINCIPIO DEL FIN

Bienaventurada la persona que no se escandalice por causa mía.

—Jesús (PAR)

CAPÍTULO 1

AGUA, VINO Y ESCÁNDALO

Actúa solo una vez de tal manera que tu acción exprese que temes tan solo a Dios y nunca al hombre e inmediatamente, en cierta medida, provocarás un escándalo.

—Søren Kierkegaard

Vamos a jugar un juego de asociación de palabras. Yo digo "Jesús" y tú dices...

Si tuvieras que sacar un pedazo de papel y anotar cada palabra que se te viniera a la mente cuando digo "Jesús", mi sospecha es que *irreligioso* podría no ser la primera en tu lista. Hubo un tiempo en el que no hubiera aparecido en la mía. Pero eso cambió.

Cuando comencé a darme cuenta de que el Jesús descrito en la Biblia era mucho más atractivo, emocionante y escandaloso que el Jesús manso y suave que proclamaban muchas iglesias, se abrió una nueva temporada de mi vida. Yo era joven y estaba empezando a estudiar la Biblia por mí mismo y, en el proceso, llegué a creer que tenía en mis manos un documento volátil, uno que tenía el potencial de destruir toda la religión desde adentro. Dorothy Sayers escribió una vez: "Para ser justos con las personas que colgaron a Cristo, hemos de admitir que ellos nunca lo acusaron de ser aburrido; por el contrario, pensaban que era demasiado dinámico como para garantizar seguridad. Fueron las generaciones posteriores las que se han encargado de amortiguar esa personalidad devastadora, rodeándola con una atmósfera de aburrimiento".[1]

---
[1] Sayers, Creed or Chaos?, pp. 6-7.

Recuerdo haber leído la historia de mi milagro favorito en el que Jesús convirtió el agua en vino (lo sé, también es tu favorito). Estaba pensando en cómo Jesús usó su poder no solo para sanar, sino también para alentar la celebración de la vida. Sin embargo, cuando leí con más atención, noté algo que inicialmente me desconcertó y finalmente me obligó a comenzar a repensar la religión, la espiritualidad y todo aquello de lo que se trata Jesús.

Me sentí como si hubiera entrado en el *estudio de grabación* de *El Código Da Vinci*. Al igual que los personajes que observan el cuadro de Leonardo, "La última cena", para encontrar las pistas de un misterio antiguo, yo observaba un pasaje del evangelio de Juan para encontrar el significado de algo que nunca antes había notado. Lo que finalmente encontré fue solo una breve frase que revelaba un pequeño detalle de la historia, pero que se convirtió en el ojo de la cerradura a través del cual pude ver una realidad más grande.

Sé que estoy parloteando demasiado sin decir lo que quiero decir. Eso es porque no quiero estropear la diversión. Pon atención a la historia para saber si notas lo mismo. Observa más allá del vino para descubrir el escándalo. Y aquí hay una pista: recuerda que Jesús hizo cosas con las que se ganó el favor de la gente común, mientras que, al mismo tiempo, enfureció a los líderes de la organización religiosa.

> Al tercer día se celebró una boda en Caná de Galilea, y la madre de Jesús se encontraba allí. También habían sido invitados a la boda Jesús y sus discípulos. Cuando el vino se acabó, la madre de Jesús le dijo:
> —Ya no tienen vino.
> —Mujer, ¿eso qué tiene que ver conmigo? —respondió Jesús— Todavía no ha llegado mi hora.
> Su madre dijo a los sirvientes:
> —Hagan lo que él les ordene.
> Había allí seis tinajas de piedra, de las que usan los judíos en sus ceremonias de purificación. En cada una cabía

unos cien litros.

Jesús dijo a los sirvientes:

—Llenen las tinajas.

Y los sirvientes las llenaron hasta el borde.

—Ahora saquen un poco y llévenlo al encargado del banquete —les dijo Jesús.

Así lo hicieron. El encargado del banquete probó el agua convertida en vino sin saber de dónde había salido, aunque sí lo sabían los sirvientes que habían sacado el agua. Entonces llamó aparte al novio y le dijo:

—Todos sirven primero el mejor vino, y cuando los invitados ya han bebido mucho, entonces sirven el más barato; pero tú has guardado el mejor vino hasta ahora.

Esta, la primera de sus señales, la hizo Jesús en Caná de Galilea. Así reveló su gloria y sus discípulos creyeron en él (Juan 2: 1-11).

¿Qué te parece ese regalo de bodas? ¡Ahí van seis tinajas enormes llenas del mejor vino! Juan aclara que esos recipientes de agua tallados en piedra pueden contener 100 litros, entre 20 y 30 galones. Esto representa un gran total de entre 120 y 180 galones de vino, que llenarían más de 2000 vasos de cuatro onzas. ¡Demasiado combustible para una fiesta![2] Es una buena forma de ingresar al nicho de mercado milagroso, ¿no crees? Pero esto es solo el principio.

---

2 Algunos cristianos sostienen que Jesús no hubiera creado nunca una bebida alcohólica y que el "vino" que Jesús hizo en este relato tuvo que haber sido jugo de uva sin fermentar. La teoría es fascinante, pero bíblicamente insostenible. La palabra griega que se usa para vino en este pasaje (*oinos*) es la misma que aparece en otros lugares de la Biblia para referirse a un líquido que tiene la propiedad de purificar una herida (ver Lucas 10: 34), causar embriaguez (ver Efesios 5: 18) o, incluso, adicción (ver Tito 2: 3). Esas son cualidades del alcohol, no de la vitamina C. En la Septuaginta (la traducción de la Biblia hebrea al griego que fue la que los autores neotestamentarios conocieron y citaron), *oinos* es la traducción frecuente de *yayin*, que es la palabra hebrea para el vino fermentado (al contrario de *tirosh* o *mishreh*, que, por lo regular, significan *jugo no fermentado* o *jugo que no ha llegado a un punto completo de fermentación*). Ver, además, Lucas 7: 33-34 en donde, a diferencia de Juan el Bautista, los religiosos conservadores de la época le asignan a Jesús el rótulo de "borracho" porque tomaba *oinos*. La Biblia (tanto el Antiguo como el Nuevo Testamentos) con frecuencia advierte contra los potenciales efectos negativos del alcohol y enseña en contra de la embriaguez, pero no ordena una abstinencia total. Esta es una opción que cada persona tiene libertad de tomar.

El Nuevo Testamento (aquella parte de la Biblia escrita después de la venida de Jesús) fue escrito en griego. Algunas versiones bíblicas diferentes a la que uso traducen como *milagro*, en el versículo 11, la palabra que aquí se traduce como *señal*, algo que apunta hacia la verdadera naturaleza del mensaje y la misión de Jesús. Este milagro no se trata solo de proporcionar un refrigerio a los huéspedes sedientos. Aquí hay más cosas en juego.

Piensa en el simbolismo radical involucrado en este evento. La idea de convertir milagrosamente el agua en un líquido completamente diferente no debió haber sido novedosa para los invitados de la fiesta. Como judíos, deberían estar íntimamente familiarizados con la historia de Moisés, el legislador, a quien se le otorgó el poder de convertir el agua en sangre (ver Éxodo 4: 9), un símbolo del juicio de Dios. Ahora, Jesús viene con el poder de convertir el agua en vino, un símbolo de la bendición y la alegría de Dios (ver Salmo 104: 14-15). Algo estaba cambiando. En las Escrituras hebreas, escritas mucho antes del tiempo de Jesús en la tierra, Dios había profetizado que un día levantaría a un profeta "como" Moisés (Deuteronomio 18: 18).[3] "Como", esto es, que se asemejaría en algunos aspectos, pero que sería obviamente diferente. Moisés y Jesús le ofrecieron a la gente la libertad de todo lo que los esclavizaba, ya fuera Egipto, por un lado, o el pecado y el egoísmo, por el otro. Moisés logró esa libertad para el pueblo de Dios a través de demostraciones de ira y juicio de parte de Dios. Jesús la ofreció al mostrar la gracia y la misericordia de Dios. Esto no quiere decir que el Dios del Antiguo Testamento y el revelado a través de Jesús estén en desacuerdo o sean contradictorios. Solo significa que respondió de manera diferente a la humanidad en dos momentos diferentes de nuestro desarrollo y en dos contextos diferentes. Examina la relación de cualquier padre con sus hijos a lo largo de los años y verás cuán radical es el cambio en el estilo de crianza a medida que los niños maduran y las circunstancias se desarrollan.

---

3 En el Israel del siglo I bajo la ocupación romana, los judíos esperaban el surgimiento de este profeta, como Moisés, que los habría de liberar (ver Juan 1: 21). Jesús ofrecía la liberación, pero de una esclavitud más profunda que la padecida bajo la opresión política: la esclavitud de nuestro propio pecado y egoísmo, la esclavitud de la religión.

Por supuesto, no es extraño reconocer que el mensaje de Jesús fue de bendición y alegría. Pero, mientras continuaba contemplando esa "*señal*", me di cuenta de que, a través de su milagro, Jesús no solo estaba, *agregándole* contenidos a la tradición religiosa establecida. La estaba subvirtiendo. ¿Notas, entonces, el escándalo?

Echa un vistazo al versículo 6. Juan nos dice que Jesús no hizo que el vino se sirviera de los recipientes ordinarios reservados para el vino. Al contrario, les dijo a los sirvientes que usaran los recipientes sagrados reservados para un ritual religioso. Cuando investigué este detalle más a fondo, descubrí que una de las tradiciones de algunos grupos religiosos de ese tiempo (especialmente las de un grupo influyente llamado los fariseos) era la habitual limpieza ritual de las manos. Ellos sumergirían sus manos en agua sagrada como una forma de simbolizar un deseo de permanecer puros del pecado del mundo (ver Marcos 7: 1-4).

¿Por qué, entonces, usaría Jesús estos frascos de piedra sagrada para que contuvieran el agua convertida en vino? Con toda seguridad, había otros recipientes disponibles que podían haber contenido el néctar de la alegría. Si se habían quedado sin vino, obviamente debía haber por ahí un montón de vasijas "vacías" dispuestas a recibir el líquido milagroso. Los frascos, las jarras, las botellas, los barriles y los odres de vino (lo que fuera que estuvieran usando) estaban ahí, vacíos, a la espera de ser llenados. Entonces, ¿por qué las vasijas de piedra? ¿Por qué los iconos sagrados de la tradición religiosa? ¿Por qué hacer intencionalmente algo tan ofensivo?

Tenía ante mí un hecho inesperado, pero innegable: *a través de su primer milagro, Jesús profana intencionalmente un ícono religioso.* Elige deliberadamente esos recipientes sagrados para desafiar al sistema religioso, convirtiéndolos de iconos de purificación personal en símbolos de celebración relacional. Jesús nos lleva del agua bendita al vino de bodas. Del legalismo a la vida. De la religión a la relación.

Jesús parece estar diciendo que su mensaje de amor —un amor de aceptación radical— es demasiado grande para ser contenido en las viejas formas de la tradición religiosa.[4] Su vino nuevo exige odres nuevos (ver Mateo 9: 17).

Yo sabía que frente a eso tenía que hacer a un lado mis presupuestos religiosos y dejar que el Jesús de las Escrituras fuera quien la Biblia dice que es, y no aquel que dos mil años de historia y tradición de la iglesia dicen que debería ser. Así comenzó mi búsqueda intencional de un Jesús tridimensional, más allá de las vidrieras de la religión que lleva su nombre.[5] Quería aprender más sobre —y más de— el Jesús que cree que nuestro mundo necesita más vino y menos religión. Ahora sé que esta historia milagrosa y singular es simplemente la punta de un témpano de hielo irreligioso que se esconde en la Biblia.

Los escritores de los evangelios, los cuatro libros bíblicos que registran la vida de Cristo, usan una palabra griega fascinante para describir el efecto que Jesús suele producir en su auditorio religioso. Ellos describen a Jesús como un *skandalon*, es decir, un escollo, una ofensa, un escándalo. Su énfasis parece ser que Jesús es una roca sobre la cual puedes construir tu vida tanto como tropezar con ella. Cualquiera que se aferre demasiado a sus preconceptos religiosos, tarde o temprano se ofenderá con Jesús. A menos que, por supuesto, haga lo que innumerables cristianos han hecho y domestique al Jesús histórico a través de años de tradición conservadora.

Afortunadamente, el registro bíblico no permitirá que la agenda no religiosa de Jesús sea tan fácilmente descartada. Su espiritualidad subversiva fue un estilo de vida por el que estuvo dispuesto a morir y, como veremos más adelante, fue a través de su muerte que finalmente declaró el fin de la religión.

En la segunda parte, exploraremos más ejemplos del comportamiento y la enseñanza de Jesús que son escandalosos para los conser-

---

[4] Los escritores del Nuevo Testamento usaron una palabra griega para hablar de la clase de amor que Jesús nos muestra: *agape*. Eso significa un amor que es incluyente, acogedor e incondicional.

[5] Sí, mi búsqueda me llevó más allá de los preceptos y de las tradiciones de la religion Cristiana, pero no más allá de la Biblia. Al contrario, yo me di cuenta que la misma Biblia contiene el major desafío a la religion que uno podría esperar. Como ya lo dije en la introducción, no hay libro más amenazante a la religión, ni hay versión más subversiva acerca de Jesús que se pueda estudiar en el mundo de hoy que el Jesús bíblico.

vadores religiosos de cada generación. Pero antes de eso, hay algunas cosas que deben decirse, incluida la importante tarea de aclarar nuestros términos, como lo haremos en el próximo capítulo.

Eh? y R

1. Volvamos al juego de asociación de palabras.
   - Si yo digo "Jesús", ustedes dicen…
   - ¿Por qué vienen a tu mente estas palabras en particular?
2. Jesús hizo una audaz declaración simbólica en la boda en Caná cuando profanó las tinajas de agua bendita con el vino de la fiesta, reemplazando así la ceremonia con la celebración. Si Jesús viniera hoy, ¿qué tradiciones sagradas o creencias de larga data crees que necesitaría desafiar para poder expresar su opinión?
3. Observa que Jesús y sus discípulos estaban en la fiesta de bodas porque fueron "invitados". Si estuvieras en una fiesta, ¿querrías que Jesús estuviera allí? ¿Por qué sí? ¿Por qué no?
4. Una lectura detallada del texto de Juan 2 revela que el agua se convierte en vino solo cuando los sirvientes realmente siguen las instrucciones de Jesús para servirla. Al principio, Jesús no realiza el milagro para que los sirvientes vayan a contarlo a los demás. Antes bien, la participación de los sirvientes se convierte en parte de la transformación. ¿Qué lecciones hay allí para nosotros?

"El reino de los cielos es como un rey que preparó un banquete de bodas"
Mateo 22: 2

CAPÍTULO 2

RELIGIÓN, ESPIRITUALIDAD Y FE

La revelación de Dios es la abolición de la religión.

—Karl Barth

El lenguaje es fluido. Cambia de forma a medida que cambian los contextos y las culturas. Por ejemplo, vivimos en un momento en que cada vez más personas hacen una distinción entre religión y espiritualidad.[1]

Por *religión* las personas tienden a referirse a los *sistemas* de creencias establecidos de la Realidad Última y de las *instituciones* que los mantienen. Utilizo la palabra *religión* de manera similar, para referirme a "cualquier dependencia de sistemas o instituciones, reglas o rituales como nuestro conducto a Dios. La "religión" de la que hablo en este libro es cualquier sistema de reglas, regulaciones, rituales y rutinas que las personas usan para alcanzar su meta final espiritual, sus *telos*, sea

---

1 Ver "Spirited Away: Why the End Is Nigh for Religion", el artículo central del periódico británico *The Times*, 4 de noviembre de 2004, obtenido de: http://www.timesonline.co.uk/tol/life_and_style/article502475.ece Igualmente valioso es el artículo de Paul Chamberlain "The Quest for Spirituality", *Faith*, septiembre/octubre de 1997, disponible en: http://www.christianity.ca/faith/faith-and-thought/2003/11.001.html; y libros como *The Spiritual Revolution: Why Religion is Giving Way to Spirituality*, por Paul Heelas y Linda Woodhead. A decir verdad, algunos podrían hablar de estar viviendo una "experiencia religiosa" para referirse a un encuentro espiritual profundo con Dios. La gente usa palabras como *espiritual* y *religiosa* de manera diferente. Eso sí, cuando alguien me dice que es una persona religiosa yo presto mis oídos para capturar el sentido y el espíritu subyacentes a las palabras antes que discutir por las palabras como tales, lo cual explica por qué en este capítulo defino los sentidos en que uso esas palabras. *Toda conversación exige una cierta cantidad de traducción* por el simple hecho de que la gente usa los términos de manera diferente. Hay que estar alerta. Es muy fácil enredarse en discusiones, debates y argumentaciones que no se ocupan de nada que sea de valor *sustancioso* sino que se quedan en la superficie de las *etiquetas* que usamos para describir nuestras opiniones. Esas peleas en torno a palabras son las que dividen a la gente innecesariamente y nos distraen a todos de nuestra búsqueda primordial de la verdad (ver 2 Timoteo 2: 14, 23; 1 Timoteo 6: 4).

que llamen a eso *iluminación, salvación, nirvana, unión con lo Divino* o algo más. No creo que ningún sistema o institución sea la manera de conectarse con Dios, aunque estas cosas pueden brindar algún apoyo en nuestro viaje.[2]

Cuando hablamos de esta manera, estamos siguiendo los pasos de grandes pensadores como el filósofo existencialista Søren Kierkegaard (que distinguió entre la fe del cristianismo y la religión de la cristiandad), el teólogo suizo Karl Barth (que desafió a la iglesia a regresar a una fe centrada en Cristo), y el teólogo alemán Dietrich Bonhoeffer. Para muchos, este último es un héroe por enfrentarse a la religiosidad obsecuente con el régimen nazi de la Iglesia Luterana alemana durante la Segunda Guerra Mundial. Mientras estaba en prisión antes de ser ejecutado por los nazis, Bonhoeffer escribió *Resistencia y sumisión: Cartas y apuntes desde el cautiverio*, en el que establece la antinomia entre fe y religión y aboga apasionadamente a favor de un "cristianismo no religioso" o "sin religión".

Cristianismo sin religión. ¡Ya veo a Jesús sonreírse!

El Jesús descrito en la Biblia ve las cosas que las personas normalmente asocian con la religión, como la oración y la peregrinación, el bautismo y el estudio de la Biblia, la asistencia a la iglesia y las donaciones caritativas, como posibles expresiones de la vida espiritual que Dios da, pero no como los medios para obtenerla. ¿Beso a mi esposa para ganar su amor? ¿O la beso para expresar el amor que ya compartimos? Uno representa la inseguridad de la religión. El otro muestra la intimidad de la fe.

El mensaje de buenas noticias de Jesús es que Dios nos da vida espiritual como un regalo, el mismo que los escritores bíblicos resumen con la palabra *gracia*. Por supuesto, Dios quiere que vivamos una vida buena, pero la bondad que vivimos en este mundo es un acto de gratitud por nuestra vida espiritual y no un intento religioso de ser lo

---

2 Ciertamente, hay una religión de naturaleza buena que Dios aprueba, pero infortunadamente esa clase de religión sufre de baja popularidad en relación con la que describo en este capítulo. En el epílogo nos ocuparemos de dicha religión en su buen sentido.

suficientemente bueno para ganar esa vida.

Los primeros seguidores de Cristo enseñaron que vivir una vida buena y amorosa debe ser la expresión alegre de una persona que ha recibido la vida eterna, la salvación, como un regalo (véase Romanos 6: 23). No debemos cargar con el fardo de tratar de vivir una vida excepcionalmente buena que nos califique como candidatos a la salvación. El Nuevo Testamento alienta a los seguidores de Cristo a una vida amorosa por gratitud, no por temor a perder su lugar en el cielo. ¿Qué tipo de matrimonio amoroso construiría con mi esposa si la tratara amablemente solo por temor a que ella se divorciara de mí si yo no lo hiciera? ¿Qué clase de hijo sería si honrara a mis padres ancianos solo porque quiero la recompensa de su herencia? ¿Qué clase de padre sería si tratara a mis hijos con amor solo porque temo que, si los abuso, me hicieran daño? Más bien, yo muestro mi amor hacia mi familia a partir de un sentido de privilegio y gratitud por nuestra relación y porque ese amor ha ganado mi corazón.

El apóstol Pablo solía expresar esa idea cuando escribía a la primera generación de seguidores de Cristo:

> Porque por gracia ustedes han sido salvados mediante la fe; esto no procede de ustedes, sino que es el regalo de Dios, no por obras, para que nadie se jacte. Porque somos hechura de Dios, creados en Cristo Jesús para buenas obras, las cuales Dios dispuso de antemano a fin de que las pongamos en práctica (Efesios 2: 8-10).

Observa que el regalo de la vida espiritual es lo primero. Las buenas obras vienen como resultado. Ese tipo de buen comportamiento no es como el intento de un prisionero que busca impresionar al director del penal para lograr la libertad condicional anticipada. Más bien, es la expresión alegre y agradecida de un prisionero liberado inesperadamente. El motivo es la *ausencia* de miedo, no su *presencia*. El apóstol Juan escribió: "... el amor prefecto echa fuera el temor. El que teme espera el castigo, así que no ha sido perfeccionado en el amor" (1 Juan 4: 18).

Este es el yugo "fácil" de Jesús del que hablamos en el prefacio. No tenemos que trabajar para la salvación, ya sea que esas obras sean genéricas, buenas acciones o comportamientos expresamente religiosos, como la oración, el estudio de las Escrituras u otros rituales. Dios nos da la salvación, la vida, el amor y todo lo que necesitamos por adelantado, incluido un propósito en este mundo. Ese es su regalo para nosotros (ver Romanos 6: 23). Cuando nos damos cuenta de esto, cuando esa declaración penetra hasta la profundidad de nuestros huesos, vivimos, entonces, una vida que expresa gratitud al amar a Dios y a los demás. Hacer lo contrario sería falso y forzado.

Las personas religiosas pasan por alto este mensaje y recurren a los rituales y regulaciones, la ética y las actividades que se les prescriben como la manera de lograr lo que Dios ya les ha ofrecido como regalo. Al hacerlo, se pierden la vida de Dios y no satisfacen su sed espiritual.

Imagínate a una persona sedienta que sostiene una copa de agua. Ahora, imagina que esa persona lame el exterior de la copa en un intento de calmar su sed. Esa es una imagen de la religión. Las personas religiosas tienden a centrarse en la copa y olvidarse de los contenidos. Discuten sobre qué copa es la mejor, pero se olvidan de beber de alguna de ellas. Algunas copas están recargadas de adornos y otras son simples. Las personas se sienten atraídas por los diferentes estilos de recipientes, pero ninguno de ellos los sacia. No digo que no haya copa que no pueda ofrecer algo refrescante, solo que la religión en sí no es lo que refresca. De hecho, cuando creamos que hemos encontrado la copa apropiada, probablemente debamos descartarla, porque entonces habremos confundido los contenidos con el recipiente, la sustancia con la estructura, la fe con la forma. La fe puede expresarse en muchas maneras, pero eso no es lo que satisface. La Biblia llama *idolatría* al proceso de confundir la forma con la sustancia, y les sucede todo el tiempo a personas bienintencionadas.

La Biblia cuenta una historia de un día en que Dios usó la estatua de una serpiente para ayudar a generar fe entre su pueblo. Unas serpientes venenosas empezaron a atacar a los israelitas durante su travesía por el desierto y muchos morían. Ellos clamaron a Dios para que eliminara a las serpientes, pero, en lugar de eso, Dios propuso un plan más creativo.[3] Él podía sanarlos a todos de una vez y por cuenta propia, pero, como normalmente suele hacer, encontró una manera de asociarse con su gente para producir resultados. Así que hizo que Moisés construyera una estatua de serpiente y les dijo a los israelitas que miraran a la estatua de la serpiente con fe para que hubiera sanidad. La estatua fue una idea de Dios y cumplió bien su propósito (ver Números 21: 4-9). Sin embargo, más adelante en la Biblia, encontramos que las personas se enamoraron tanto de la estatua de la serpiente que comenzaron a adorarla en lugar de al Dios que se las había dado (ver 2 Reyes 18: 4). Lo que estaba destinado a ser un regalo de Dios se había convertido en un ídolo, un obstáculo para su relación directa. En lugar de adorar a Dios, terminaron por adorar la forma que tomó su poder en algún momento de sus vidas. Terminaron lamiendo la copa.

A veces, las personas que saben que soy un seguidor de Cristo me preguntan si creo que todas las religiones llevan a Dios. Supongo que esperan que yo sostenga que solo la religión cristiana es el camino a Dios o que dé la respuesta abierta de que todas las religiones lo hacen. En lugar de eso, elijo una tercera alternativa. Les digo que no creo que todas las religiones conduzcan a Dios porque ninguna religión conduce a Dios. La religión no lleva a la gente a Dios más de lo que una copa apaga la sed.

El relato de la Biblia es la historia de Dios que quiere que vayamos a él *directamente*, que nos ofrece herramientas para ayudarnos en nuestra relación, y que luego observa cómo se resquebraja nuestro corazón cuando nos enamoramos de las herramientas, en lugar de acercarnos a Dios. A través del profeta hebreo Jeremías, Dios expresa su

---

[3] Dios siempre prefiere las formas creativas para solucionar los problemas. Observen que, en la Biblia, rara vez Dios usa dos veces el mismo estilo. La religión, por su parte, florece allí donde hay repetición.

decepción por nuestras tendencias:

> "Dos son los pecados que ha cometido mi pueblo:
> Me han abandonado a mí,
> fuente de agua viva,
> y han cavado sus propias cisternas,
> cisternas rotas que no retienen agua". (Jeremías 2: 13)

Dios mismo es la fuente de agua viva que quita la sed humana (véase también Jeremías 17: 13). Dios no le dice a su gente: "Oigan, escuchen, lo están entendiendo todo al revés. Están bebiendo del vaso equivocado. ¡Elijan el vaso correcto y luego me agradarán!". ¡No! El Dios de la Biblia no aboga por una "copa" correcta con la que podamos experimentar su amor que aplaca la sed. Más bien, Dios nos *invita a acercarnos directamente a él*, la fuente de las aguas vivas. Y encima de eso, cuando nos negamos a acercarnos, él viene a *nosotros* y nos ofrece darnos su Espíritu, plantándolo en nuestro interior, su Espíritu que apaga nuestra sed. Esa es la historia de Jesús (ver Juan 4: 7-14; 7: 37-39).

Hay muchas profecías del Antiguo Testamento sobre el fin de la religión, y todas ellas se hacen concretas hasta cierto punto en la vida de Jesús. Por ejemplo, el profeta Isaías dice:

> "Olviden las cosas de antaño;
> ya no vivan en el pasado.
> ¡Voy a hacer algo nuevo!
> Ya está sucediendo, ¿no se dan cuenta?"
> Estoy abriendo un camino en el desierto,
> y ríos en lugares desolados". (Isaías 43: 18-19).

¿Puedes darte cuenta de la metáfora *líquida*? La Biblia a menudo compara el Espíritu de Dios con líquidos como el agua, el aceite, la leche o el vino. Jesús usó esa imagen líquida para proclamar el fin de la religión. Otros dos profetas hebreos predijeron un momento en que el "agua viva" fluiría desde el templo en Jerusalén hacia el resto de la tierra, trayendo un refrigerio espiritual a todas las personas (ver Ezequiel 47: 1-12; Zacarías 14: 8-9). Era una imagen vívida de la renovación global. Pero ¿cómo se cumpliría esa profecía? ¿Cómo se concretaría esa profecía líquida en la vida "real"? Las profecías pictóricas son tan difíciles de interpretar. El agua gorgotea desde debajo del templo y fluye hacia afuera para inundar la tierra seca y sedienta. ¿Qué significaba esa visión? ¿Adoraría un día el mundo entero al Dios de Israel al venir al templo judío para ofrecer sacrificios de animales? ¿Por qué la profecía describe el agua que fluye *del* templo a todo el mundo en lugar de representar a las personas que vienen a beber al templo?

Jesús creyó en esa profecía, pero creyó que se cumpliría de una manera radical que nunca se había escuchado. Su mensaje subversivo a la gente religiosa de su época fue que él reemplazaría el sistema de sacrificios del templo y que, a través de él, todo el mundo podría recibir la bendición de Dios *directamente*. El agua dadora de vida de las profecías saldría *de él*, el nuevo templo. Como veremos con mayor detalle en la parte 2, Jesús actuó como si su propia vida y muerte reemplazaran todo el sistema de sacrificios del templo. El mismo Jesús asumiría el papel de los tres: el del cordero sacrificial, el del sacerdote que ofrece el sacrificio e, incluso, el del templo. Jesús creyó que la profecía se cumpliría y que el "agua viva" fluiría del Templo, pero no como alguien lo hubiera podido anticipar. Él era el nuevo templo, y haría posible que todos nosotros llegásemos a ser parte integral de esa nueva realidad.

Jesús hizo público este mensaje en Jerusalén en un festival religioso llamado la Fiesta de los Tabernáculos. Uno de los rituales en esa celebración de varios días consistía en una procesión que llevaba agua al Templo, donde se vertía sobre el altar como una ofrenda simbólica. Aprovechando esta imagen acuática, Jesús tomó la iniciativa:

> En el último día, el más solemne de la fiesta, Jesús se puso de pie y exclamó:

—¡Si alguno tiene sed, que venga a mí y beba! De aquel que cree en mí, como dice la Escritura, brotarán ríos de agua viva.
Con esto se refería al Espíritu que habrían de recibir más tarde los que creyeran en él (Juan 7: 37-39. Ver también Juan 4: 7-14).

Observa que Jesús no solo está agregando algo nuevo a la religión de su época. Con esta oferta, la está suplantando. A través de Jesús, Dios vendría y moraría dentro de los individuos, animándolos con su presencia refrescante, desde adentro hacia afuera. Los fieles religiosos ya no necesitarían viajar a un lugar especial para reunirse con Dios. En cambio, el Espíritu de Dios estaría con ellos, en ellos, y fluiría de ellos a través de la fe.

Puede parecer que Jesús simplemente está reemplazando un intermediario entre Dios y la humanidad (el templo) por otro (él mismo). Pero eso es solo la mitad de la historia. Si Jesús realmente es Dios viniendo a nosotros en la carne, nuestro tema para el capítulo 14, entonces las palabras de Cristo cobran un nuevo significado. A través de Jesús, Dios está diciendo que *Dios* es el camino a Dios. En otras palabras, Dios quiere relacionarse con nosotros de manera directa, y por eso ha venido directo a nosotros en una forma con la que podemos relacionarnos.

Hoy en día, muchas personas usan el término "espiritualidad" de la misma manera que Jesús usó la palabra "fe" para describir la relación que uno tiene con la Realidad Última; *directa*, más allá de los sistemas e instituciones de la religión. Algunas personas religiosas se sienten amenazadas por este tipo de conversación. Personalmente, me siento alentado porque creo que por fin estamos alcanzando lo que Jesús ha estado diciéndonos durante más de dos mil años.

El Jesús descrito en la Biblia nunca usa la palabra *religión* para referirse a lo que vino a establecer, ni invita a las personas a unirse a una institución u organización en particular. Cuando habla de la "iglesia" se refiere a las personas que se reúnen en su nombre, no a la estructura en que se encuentran o a la organización a la que pertenecen (ver Mateo 18: 15-20). Y cuando habla de *conectarse con Dios*, no siempre habla de religión sino de "fe" (Lucas 7: 50; Juan 3: 14-16). Jesús nunca ordena a sus seguidores que adopten credos o códigos de conducta detallados, y nunca instruye a sus seguidores a participar de rituales religiosos exhaustivos. El trabajo de su vida fue deshacer los nudos que unían a las personas a la tradición ritual y vacía.

Al mismo tiempo, Jesús nunca enseñó que las personas podrían experimentar la verdadera espiritualidad si simplemente cortaran con esos mismos rituales religiosos. Te invito, por favor, a que entiendas (y esto es importante) que convertirse en un desertor de la religión no es más espiritual en sí. Jesús enseñó que el secreto era un cambio de corazón, no un cambio de expresión religiosa. No solo quería que la gente dejara de lamer la copa, ¡quería que bebieran su contenido!

He conocido a muchas personas que se llaman a sí mismas espirituales como una manera de decir que ya no les importa ir a la iglesia, la sinagoga, la mezquita o el templo. Sin embargo, ser espiritual no se trata de lo que no haces. Sí, por supuesto, caminar por el bosque puede ser una experiencia espiritual, pero también puede ser solo un paseo por el bosque. Del mismo modo, ir a la iglesia puede ser una experiencia espiritual o puede ser una simple tradición religiosa. El meollo del asunto es el corazón humano.

Hay una diferencia, una supremamente importante, entre relacionarse con Dios a través de sistemas de doctrinas, códigos de conducta, tradiciones heredadas o instituciones de poder, y hacerlo de forma directa, de alma a alma, de mente a mente, de corazón a corazón. Jesús enseñó esta distinción, vivió este mensaje y fue asesinado debido a sus implicaciones.

En una escena escandalosa registrada en Juan 4, Jesús inicia una conversación con una mujer samaritana con una reputación vergonzosa. El hecho de que él tenga esta conversación desafía múltiples fronteras religiosas. En primer lugar, habla con una persona samaritana (enemigos étnicos y religiosos de los judíos del siglo I). En segundo lugar, conversa con una mujer (en una época en que los líderes religiosos enseñaron que un hombre nunca debía hablar con una mujer en público, ¡ni siquiera con su propia esposa!). En tercer lugar, interactúa con una "pecadora" conocida, una mujer sexualmente quebrantada, de mala fama. A esta persona poco probable Jesús le revela el plan de Dios para la humanidad: inaugurar una nueva forma de comunicarse directamente con él.

En su conversación, la mujer plantea el tema de un debate religioso en curso entre judíos y samaritanos: ¿en qué monte sagrado se debe adorar a Dios? Es un debate que aún se discute en la actitud *mi-religión-es-mejor-que-la-tuya* de tantas personas religiosas. Jesús responde con palabras sobresaturadas de connotaciones irreligiosas:

> —Créeme, mujer, que se acerca la hora en que ni en este monte ni en Jerusalén adorarán ustedes al Padre... Pero se acerca la hora, y ha llegado ya, en que los verdaderos adoradores rendirán culto al Padre en espíritu y en verdad, porque así quiere el Padre que sean los que le adoren. Dios es Espíritu, y quienes lo adoran deben hacerlo en espíritu y en verdad" (Juan 4: 21, 23-24).

Este tiempo de conexión espiritual pura con lo Divino no está solo "por venir", sino que está "aquí y ahora", dice Jesús. La presencia misma de Jesús cambia el concepto mesiánico judío de *anticipación* del reino de Dios en la tierra a una disposición de *realización presente*. ¿Y qué se va a realizar ahora? ¿Qué dice Jesús que está inaugurando con su venida? Una espiritualidad que trasciende cualquier sistema religioso.

La espiritualidad, la fe, que Jesús vino a traer no depende del lugar o del procedimiento, sino de una relación interna con Dios. Dios está más allá de cualquier templo o etnia, y aquellos que lo adoren aceptando ese rasgo de irreligiosidad deben abrazar esa realidad (más sobre este concepto en la parte 2). La clave para superar las barreras religiosas que impiden la unidad es eliminar la religión como nuestra principal fuente de identidad. Las formas externas pierden sentido cuando abrazamos y cultivamos una relación interna de amor padre-hijos entre Dios y nosotros. Dios no es solo el Gobernante de un cosmos; él es el padre de una familia. Jesús desafió a esta mujer a cruzar las fronteras de su religión enfocada físicamente en su familia espiritual. Creo que hoy nos ofrece la misma invitación.

Pocas cosas requieren más coraje y humildad que repensar nuestra propia cosmovisión. En la medida en que hayamos establecido nuestra identidad en un marco específico, puede sentir que estamos perdiendo nuestro sentido del yo al cuestionarlo. Quizás es por esto que Jesús le habló de la necesidad de "nacer de nuevo" a un hombre religioso arraigado en su propia cosmovisión (ver Juan 3: 18).[4] Sí, podemos lamentar la pérdida de nuestra antigua identidad, pero hay una nueva vida al otro lado de ese proceso de muerte y resurrección personal.

Soy una de las personas de un sector cada vez más numeroso cuya vida fue tocada por la espiritualidad irreligiosa del rabino de Nazaret. Al mismo tiempo, me entristece profundamente —y, a veces, me enoja— la variedad de formas en que una religión que lleva su nombre ha codificado su enseñanza y conceptualizado e institucionalizado su ejemplo, por lo que a menudo pierde su mensaje.

Estoy convencido de que, correctamente entendido y plenamente abrazado, el mensaje de Jesús puede transformar nuestras vidas de una manera que ninguna religión jamás podría. Entonces, cuando alguien me dice: "Soy espiritual pero no religioso", imagino que Jesús suspira de alivio.

Al mismo tiempo, convertirse en una persona espiritual o de fe nunca debe ser un fin en sí mismo. Nuestro objetivo no debe ser simplemente "tener fe" ni "ser espiritual" como si valiera la pena perseguir esos ideales por sí mismos. La fe y la espiritualidad son conceptos que conectan, que describen la conexión que podemos tener con algo o al-

---

[4] El lenguaje del segundo nacimiento era una metáfora que se usaba en el judaísmo del siglo I para explicar lo que le sucedía a un gentil que se convertía a la fe de Moisés. La conversión de un gentil en judío significaba la entrada a una nueva vida, y a una nueva familia. Por lo tanto, es chocante que Jesús tenga que decirle a un judío religioso que él debe "nacer de nuevo".

guien más allá y dentro de nosotros mismos. Nuestro mundo está lleno de personas que dicen "soy espiritual", como si la espiritualidad fuera su objetivo; eso que han estado buscando toda su vida. Son como las personas que se describen a sí mismas como "románticas" en los sitios de citas por Internet, pero que nunca tienen a nadie en la vida con quienes ser románticas. Su "romance" es solo un ideal vacío sin una relación dentro de la cual lo puedan expresar. El hecho de que lloremos cuando vemos películas o leemos novelas no significa que seamos románticos; eso solo significa que somos sentimentales. Al mismo tiempo, que no nos guste la religión no significa que seamos espirituales. La pregunta es ¿*con quién* eres espiritual?

De la misma manera, la fe se trata de dos personas involucradas en una relación basada en la confianza. La fe funciona en una vida humana como una ventana funciona en un hogar. Una ventana no es algo que se cuelga en una pared para que se vea como una imagen, sino que es un espacio para mirar a través de él la belleza exterior. Una ventana no es hermosa en sí misma, y mirarla sin observar lo que se contempla gracias a ella cancela el sentido que tiene. Del mismo modo, la fe en sí misma nunca es la meta final. No me considero una "persona de fe", sino un seguidor de Cristo, y ese acto requiere fe.

Abraham Joshua Heschel refleja este sentimiento cuando escribe:

> El tema de la oración no es la oración;
> El tema de la oración es Dios.[5]

La fe, como la oración, debe ser una forma de conectar con Dios. He hablado con muchas personas que buscan espiritualmente y que luchan para encontrar alguna satisfacción porque usan la ventana de la fe más como un espejo. Han visto su propio reflejo en el cristal de la ventana y se han olvidado de ajustar su profundidad de enfoque, de mirar más allá de ellas mismas para ver la belleza que las rodea, la belleza

---

5 Heschel, *I Asked for Wonder*, p. 22.

que es Dios. En la actualidad hay muchos libros, seminarios y cursos disponibles, muchos de ellos muy populares, que solo fomentarán esa tendencia a usar la ventana de la espiritualidad más como un espejo. Después de todo, ¿no somos nosotros nuestros sujetos favoritos? Pero la fe es demasiado preciosa como para que el narcisismo la aborte.

Así que, si te consideras una persona espiritual, permíteme darte un consejo ahora que estamos al comienzo de este libro. Usa la ventana de la fe para ver más allá de ti. Ajusta tu profundidad de enfoque. Mira a través de la ventana. Otros dispositivos, además de la espiritualidad, pueden funcionar como mejores espejos, si eso es lo que está buscando; pero si estás leyendo este libro, confío en que estás buscando algo más que un mero reflejo. La verdad es que te ves bien. Te sienta bien la manera en que has peinado tu cabello. No tienes nada desagradable atrapado entre tus dientes. Ya podemos dejar de contemplarnos a nosotros mismos. Miremos por la ventana para ver qué hay allá afuera.

¿Eh? y R

1. Al igual que la palabra *tronco*, la gente usa la palabra *religión* para significar cosas diferentes. Para los propósitos de este libro, estoy usando la palabra religión para referirme a "confiar en los sistemas o instituciones como nuestro conducto a Dios", y uso la palabra espiritualidad para referirme a "una conexión directa con lo Divino", resumido en el uso que Jesús hace de la palabra *fe*, una palabra relacional que significa "confianza".
    - ¿Cuál ha sido tu experiencia con la religión?
    - ¿Cuál ha sido tu experiencia con la espiritualidad?
    - ¿Cuál, si hubo alguna, ha sido tu experiencia con Jesús?
2. ¿De qué manera has observado que la gente "lame la copa" en nuestro mundo de hoy?

3. En Juan 4, Jesús dice que Dios quiere que la gente lo adore "en espíritu y en verdad" (4: 24). ¿Qué crees que describe cada una de esas cualidades?

4. Haz una autoevaluación honesta. ¿Qué tan fuerte es la tendencia a quedarse en los problemas relacionados con la "copa"? Esto puede darse de dos maneras:
    - Tus actitudes, ¿muestran que tiendes a lamer cualquier copa para refrescarte espiritualmente?
    - ¿O tiendes a rechazar todas las copas, arrojándolas afuera en un esfuerzo por no ser religioso, no importa si en el proceso pierden el valor de sus contenidos?
5. Más autoevaluación: ¿Puedes pensar maneras en que tiendes a usar la fe y la espiritualidad como espejos en lugar de ventanas?

"Pero se acerca la hora, y ha llegado ya, en que los verdaderos adoradores rendirán culto al Padre en espíritu y en verdad, porque así quiere el Padre que sean los que le adoren".
—Juan 4: 23

CAPÍTULO 3

MARTES DE ROSAS AZULES

Todo lo que necesitas es amor.

—Los Beatles

A menudo, Jesús enseñó a través de historias de la vida cotidiana llamadas parábolas, y ahora es mi turno. Así que reúnanse, chicos y chicas. Es la hora del cuento con el tío Brux.

Bob y Sue Prunebottom tenían algunos años de matrimonio cuando Sue se vio en la necesidad de reclamarle a Bob por la falta de romance que estaban experimentando. Atrás habían quedado los días en que era él quien daba los primeros pasos para que los dos disfrutaran momentos emocionantes e inesperados que los unían de la forma más romántica. Ahora, su matrimonio se alimentaba de una dieta constante de rituales y rutinas predecibles que mantenían la estabilidad pero erosionaban la pasión. Es entendible que no fuera suficiente para Sue. Bob la escuchó, estuvo de acuerdo y se comprometió a tomar la iniciativa para ayudar a reavivar algo del antiguo romance que habían compartido juntos.

Un martes por la noche, alrededor de las seis y media, sonó el timbre de la puerta. ¡*Ding, dong!* Sue fue a abrirle a la pequeña Maureen Tupperman, su niñera habitual. Se sorprendió porque sabía que no había reservado a Maureen, y aún más cuando la jovencita explicó: "El *señor* Prunebottom fue el que me pidió que viniera". Era un buen comienzo. ¿*Bob* había llamado a la niñera por su cuenta?

Parecía que sí. Bob se acercó a la puerta, saludó a Maureen y le pidió a Sue que subiera y se pusiera todo lo que se le ocurriera que podría hacerla lucir bien en algún lugar *chic* de la ciudad. ¡Qué maravilla! El romance renacía.

Sue regresó unos minutos después con un hermoso vestido rojo y se fueron juntos. Se detuvieron en el estacionamiento de un pequeño y lujoso restaurante italiano. Cuando entraron por la puerta principal, el administrador los saludó alegremente. "Su mesa está lista, señor Prunebottom", dijo, con una sonrisa cómplice, y los llevó a una mesa encantadora para dos, iluminada con velas, en un rincón discreto y acogedor del restaurante. Una tarjeta con el nombre de Sue la esperaba en su sitio, en la mesa. Ella la abrió y descubrió algo hermoso. No era la tarjeta habitual para momentos especiales que Hallmark fabrica con un mensaje estándar y la firma de Bob. Era una tarjeta simple, sin mensaje manufacturado, sino más bien una nota escrita a mano y muy reflexiva que Bob había escrito sobre su amor y su deleite con Sue. A medida que avanzaba la noche, la pareja disfrutaba de una conversación verdaderamente significativa a la luz de las velas y el vino. Cuando llegó el postre, Bob buscó debajo de la mesa y sacó la flor favorita de Sue, una rosa azul única y espectacular. Su consideración tan detallista fue un regalo precioso para ella. Se emocionó hasta las lágrimas.

Lo que vino después fue una de las semanas más maravillosas de su vida matrimonial. La intencionalidad, la atención plena y la iniciativa creativa de Bob llenaron a Sue de renovadas esperanzas para el futuro. Por su lado, él sentía que se había convertido en el marido que siempre había querido ser. "¿Cómo puedo hacer que esto dure?", se preguntó.

El martes siguiente, exactamente a las seis y media de la tarde, sonó el timbre de la puerta: *¡Ding, dong!* Efectivamente, era nuevamente la joven Maureen Tupperman. Sue se sorprendió otra vez, especialmente cuando supo que el señor Prunebottom había vuelto a hacer los arreglos. "¡Dos semanas seguidas!" pensó Sue. "¿Qué tal si me acostumbro a esto?".

Le pareció extraño que Bob le pidiera que se pusiera el mismo vestido rojo que había usado la semana anterior, pero se preparó de muy buena gana para otra noche juntos. Cuando se detuvieron en el estacionamiento del mismo restaurante italiano, Sue pensó para sí misma que, esta vez, Bob podría no haber sido tan creativo, pero una noche especial era una noche especial, y ella estaría feliz con su velada juntos. Sue se conmovió nuevamente cuando encontró una tarjeta esperándola en la misma mesa en el rincón discreto y acogedor del restaurante. Pero su deleite se convirtió en decepción cuando vio que Bob había escrito casi exactamente las mismas palabras en el interior. Ahora, la noche empezaba a sentirse menos romántica y más extraña. Sin embargo, decidió disfrutar de la noche. No se permitió, entonces, reparar en la falta de creatividad de Bob. Él pidió exactamente la misma comida que la semana anterior y, a medida que avanzaba la noche, Sue se dio cuenta de cómo él manipulaba la conversación para que girara en torno a básicamente el mismo territorio de la semana anterior. A esas alturas, Sue casi que podía escuchar la banda sonora de *Crepúsculo* en la trastienda de su mente. Cada vez que intentaba llevar la conversación en una nueva dirección, Bob parecía encontrar una manera de volver a los mismos temas, las mismas preguntas, incluso los mismos chistes que se habían contado el martes anterior. Para Sue, la noche ya pasaba de extraña a sofocante. Una parte de ella quería huir, otra, quería darle a Bob todos los beneficios de la duda. Quizás, el chiste acabaría pronto. No fue una sorpresa que, al llegar el postre, Bob buscara debajo de la mesa y sacara... ¡ajá! Adivinaste. Una-rosa-azul. Sue la recibió con gratitud cortés, pero, en esta ocasión, las lágrimas que brotaron de sus ojos fueron por una razón diferente.

Bob y Sue disfrutaron de una relación cordial pero ligeramente distante esa semana, hasta el martes por la noche, a las seis y media de la tarde, cuando Sue escuchó *¡ding, dong!* Una vez más, Bob manipuló a Sue a través del guion de una noche de supuesto romance. No hubo muchas diferencias en relación con los dos martes anteriores. Sue cayó en el más completo desánimo. Las escenas de Bill Murray en *El día de la marmota* no hacían más que atiborrar su mente. Efectivamente, el martes siguiente a las seis y media de la tarde, *¡ding, dong!* Y una semana después, *¡ding, dong!* Y así sucesivamente, y, una vez más, martes tras martes, rosa azul tras rosa azul.

Si hoy le preguntaras a Bob cómo está su matrimonio, probablemente sonría con un sentido de satisfacción y diga: "Soy religiosamente romántico con mi esposa". Hasta es posible que presuma haber encontrado el secreto para una relación exitosa y te invite a seguir su sistema para un matrimonio saludable.

Si le preguntaras a Sue cómo van las cosas, ya sabes que puedes obtener una opinión diferente. Lo más probable es que ella se eche a llorar y luego te diga que se siente atrapada, encarcelada en una relación sin amor por alguien que tiene buenas intenciones, pero que no tiene ni idea de qué se trata la relación. Yo me pregunto si así es como se siente Dios a veces.

Bob confundió la *forma* con la *sustancia*. Convirtió su *relación* en una especie de *religión*. Perdió el *corazón* de su conexión con su esposa. El hecho es que, después de meses de la rutina de la cena de Bob, Sue bien podría cenar con cualquiera que hubiera memorizado su tradición de salidas románticas. El amor era innecesario. El sistema que Bob creó le permitía funcionar en piloto automático.

Esto ilustra por qué Jesús siempre, SIEMPRE, pone el énfasis de su enseñanza en los problemas del corazón, no en las rutinas de comportamiento. Si el corazón es correcto, las acciones de amor lo serán en consecuencia.

Por ejemplo, Jesús no está contento con las personas que siguen el mandamiento "No matarás". Él, en cambio, señala que una persona podría pasarse toda su vida evitando el asesinato y aun así tener un corazón lleno de odio en lugar de amor. "Atiendan el problema del corazón, y no solo las personas no se matarán entre sí, sino que se amarán unas a otras (ver Mateo 5: 17-48). La meta de Jesús para sus seguidores nunca es solo una vida sin pecado, sino una vida llena de amor.

Rutinas rituales. Costumbres. Tradiciones. Esos trámites se pueden seguir para realzar o matar la intimidad. Con el tiempo, la reflexión intencional se puede perder, ya que las rutinas pueden pensar por nosotros. Nos quedamos con algo que se ve bien en el exterior, pero que está lleno de nada más que los huesos de una relación que falleció tiempo atrás. Eso es cierto para cualquier relación romántica, incluida nuestra relación con Dios. Jesús criticó a los líderes religiosos de su época por eso: "¡Ay de ustedes, maestros de la ley y fariseos, hipócritas, que son como sepulcros blanqueados! Por fuera lucen hermosos, pero por dentro están llenos de huesos de muertos y de podredumbre" (Mateo 23: 27).

¡Ay, ay! Duele. Eso va a dejar una cicatriz.

No me malinterpretes. Muchas parejas tejen una maravillosa rutina romántica en el ritmo de su relación, y así disfrutan una regularidad que, en el caso de Bob y Sue, se había convertido en una rutina de muerte. Otra pareja podría comer en el mismo restaurante con regularidad porque se conocieron allí por primera vez y el ambiente les recuerda su historia romántica. Para ellos, la regularidad mejora su intimidad, la forma complementa la sustancia de su relación. No hay nada intrínsecamente incorrecto con el patrón. Pero cuando el patrón es todo lo que les queda, el amor se va. Lo mismo ocurre con toda tradición religiosa.

Debemos recordar que el enemigo no es la tradición en sí, sino la dependencia total de ella y de la rutina hasta el punto en que nos desconectamos de la intimidad pensada, decidida e intencional. Dios detesta que eso suceda. Más de una vez en la Biblia, cuando Israel insistía en sus tradiciones religiosas, pero olvidaba el corazón de todo, se lo dijo:

"Yo aborrezco sus fiestas religiosas;
no me agradan sus cultos solemnes.
Aunque me traigan holocaustos y ofrendas de cereal,
no los aceptaré...
Aleja de mí el bullicio de tus canciones:
no quiero oír la música de tus cítaras.
¡Pero que fluya el derecho como las aguas,
y la justicia como arroyo inagotable!" (Amós 5: 21-24;
ver también Isaías 1: 10-18).

Seguramente, estas palabras son igualmente aplicables a la iglesia cristiana. En el capítulo 4 echaremos un vistazo a la fealdad de la historia de la iglesia cuando los cristianos cometen el mismo error, siguiendo los movimientos religiosos, pero olvidando el corazón de Cristo. Y, como música de fondo, es posible que escuchemos el eco de la voz de Dios en el pasaje anterior: *Yo aborrezco sus fiestas religiosas cuando ustedes no viven su fe con la totalidad de sus vidas.*

¿Eh? y R

1. ¿Cuáles son tus reacciones a la "parábola" en este capítulo? ¿Te ves en la historia? ¿Ves a Dios?
2. Si vemos a una pareja en el mismo restaurante cada semana, ¿podemos juzgarlos por haber perdido el amor en su relación? Del mismo modo, si conocemos personas que participan en rutinas o tradiciones diarias o semanales para mejorar su vida espiritual, ¿podemos juzgarlas por ser demasiado religiosas?
3. ¿Cómo crees que las tradiciones y las rutinas pueden...
   - ... ayudarnos a desarrollar nuestras vidas espirituales? Piensa en ejemplos.
   - ... obstaculizar nuestro crecimiento espiritual? Piensa en ejemplos.

"¡Ay de ustedes, maestros de la ley y fariseos, hipócritas! Limpian el exterior del vaso y del plato, pero por dentro están llenos de robo y de desenfreno. ¡Fariseo ciego! Limpia primero por dentro el vaso y el plato, y así quedará limpio también por fuera".
—Mateo 23: 25-26, MSG

CAPÍTULO 4

LA CÁMARA DE LOS HORRORES

No rechazo a tu Cristo, amo a tu Cristo. Es solo que muchos de ustedes, los cristianos, son tan diferentes a su Cristo.

—Gandhi

Si la historia de la religión se convirtiera en una serie de exhibiciones en un museo de cera, los visitantes podrían pensar que han entrado a la cámara de los horrores. Una pieza central del museo sería un cuerpo que se tambalea hacia ti, aparentemente animado, pero sin cabeza. La placa descriptiva diría: "La Iglesia institucional a lo largo de gran parte de su historia".

Los primeros discípulos de Jesús pensaban que estaban íntimamente conectados con Cristo, como un cuerpo a su cabeza (ver Romanos 12 :45; 1 Corintios 12: 12-14; Efesios 4: 15-16; Colosenses 2: 19). Jesús, como la cabeza del cuerpo de Cristo, era el líder, el que tomaba las decisiones. Llamó a sus seguidores a vivir vidas radicales de pacificación activa, valiente noviolencia, perdón ilimitado y amor centrado en los demás (véase Mateo 5: 38-47; Lucas 6: 27-36). Sin embargo, con el tiempo, la iglesia institucional parece haberse separado de su cabeza, y como resultado se convirtió en una de las religiones más violentas de la historia.

Recientemente, con mi esposa, Nina, fuimos a cenar a la casa de un ateo apasionado, cuyo desdén vehemente por la religión cristiana se hizo evidente desde el comienzo de la noche. Sacó de un estante su preciada enciclopedia de varios volúmenes sobre los horrores cristianos, la trajo al comedor y la dejó caer sobre la mesa con un golpe dramático.

Los libros ofrecían un recorrido detallado a través de la historia de la iglesia; hechos sombríos que probablemente los textos de estudio en los seminarios bíblicos no destacan. Mi anfitrión, obviamente bien preparado para este momento, me desafió: "¿No dijo Jesús que podríamos conocer un árbol por sus frutos?".

"Sí", asentí. Mi anfitrión se refería a lugares en la Biblia donde Jesús usa la analogía de los frutos buenos y malos para advertir sobre falsos profetas y falsos maestros espirituales, diciendo cosas como:

> Por su fruto los conocerán. ¿Acaso se recogen uvas de los espinos, o higos de los cardos? Del mismo modo, todo árbol bueno da fruto bueno, pero el árbol malo da fruto malo. Un buen árbol no puede dar fruto malo, y un árbol malo no puede dar fruto bueno. Todo árbol que no da buen fruto se corta y se arroja al fuego. Así que por sus frutos los conocerán (Mateo 7: 16-20).

"Bueno, entonces, ¿no es concluyente? —continuó, con una mano en los libros— ¡El árbol que Jesús comenzó da demasiados frutos malos! Por las propias palabras de Jesús, su camino debe ser rechazado".

Pensé que mi anfitrión tenía un buen punto a su favor. Todos deberíamos poner a prueba la historia de la religión cristiana, sometiéndola al criterio que Jesús estableció y probar el fruto para ver si es bueno. Por supuesto, el punto de esta persona era que, si consideramos que la historia de la iglesia es el fruto de la enseñanza de Jesús, y luego aplicamos el criterio de Jesús, tenemos que concluir que el "árbol" de la enseñanza de Jesús es malo. No estoy de acuerdo con esa implicación por razones que compartiré en un momento, pero el ejercicio valió la pena.

Soy consciente de que los cristianos son responsables de muchos ejemplos maravillosos de caridad y benevolencia a través de los siglos.[1] Sin embargo, esos ejemplos positivos no pueden ni deben

---

[1] Para conocer más acerca de la contribución positiva del cristianismo a lo largo de los dos últimos milenios, ver Vincent Carroll y David Shiflett, *Christianity on Trial: Arguments Against Anti-Reli-*

deshacer los efectos repulsivos del fanatismo y la violencia horrible que han permeado la historia de la iglesia. La historia de la religión cristiana es como una fruta dulce infestada de gusanos. ¿Cómo puede alguien apreciar la dulzura de la fruta cuando acaba de morder un insecto? No sirve de nada recordar el delicioso sabor de la fruta. Los gusanos lo estropean todo.[2]

Así que, tengamos el valor de plantearnos la pregunta: si, de acuerdo con Jesús, podemos reconocer un árbol por su fruto, y si la historia de la iglesia es el fruto de la enseñanza de Jesús, entonces, ¿no deberíamos rechazar a Jesús como el árbol malo que produce esa cosecha? Este tema lo vamos a explorar en las próximas páginas, pero, por ahora, permíteme contarte lo que le dije a mi anfitrión esa noche.

La historia de la iglesia no es un ejemplo de cómo las enseñanzas de Jesús produjeron malos frutos, sino de cómo sus enseñanzas fueron completamente ignoradas, racionalizadas o trivializadas, y *de ahí* vienen los frutos malos. La mayoría de las personas que son hostiles al cristianismo se dan cuenta de que Jesús no tiene la culpa. De hecho, juzgan y condenan con razón a los cristianos en términos de lo que Jesús enseñó.

El actual desafío para todos los aspirantes a ser seguidores de Cristo es participar en el gran experimento de vivir realmente la manera simple de la paz que Jesús enseña y ejemplifica en la Biblia. Si las masas de personas que dicen ser cristianas comenzaran a vivir como Cristo de verdad, piensa nada más en cuán delicioso sería ese fruto. Parafraseando a G. K. Chesterton, el camino de Jesús no se ha probado y ya se ha encontrado infructuoso. Se le encontró difícil sin haberlo tratado aún.

En su libro *La gran omisión*, Dallas Willard usa una ilustración automotriz para hacer un comentario similar:

---

gious Bigotry; Alvin J. Schidt, *How Christianity Changed the World*; y Philip Jenkins, *The New Anti-Catholicism: The Last Acceptalble Prejudice*..

2 El apóstol Pablo parece subrayar un punto similar cuando habla de la hipocresía de su propio trasfondo religioso en Romanos 2: 17-24.

Si su vecino tiene problemas con el automóvil, usted puede pensar que compró un cacharro sin valor. Y es posible que tenga razón. Pero si descubre que lo que él estaba haciendo era hacer rendir la gasolina al agregarle un litro de agua de vez en cuando, ya no le echaría la culpa al automóvil ni al fabricante por su mal funcionamiento ni por sus ataques o malos arranques. Usted diría que el automóvil no fue construido para trabajar en las condiciones impuestas por el propietario. Y, ciertamente, le recomendaría que solo pusiera el tipo apropiado de combustible en el tanque. Después de un trabajo de restauración, tal vez el auto funcionaría bien.[3]

Antes de culpar a Jesús por ofrecernos la chatarra de una religión, debemos examinar si la culpa es más de la iglesia cristiana por "diluir" el mensaje de Cristo. Quizás, el problema no está en la enseñanza de Jesús, sino en que los cristianos simplemente no hacen lo que él dijo.

Démonos ahora un tiempo para observar el abismo en el que se centró mi anfitrión de la cena. La verdad es que debemos estar de acuerdo con N. T. Wright cuando subraya con pena que "el cristianismo ha sido responsable de muchos grandes males".[4] Tal vez, si observamos con detenimiento y por un buen tiempo los gusanos en la manzana del cristianismo podremos discernir mejor cómo llegaron allí, cuál fue su efecto, y lo que deberíamos hacer con esa manzana podrida de la religión.

¿Alguna vez notaste que los museos de cera suelen tener un desvío que les permite a los clientes aprensivos saltarse la sección de la cámara de los horrores? Así que, aquí y ahora mismo, está tu señal de desvío. Eres libre de saltarte las páginas que quieras cada vez que sientas que tu estómago se marea.

Si persistes en seguir leyendo, recuerda que estamos hablando de una religión que supuestamente se basó en las enseñanzas de un

---

[3] Willard, *La gran omisión*, x. (Se traduce del original citado por el autor. Nota del traductor).
[4] Wall, Sampley y Wright, The New Interpreter's Bible, 10: 427.

hombre que se dedicó sin dudas a la no-violencia radical; un hombre del que se profetizó que sería el "Príncipe de Paz" (Isaías 9: 6).

Las cruzadas. En 1095, el papa Urbano II llamó a los caballeros de Europa a unirse y marchar a Jerusalén para salvar a la Tierra Santa del gobierno de los infieles islámicos. Apenas unas décadas antes, el papa Gregorio VII había declarado: "Maldito sea el hombre que le previene a su espada derramar sangre", y ya sus deseos se estaban cumpliendo. Los cruzados se lanzaron a la batalla con el grito *Deus volt* ["¡Dios lo quiere!"]. Raymond de Agiles acompañó a los cruzados como representante de la iglesia durante la primera cruzada y documentó la toma de Jerusalén con estas palabras:

> Se veían cosas maravillosas. Numerosos sarracenos (musulmanes) fueron decapitados... Otros fueron atravesados con flechas o forzados a saltar desde las torres; otros fueron torturados durante varios días, y luego pasados a fuego. Se veían montones de cabezas, manos y pies en las calles de la ciudad. Era necesario abrirse paso entre los cuerpos de hombres y caballos. Pero esos fueron asuntos pequeños comparados con lo que sucedió en el templo de Salomón... ¿Qué pasó ahí? Si digo la verdad, superará su capacidad para creer. Así que basta con decir al menos que en el templo y el pórtico de Salomón, los hombres cabalgaron por un río de sangre que les llegaba hasta las rodillas y las riendas de la brida. De hecho, fue un juicio justo y espléndido de Dios que este lugar se llenara con la sangre de los incrédulos, cuando había sufrido tanto tiempo por sus blasfemias.[5]

---

[5] Ellerbe, *The Dark Side of Christian History*, 65. Nota: Si bien este registro contiene notas exageradas (otras versiones de ese relato hablan de la sangre a la altura de los tobillos de los caballos, no de los jinetes), el hecho de que los cristianos magnifiquen (y no reduzcan) los horrores de la violencia de esos eventos nos hacen aún más evidentes las actitudes de los cristianos de la época.

Hombres, mujeres y niños, musulmanes y judíos, todos asesinados en el nombre de Jesús. La sinagoga en la que se refugiaban los judíos de la ciudad fue incendiada para quemarlos vivos. Al final de la brutalidad del día, los cruzados se reunieron "llenos de felicidad y con lágrimas de alegría" durante un tiempo de adoración en la Iglesia del Santo Sepulcro.[6]

Si este libro fuera un guion, en este punto (y en el resto de este capítulo) yo sugeriría insertarles analepsis con las palabras de Jesús sobre el tema del amor al enemigo y la no-violencia.

> "Pero a ustedes que me escuchan les digo: Amen a sus enemigos, hagan bien a quienes los odian, bendigan a los que los maldicen, oren por quienes los maltratan. Si alguien te pega en una mejilla, vuélvele también la otra. Si alguien te quita la camisa, no le impidas que se lleve también la capa. Dale a todo el que te pida, y si alguien se lleva lo que es tuyo, no se lo reclames. Traten a los demás tal y como quieren que ellos los traten a ustedes. ¿Qué mérito tienen ustedes al amar a quienes los aman? Aun los pecadores lo hacen así. ¿Y qué mérito tienen ustedes al dar prestado a quienes pueden corresponderles? Aun los pecadores se prestan entre sí, esperando recibir el mismo trato". (Lucas 6: 27-33)

Deja que las palabras que acabas de leer retumben en tus oídos mientras las lees. Infortunadamente, muchos de los que han afirmado ser seguidores de Jesús parecen haber demostrado un caso agudo de audición selectiva. La historia de la iglesia revela que el mensaje de Jesús sobre el amor al enemigo y la pacificación no violenta era supremamente necesario pero rara vez acatado.

Fin de la analepsis.

---

6 Moynahan, *The Faith*, 239.

Aunque se organizaron y lanzaron otras Cruzadas contra los musulmanes (y cualquier judío que estuviera en el camino), muchas matanzas motivadas por la iglesia fueron dirigidas específicamente contra los judíos. Después de todo, ¿no habían matado los judíos a Cristo? Los líderes de la iglesia no entendieron el punto de las narraciones de la Pasión, que sirven como una acusación contra los líderes religiosos ciegos, no contra el pueblo judío en general. ¡Esa misma reprimenda es transferible a la iglesia! Los líderes de la iglesia ignoraron el hecho de que el enjuiciamiento de la hipocresía religiosa del Nuevo Testamento debe aplicarse tanto a los líderes cristianos como a cualquier líder judío en el día de Jesús.

Además de matar a personas de otras religiones, la iglesia patrocinó cruzadas contra cualquier grupo que afirmara ser cristiano pero que no se ajustara a los estándares de doctrina y práctica de la iglesia. Por ejemplo, los cátaros.

No ortodoxos para los patrones cristianos (y para nada atractivos, al menos para mí, ¡los líderes de este grupo no creían en tener relaciones sexuales, ni en comer carne o beber vino!), los albigenses o cátaros eran un movimiento pacifista que trataba de vivir muchas de las enseñanzas espirituales de Jesús. En 1179, el papa Alejandro III proclamó una cruzada contra estos pacíficos amantes de Jesús. El papa prometió dos años de indulgencia (libertad del castigo por los pecados) a todos los que tomaran las armas, y también la salvación eterna para todos los que murieran en la batalla. Sus promesas no fueron motivo suficiente para reunir el número deseado de cruzados contra los populares cátaros. Sin embargo, en 1208, cuando el papa Inocencio III ofreció, además de las indulgencias y la salvación eterna, las tierras y las propiedades de los herejes y sus partidarios a cualquiera que tomara las armas, la Cruzada Cátara (también conocida como la Cruzada Albigense) asoló el sur de Francia.[7] "Cualquier persona que intente interpretar una visión

---

[7] El hecho de que la promesa de una ganancia personal *en esta vida* hubiera sido necesaria para motivar la Cruzada Cátara resalta un punto importante. En muchos casos de violencia religiosa, las ganancias políticas y personales están en la raíz de los acontecimientos. La religión simplemente funciona como justificación. La fórmula es simple: política + religión = incremento en la violencia.

personal de Dios que entre en conflicto con el dogma de la Iglesia debe ser quemada sin piedad", dijo Inocencio III.[8] Y así fue.

Durante un período de treinta años, todas las personas relacionadas con esta secta fueron perseguidas y asesinadas: hombres, mujeres y niños. Toda la población de la ciudad de Béziers fue masacrada por los cruzados cuando los ciudadanos se negaron a identificar y entregar a los cátaros conocidos. Se cree que Béziers tenía poco más de doscientos cátaros, pero murieron entre 10 000 y 20 000 ciudadanos.[9] Muchas personas se refugiaron en la Catedral de St. Nazaire, orando por la intervención divina. Los cruzados irrumpieron y, mientras cantaban himnos, asesinaron a todos los hombres, mujeres, niños y bebés. Cuando algunos cruzados preguntaron a los líderes de la iglesia cómo iban a distinguir entre católicos y cátaros, se dice que el abad comandante, Arnaud-Amaury, pronunció la infame frase *Caedita eos! Novit enim Dominus qui sunt eiu,* esto es, "¡Matadlos a todos! Dios conoce a los suyos". El papa estuvo todo el tiempo plenamente informado de los acontecimientos. Pareció gloriarse en la violencia. Así comenzaba una carta dirigida al frente de batalla con las frases: "Alabado y agradecido al Señor por lo que Él ha hecho a través de ti... contra sus enemigos más penitenciales".[10]

Cuando terminó, la Cruzada Cátara había aniquilado aproximadamente un millón de personas, no solo cátaros, sino también gran parte de la población del sur de Francia. Su única motivación, según la iglesia católica, fue la lucha por la pureza religiosa.

La Inquisición. El papa Gregorio IX lanzó la Inquisición monástica en 1231, y estableció a los sacerdotes de la orden dominicana como un tribunal separado para erradicar la herejía. Ese tribunal era responsable únicamente ante el propio papa. Más tarde, en 1252, el

---

8 Inocencio III, citado en "The Holy Inquisition", http://www.geocities.com/christprise/holy-inquisitions.html.

9 En el horror de esta y cada historia de terror auspiciada por la iglesia, surgen los reales seguidores de Cristo, tales como los miles de cristianos que voluntariamente dieron sus vidas antes que denunciar a los cátaros.

10 Moynahan, 283.

papa Inocencio IV sancionó el uso de la tortura para la búsqueda de una confesión por parte de presuntos herejes. El resultado fue una de las realidades más horribles que ha visto nuestro planeta: la tortura sistematizada, todo en el nombre de Jesús. Con la licencia del propio papa, el supuesto representante de Cristo en la tierra, los inquisidores tuvieron la libertad de pasearse por las profundidades del terror y la crueldad.

Debido a que la iglesia creía que los líderes religiosos nunca deberían derramar sangre, se inventaron nuevos métodos de tortura para ayudar a la hipocresía. El bastidor, el polipasto, los tornillos de mariposa y las torturas con agua estaban entre los más comunes. Los líderes cristianos también idearon muchos otros tipos de torturas que involucraban la dislocación o el desmembramiento lento del cuerpo. Las pinzas tenían que estar al rojo vivo para que el metal cauterizara la herida cuando la carne se abriera. Muchos de los dispositivos de tortura utilizados por la Inquisición fueron inscritos con el lema "Gloria sea solo a Dios".

Este no fue solo un breve momento en el tiempo. La Inquisición y su terror patrocinado por la iglesia duraron siglos. La mayor parte del daño de la Inquisición se hizo durante sus primeros años bajo la dirección del Gran Inquisidor, Tomás de Torquemada; pero, durante siglos, algunas personas seguían siendo quemadas vivas cada año como un *auto da fe* ("acto de fe"). La última víctima de la Inquisición, una maestra de escuela acusada de herejía, fue ejecutada por estrangulación en 1824.

A veces, los protestantes hacen hincapié en las malas acciones de la iglesia católica. Pero cuando se trataba de matar herejes, incluso reformadores respetados como Juan Calvino aprobaban las muertes.[11]

---

11 Durante mi tiempo en el seminario, aprendí a apreciar la mente fascinante del teólogo reformador Juan Calvino. Su brillantez intelectual me condujo a todo un sistema de pensamiento teológico que se conoce hoy en día con su nombre: el calvinismo. Sin embargo, el énfasis doctrinal de Calvino dejó en él una ceguera moral, tal como quedó demostrado en el aval que le dio a la ejecución de Miguel Servet, de quien se sospechaba era hereje. El hecho de que Calvino hubiera apoyado una decapitación "misericordiosa" de Servet en lugar de que fuera quemado vivo (que fue lo que se hizo) no ofrece ningún consuelo. La historia demuestra que la teología "ortodoxa" por sí sola, rara vez

La cacería de brujas. Tanto católicos como protestantes buscaron la muerte de presuntas brujas. Cualquier persona que pareciera extraer el poder de la naturaleza a través de las hierbas, que sanara siguiendo formas no convencionales o que simplemente se encontrara en el lugar equivocado en el momento equivocado, podría ser acusada de bruja. Tomando a la ley del Antiguo Testamento como guía, los cristianos creían que la muerte era la única opción para cualquier persona involucrada en estas prácticas (ver Éxodo 22: 18). Así, una vez arrestadas, las personas acusadas de brujería rara vez recibían una sentencia que no fuera la muerte.

Aunque hubo hombres acusados, las mujeres fueron el principal objetivo de esta persecución. Las presuntas brujas podían ser consideradas responsables de prácticamente todos los problemas, ya fueran desgracias personales, malas cosechas, hambrunas o plagas. Con el tiempo, las brujas identificadas (que casi siempre eran cristianas erróneamente juzgadas) se convirtieron en los nuevos chivos expiatorios, un papel que antes tenían los judíos.

Los historiadores modernos difieren ampliamente en sus estimaciones de cuántas personas fueron acusadas, torturadas y asesinadas como brujas. La mayoría de las suposiciones caen entre 60 000 y 200 000 presuntas brujas torturadas y asesinadas durante "los tiempos ardientes".[12] Una vez, conocí a una persona cristiana que argumentaba enérgicamente por un número menor, como si hubiera un gran propósito al exponer las exageraciones hechas por la gente secular con respecto a los fracasos de la Iglesia. Le respondí que matar a 60 000 personas en nombre del amor de Jesús es 60 000 veces demasiado, y que estaba enfocada en el argumento equivocado. El verdadero problema que los cristianos deben enfrentar no es la crítica exagerada de las personas no cristianas, sino la magnitud alucinante del fracaso de la

---

desemboca en los frutos espirituales de "amor, alegría, paz, paciencia, amabilidad, bondad, fidelidad, humildad y dominio propio (Gálatas 5: 22-23).

12 "Los tiempos ardientes" es una referencia parcialmente acertada, ya que, a diferencia de otros países "cristianos", en Inglaterra y las colonias inglesas norteamericanas (Nueva Inglaterra), las acusadas de brujería eran ahorcadas. Ver Brian Moynahan, *The Faith: A History of Christianity*, p. 498.

iglesia en seguir a Jesús.

A veces, me imagino cómo habría sido vivir en estos primeros años. Pienso en si mis dos hijas hubieran sido acusadas de brujería por alguien a quien no le gustaban y adónde hubiera podido conducirles esa horrible sospecha. Me pregunto cómo podría seguir llamándome "cristiano" cuando los líderes espirituales en los que confié y la institución que apoyé torturaban y mataban a mis hijas, todo en el nombre de Jesús. Cuando me tomo el tiempo para hacer que la historia se haga viva y personal, en mi mente me digo, entonces, que sé que estoy del lado de Jesús y no del lado de la religión que lleva su nombre. Y me pregunto: *¿Han desaparecido las actitudes que llevaron a estos horrores? ¿O será que solo pasaron a la clandestinidad?*

Como no la criaron en un hogar cristiano como a mí, mi esposa tiene la ventaja de ver la cultura cristiana en América del Norte con un mayor grado de objetividad. A menudo, cuando escucho a un televangelista o a un predicador de radio (¡sí, a veces lo hago!), Nina me pregunta: "¿Por qué estás tan enojado?". Puesto fui criado en la subcultura del evangelicalismo norteamericano, generalmente no soy consciente de lo que es dolorosamente obvio para ella. Así que Nina me ayuda a oír la ira subyacente de la siguiente manera: me dice que escuche el tono de voz del telepredicador de turno, pero que al mismo tiempo me imagine que él está hablando de cualquier otro tema, excepto de Jesús. "¿Qué dirías si un profesor estuviera dando una conferencia sobre biología con ese tono de voz? ¿O si un comercial describiera los méritos de su producto? O, mejor aún, ¿qué dirías si un amigo estuviera hablando de su nuevo interés amoroso de esa manera? ¿Qué pensarías, entonces, de su tono de voz?". Cuando escucho de esta manera, se enciende una luz. Muchos líderes y maestros cristianos parecen tener una corriente de ira. Eso es tan frecuente que se ha convertido en parte de la subcultura cristiana evangélica en América del Norte, dejando a muchos cristianos ciegos, incapaces de notar la hostilidad de nuestros proyectos de subcultura.

Peleas internas. En una escena de una película tragicómica, la mano de un hombre, solo su mano, queda poseída por un espíritu maligno. Mientras es atacado por ella, el hombre oye cómo se mofa de él con una risa burlona (¿cómo una mano puede reírse? No tengo idea). La escena es extraña. La audiencia se pregunta: *¿está realmente poseída la mano de este hombre, o su mente le está haciendo alguna jugada?* Sea lo que fuere, el hombre parece convencido de haber llegado al punto de tener que tomar medidas drásticas para defenderse. Se corta la mano y grita triunfante: "¿Quién se ríe ahora?".

Ya dije más arriba que un cuerpo decapitado sería una imagen precisa de la iglesia, el cuerpo de Cristo. Permíteme ir un paso más allá. Para ser más exactos, tal vez nuestro cuerpo de cera tendría que estar completamente desmembrado y amontonado con sus piezas separadas. Durante siglos, los cristianos han seguido sistemáticamente el patrón debatir-dividir-luchar. Debatir la teología, separarse de aquellos a los que no se puede convencer, y luego luchar contra todos los que no estén de acuerdo con nosotros, ya sea con palabras o con espadas. Católicos contra ortodoxos, protestantes contra católicos y todos contra los anabaptistas. Me dicen que mientras escribo este libro hay más de 3 000 denominaciones cristianas diferentes en el planeta, y que la mayoría de ellas tuvieron su origen en la incapacidad de mantenerse unificadas frente a las diferentes opiniones. *Las personas religiosas son conocidas por confundir la aceptación con el acuerdo.* Cuando eso sucede, la gente asume que el desacuerdo debe dar como resultado el rechazo y la condena.

En el año 325 d. C, cuando Constantino llamó a todos los obispos cristianos a participar en el Concilio de Nicea, 250 hombres asistieron a ese evento de buena fe, como hermanos en Cristo. Es posible que hayan tenido opiniones divergentes sobre una variedad de temas teológicos, pero, en su mayor parte, al menos se consideraron mutuamente hermanos cristianos, seguidores comprometidos de Jesús. Las discusiones sobre sus desacuerdos fueron eventos internos, debates entre familiares comprometidos. Para el final del encuentro, con la elaboración del credo oficial (el Credo de Nicea), los seguidores de Cristo, anteriormente unidos aunque diversos, se dividieron oficialmente en "ortodoxos" y "herejes". A los herejes se les dio la opción de ir al exilio o morir. ¿La creación de credos y la argumentación de la teología pueden ser la base de la unidad cristiana?[13]

En su libro *Christianity Is Not Religion* [El cristianismo no es religión], James A. Fowler reprende a la iglesia histórica por haber perdido el enfoque:

> El cristianismo no es esencialmente asentimiento o creencia en los principios de la verdad, sino receptividad y participación en la actividad del Ser de Aquel que es la Verdad (Juan 14: 6). Jesús no dijo: "Vine para que tengan creencias ortodoxas y las defiendan apologéticamente", sino : "Vine para que tengan vida (el mismo Ser de Dios) y la tengan en abundancia (en la abundante expresión del carácter de Dios en nuestro comportamiento)" (Juan 10: 10).[14]

¿Cómo sería la historia de la iglesia si las personas que decían seguir a Jesús en realidad hubieran tratado de vivir el carácter de Cristo? Quizás, la oración de Jesús por la unidad de sus futuros seguidores no sería tan triste de leer:

> No ruego solo por estos. Ruego también por los que han de creer en mí por el mensaje de ellos, para que todos sean uno. Padre, así como tú estás en mí y yo en ti, permite que ellos también estén en nosotros, para que el mundo crea que tú me has enviado. Yo les he dado la gloria que me diste, para que sean uno, así como nosotros somos uno: yo en ellos y tú en mí. Permite que alcancen la per-

---

13 Para ser claros, debo decir que no argumento en contra del quehacer teológico (la teología es la aplicación del pensamiento filosófico al tema de Dios). Jesús invita a sus seguidores a amar a Dios con toda su mente (ver Mateo 22: 37; Marcos 12: 30). Sin embargo, la teología por sí sola no constituye la base de la unidad cristiana.

14 Fowler, *Christianity Is Not Religion*, p. 100.

fección en la unidad, y así el mundo reconozca que tú me enviaste y que los has amado a ellos tal como me has amado a mí. (Juan 17: 20-23)

Cada vez que me siento desanimado en mi propia relación con Dios, recuerdo que incluso Jesús sabe lo que es no tener respuesta a sus oraciones. "Puede sonar extraño —escribió Brian McLaren—, pero siento pena por Jesús, lamento la manera en que hemos atontado, domesticado, regimentado o incluso arruinado lo que él comenzó".[15] Creo que el filósofo Roy Clouser habla por muchos de nosotros cuando dice: "La historia de las instituciones religiosas es un panorama tan abismal de intolerancia, persecución y crueldad, que puedo entender por qué alguien querría desear deshacerse de todo ese asunto".[16]

Sería reconfortante pensar en cuánto ha avanzado la religión cristiana desde los tiempos violentos discutidos en este capítulo, pero sería un falso consuelo. Estoy convencido de que muchos grupos cristianos conservadores se abstienen de matar, no porque hayan madurado, sino porque la iglesia institucional ha perdido el poder que alguna vez tuvo. Las actitudes violentas pueden ser silenciadas en el mundo de hoy, pero encuentran maneras de resurgir en diferentes formas. Escuchen hoy los sermones y las voces de muchos líderes cristianos populares y notarán las mismas actitudes agresivas, airadas y poco caritativas que persisten bajo la superficie.[17]

Los cristianos occidentales suelen invertir sus energías en la política nacional como una forma de reclamar el poder que una vez tuvie-

---

15 McLaren, *The Secret Message of Jesus*, p. 85
16 Clouser, *Knowing with the Heart*, p. 32.
17 Igualmente, consideren la siguiente descripción del regreso de Cristo dado por una novela contemporánea que fue éxito de ventas. Recuerdan que estas palabras les comunican ánimo y consuelo a un gran número de creyentes: "Hombres y mujeres, soldados y caballos, parecían que explotaban ahí mismo donde se encontraban. Fue como si tan solo las palabras del Señor les hubiese recalentado la sangre haciendo que el torrente sanguíneo se disparara, rompiendo las venas y la piel... Sus vísceras y entrañas se derramaban y fluían por todo el suelo desértico, y cuando quienes estaban cerca quisieron huir despavoridos, ellos también fueron inmolados. Su sangre empozada empezó a subir de nivel en el resplandor imperdonable de la gloria de Cristo". (Tim LaHay y Jerry Jenkins, *El regreso glorioso; Los últimos días*, 225-226. Traducción del original citado por el autor. Nota del traductor).

ron en la sociedad. Pero la historia lo confirma: cada vez que la iglesia se acuesta con poderes políticos, se convierte en la puta del Estado.

Recuerda: nada de esto es el camino de Jesús; es, más bien, el camino de un movimiento que se ha perdido y ha olvidado las enseñanzas de su propio Maestro. Nos queda recordar el sarcasmo popular: "Cuando todo lo demás falla, lea las instrucciones".

Eh? y R

1. ¿Qué emociones experimentaste al leer este capítulo?
2. ¿Qué emociones crees que experimentó Dios al presenciar de primera mano la historia que describe este capítulo?
3. ¿De qué maneras crees que la iglesia cristiana a) se ha arrepentido de y cambiado radicalmente su pasado violento; y b) mantenido una actitud similar a la del pasado, incluso si la violencia está silenciada en nuestro mundo contemporáneo?
4. Lee Mateo 5: 38-47 y Lucas 6: 27-36 (si no tienes una Biblia a la mano, Lucas 6: 27-36 fue citado en este capítulo). Además, piensa en lo que sabes sobre cómo Jesús vivió su vida y cómo murió. Si Jesús quería que sus seguidores estuvieran comprometidos con el camino de la resolución no violenta del conflicto, ¿hay algo más que él pudo haber dicho o hecho para ser más claro?
5. ¿Por qué crees que a los cristianos les cuesta tanto seguir a Cristo?
6. ¿Quiénes crees que eran más "cristianos": los cruzados teológicamente "ortodoxos" o los cátaros "herejes" pacifistas?

"No paguen a nadie mal por mal. Procuren hacer lo bueno delante de todos. Si es posible, y en cuanto dependa de ustedes, vivan en paz con todos. No tomen venganza, hermanos míos, sino dejen el castigo en las manos de Dios, porque está escrito: 'Mía es la venganza: yo pagaré', dice el Señor. Antes bien, 'Si tu enemigo tiene hambre, dale de comer; si tiene sed, dale de beber. Actuando así, harás que se avergüence de su conducta'. No te dejes vencer por el mal; al contrario, vence el mal con el bien". — Romanos 12: 17-21, NRSV

CAPÍTULO 5

QUITANDO LO "MENTAL" DE FUNDAMENTALISMO

*Nuestro aliento y llamado a los musulmanes a que se alisten en la **jihad** contra los ocupantes estadounidenses y los israelíes son acciones en las que estamos comprometidos como obligación religiosa.*

—Osama bin Laden

La mayoría de las religiones contienen dos subgrupos básicos dentro de su círculo de fe: liberales y conservadores o moderados y fundamentalistas. ¿Con qué grupo se sienten ustedes más seguros?

Los moderados son personas que quieren evitar los peligros y la división que causa el fundamentalismo religioso sin dejar atrás completamente su herencia religiosa. Los cristianos moderados, por ejemplo, pueden asistir a la iglesia y leer su Biblia, pero siempre matizan lo que aprenden con las voces de la razón, la cultura y el progreso. Su objetivo es evitar que la religión los obnubile, darle un lugar en sus vidas sin permitir que la controle. En general, los moderados de todas las religiones se llevan mejor con los no creyentes, pero no tienen el respeto que los fundamentalistas despiertan dentro de su propia fe.

Los fundamentalistas son aquellos que piden un regreso apasionado a las enseñanzas literales y autoritativas de su libro sagrado, sea el que fuere. Cuando el libro sagrado llama a los fieles a "hacer la guerra a los incrédulos" (9: 73) y "matar a los paganos donde los encuentren" (9: 5), tal como lo establece el Corán; o apedrear a sus propios hijos si eligen una religión diferente, tal como lo establece la

Torá (Deuteronomio 13: 6-11), tenemos un problema.

A menudo, los moderados sienten que tienen un papel que desempeñar para ayudar a los fundamentalistas a ver el patrón destructivo de un compromiso demasiado celoso. Pero hay un problema con este enfoque. La posición moderada no puede superar lo que se percibe como una debilidad subyacente: los fundamentalistas no los consideran completamente fieles a sus textos sagrados. Desde una perspectiva fundamentalista, los moderados tienen una lealtad dividida. Están parcialmente comprometidos con su religión y parcialmente con el pensamiento secularizado de los tiempos posteriores a la Ilustración. Los fundamentalistas creen que los moderados han llegado a su posición "suave", no porque lo hayan descubierto en sus propios textos sagrados, sino como resultado del conocimiento secular y la negligencia selectiva de las Escrituras. Es posible que el resultado sea un creyente más elocuente y persuasivo, pero sus correligionarios fundamentalistas nunca los tomarán en serio. Los fundamentalistas perciben a los moderados como vendidos, lo que invalida cualquier crítica significativa que los moderados puedan plantearle a la religión fundamentalista. Si los fundamentalistas van a recibir alguna vez algún mensaje que modifique sus posturas, será porque proviene de una fuente de autoridad que respeten.

Aquí radica la fuerza de usar el registro bíblico de Jesús para criticar, al menos, el fundamentalismo cristiano. Si esto se puede hacer o no con otros escritos religiosos (por ejemplo, criticar el fundamentalismo islámico a través del Corán), es una tarea que dejaré para otros escritores, pero sospecho que sería difícil. Para los cristianos, las enseñanzas y el ejemplo de Cristo no son solo una porción más de la Biblia, igual entre otras. La vida y el mensaje de Cristo forman la pieza central de la Biblia, a la que cada aspecto de la enseñanza de las Escrituras apunta o hace eco. Jesús tiene, entonces, los pergaminos para ser el juez autoritario, incluso de fundamentalistas que citan de forma aleatoria versículos de la Biblia para justificar la guerra, la esclavitud o el sexismo. Pero, antes de examinar en detalle el mensaje y la misión de Jesús, veamos algunos ejemplos más de la naturaleza destructiva del fundamentalismo religioso.

Terrorismo. Después de los horribles eventos del 11 de septiembre de 2001, las redes de noticias entrevistaron a muchos académicos musulmanes *occidentales* que aseguraron a los espectadores que el islam es una religión de paz. Esa puede ser su convicción, pero muchos de los musulmanes del mundo (los que tienen las bombas) verían a esos mismos eruditos como apóstatas; traidores liberales a la fe que se describe en sus propias Escrituras. Por lo tanto, las palabras de consuelo que ofrecen los musulmanes moderados significan poco para los objetivos de los fundamentalistas islámicos. Para mí, los moderados no son portavoces adecuados para su fe. Sam Harris comenta: "Cualquiera que diga que las doctrinas del islam *no tienen nada que ver con el terrorismo*, y nuestras ondas radiales se han llenado de apologetas del islam que lo afirman, solo está entreverado en un juego de palabras".[1]

A menudo, los musulmanes moderados señalan que *jihad* es una palabra que se usa en el Corán para describir la lucha interna contra el pecado y en favor de la piedad. Esto es cierto, pero solo a medias. Sí, *jihad* significa *lucha* o *esfuerzo*, y puede referirse al esfuerzo espiritual interno para hacer lo correcto. Sin embargo, como lo demostró Mahoma, la palabra también incorpora la idea de lucha externa a través de la guerra religiosa. Según el Instituto de Información y Educación Islámica de Chicago,

> El profeta Mahoma (S) emprendió varias campañas armadas para expulsar del poder y sus lugares de residencia a las personas traidoras. Él había celebrado pactos con varias tribus, sin embargo, algunas de ellas demostraron ser traidoras. El profeta Mahoma (S) lanzó varias campañas armadas contra estas tribus, las derrotó y las expulsó de Medina y sus alrededores... A decir verdad, es difícil movilizar a las personas a la lucha cuando no

---

1 Harris, *El fin de la fe: Religión, terror y el futuro de la razón*, p. 33.

ven invasores en su territorio; sin embargo, aquellos que están a cargo y tienen responsabilidades ven los peligros con anticipación y deben proporcionar liderazgo para combatirlos. Mahoma (S), el Mensajero de Alá, tenía la responsabilidad de proteger a su pueblo y la religión que había establecido en Arabia. Cada vez que recibía informes de inteligencia sobre los enemigos que se acercaban a sus fronteras, adelantaba ataques preventivos, rompía su poder y los dispersaba. A través del Corán, Alá ordenó a los musulmanes:

> "La lucha está prescrita sobre ti y te disgusta. Pero puede suceder que no te guste algo que sea bueno para ti, y puede suceder que ames algo que sea malo para ti. Y Alá sabe y tú no sabes". (2: 2-16)[2]

Aunque, por un lado, el Corán enseña que, supuestamente, los musulmanes usan la violencia solo como una forma de defensa (22: 39-40), Mahoma modeló el uso de ataques preventivos como una forma de "defensa" permisible cuando sentía una amenaza. ¿Ves el problema? Mahoma abre la posibilidad de todo tipo de ataques justificables bajo la bandera de los ataques preventivos, todo en nombre del celo religioso. No podemos escapar a la terrible verdad de que Mahoma utilizó la violencia como un medio supuestamente justo para promover el reino terrenal del islam. Esto significa que no podemos considerar que los musulmanes que usan la violencia hoy estén completamente fuera de los límites de la auténtica religión musulmana. Los musulmanes violentos no son un elemento marginal radical del islam. Su interpretación y aplicación del Corán surge del ejemplo del propio Mahoma, incluso si se lleva al extremo, y, por lo tanto, es al menos tan válido como el de los

---

2 Ali, *Jihad Explained*. Nota: la acotación *(S)* corresponde a *Sall-Allahu "alayhi wa sallam"*, alocución árabe que significa "que la paz y la bendición de Alá sean sobre él", y que suele decirse cada vez que se pronuncia el nombre del profeta.

moderados menos violentos.³ Nuestros vecinos musulmanes necesitan escuchar nuevamente las enseñanzas de aquel a quien llaman profeta: Jesús.

Pero el islam no es la única forma de religión que engendra fundamentalistas violentos. Ya hemos examinado algunos de los horrores perpetrados bajo la bandera del cristianismo, y no podremos evitar ver más de esa violencia. Pero ¿qué pasa con otras religiones en el mundo?

En primer lugar, tómate unos minutos para ver si puedes identificar esta escena tomada de las páginas de la historia religiosa:

> Atravesaron las madres a espada mientras sus hijos miraban. Desnudaron y violaron a las jóvenes a plena luz del día, luego las empaparon en gasolina... y les prendieron fuego. Abrieron el vientre de una mujer embarazada, su feto fue elevado hacia el cielo en la punta de una espada y luego arrojado a una de las hogueras que ardían por toda la ciudad.
>
> Cuando hablo sobre este tema en contextos universitarios, suelo leer el párrafo anterior y pedirle a la audiencia que intente identificar el evento. La suposición número uno siempre lo ubica en las Cruzadas, que deberían recordarles a los cristianos la reputación que la Iglesia todavía tiene en nuestro mundo actual. Párate en un ambiente secular, lee un párrafo que describe la desagradable violencia y la gente dirá: "¡Qué horrible! Eso debe estar describiendo a los cristianos".

¿Es esta una escena de las Cruzadas o alguna antigua guerra tribal? En comparación, el mundo de hoy parecer ser un lugar más amable y gentil (como si lo fuera). El pasaje anterior describe una muestra de la violencia que estalló entre los hindúes y los musulmanes en la India, en

---

3 Para una autocrítica al islam, ver Irshad Manji, *The Trouble With Islam Today [El problema del islam hoy]*.

la primavera de 2002, tal como se describe en el *New York Times*.[4] Más de mil personas murieron en una serie de disturbios que se extendieron durante un mes. Las diferencias religiosas fueron el principal factor motivador. Desafortunadamente, matar en nombre de la religión no es solo una cuestión de historia antigua, sino que es un aspecto significativo del mundo actual. De hecho, en el tiempo que te llevará leer el resto de este capítulo, es probable que alguien en algún lugar del planeta muera a causa de la religión.

Sacrificio humano. El fundamentalismo no es nada nuevo. Los aztecas y los mayas, como los antiguos amonitas mencionados en la Biblia, usaban el sacrificio humano para apaciguar a sus dioses. Sus ceremonias espeluznantes podían incluir pasar seres humanos vivos por la hoguera, arrancar entrañas y hasta canibalismo sagrado, todo al servicio de la adoración religiosa. Quisiera decir que las escenas espantosas del sacrificio humano en la película *Apocalypto*, de Mel Gibson, fueron exageradas, pero (tristemente) son imágenes que apuntan a una realidad muy oscura. Los antropólogos creen que los aztecas sacrificaban miles de personas, a menudo niños, a sus dioses cada año.

Deber y desapego. Los textos antiguos de la mayoría de las religiones del mundo contienen la semilla de la violencia en pasajes que se vuelven asesinos en manos de los fundamentalistas. Las Escrituras hindúes, *Bhagavad Gita*, registran la conversación entre el Señor Krishna y Arjuna, un guerrero que está a punto de entrar en batalla. Cuando Arjuna se da cuenta de que muchos de sus familiares están luchando para el ejército rival, cuestiona a Krishna sobre la moralidad de matar a los miembros de su familia por el bien de un reino terrenal: "No veo qué bien pueda haber en matar a mis propios parientes, ni yo puedo, mi querido Krishna, desear ninguna victoria, reino o felicidad subsiguiente como consecuencia" (1: 31).

Incluso, Arjuna atisba algo de lo que Jesús enseñaría más tarde: que es mejor *morir* por una causa antes que *matar* por una causa: "Mejor para mí si los hijos de Dhrtarastra, con las armas en la mano,

---

4 Dugger, "Religious Riots Loom Over Indian Politics".

me mataran en el campo de batalla, estando yo desarmado y sin ofrecer resistencia". (1: 45).

En su respuesta, Krishna cataloga los pensamientos de Arjuna como "impurezas" (2: 2), lo llama a "renunciar a esa pequeña debilidad de corazón" (2: 3) y a levantarse para matar a su enemigo. Además, le dice que no se preocupe por ningún individuo, sino que cumpla con su "deber religioso", aquello para lo cual su casta lo ha preparado, porque "debes saber que no hay mejor compromiso para ti que luchar por los principios religiosos; y por eso no hay espacio para la vacilación" (2: 31). Krishna continúa hablando y ofrece la siguiente enseñanza:

> Sin embargo, si no cumples con tu deber religioso de luchar, entonces incurrirás en pecado por descuidar tus deberes y, por lo tanto, perderás tu reputación como luchador. (2: 33)
> Pelea tu batalla por amor a la lucha sin considerar la felicidad o la angustia, la pérdida o la ganancia, la victoria o la derrota, y, al hacerlo, nunca incurrirás en pecado. (2: 38)
> Tú tienes el derecho a cumplir con tu deber prescrito, pero no tienes derecho a los frutos de la acción. Nunca te consideres la causa de los resultados de tus actividades, y nunca te apegues al deseo de no cumplir con tu deber. Cumple tu deber con sentido ecuánime, ¡Oh, Arjuna!, abandonando todo apego al éxito o al fracaso. Esa ecuanimidad se llama "yoga". (2: 47-48)

Sé desapegado y cumple con tu deber. No pienses, solo actúa. Juega tu parte en el sistema de cosas y vive lo que tu posición te prescribe. ¿Cuántos horrores se han perpetrado con éxito porque demasiados hombres mantuvieron la actitud de "no fue mi elección, solo estaba cumpliendo con mi deber"?

Reencarnación y *Sati*. Tanto el hinduismo como el budismo enseñan que las vidas que actualmente vivimos no son las primeras y, lo más probable, no serán las últimas. Estamos atrapados en un ciclo no deseado de renacimientos del que debemos tratar de liberarnos. Muchos occidentales (típico de los occidentales) han decidido que les gusta esta creencia, pero, eso sí, con algunos cambios: romantizándola, occidentalizándola. Nos fascina descubrir que pudimos haber sido duques o duquesas, piratas o princesas, águilas, caballos o delfines en una vida anterior. Pero no muchas personas que creen en la reencarnación hablan de las lecciones importantes que aprendieron de su vida como hongos de los dedos de los pies, cucarachas, violadores o asesinos en serie. Estas personas han logrado "moderar" la doctrina de la reencarnación según sus propias sensibilidades culturales, pero me pregunto: ¿realmente creen que esta edición arbitraria e imposición cultural nos ayuda a cualquiera de nosotros a acercarnos a la verdad de la vida?

Aunque finalmente fue declarado ilegal en el siglo XIX, durante años incontables, los hindúes religiosos elogiaron a las viudas que optaban por suicidarse cuando sus maridos morían. Esa práctica tradicional, llamada *sati*, consistía en que las viudas se lanzaban a la pira funeraria para quemarse junto con sus maridos muertos. Una mujer así podría morir animada por la buena esperanza de su recompensa: volver otra vez, pero como hombre.

Algunos defensores de la religión han tratado de argumentar que el *sati* es más una práctica cultural que religiosa, pero esto es un obstáculo. Tales prácticas culturales nunca podrían ser tan bien aceptadas sin la poderosa motivación que solo pueden proporcionar los fundamentos religiosos.

La reencarnación y el karma. La reencarnación está vinculada con la doctrina hindú y budista del *karma*, una creencia que ofrece un sentido de justicia última e inmediata para las personas que tienen problemas con la gratificación tardía. Debido a que el *karma* enseña que todo lo que le suceda a alguien se debe a sí mismo por sus propias acciones (ya sea en esta vida o en una vida pasada), tiene un atractivo especial para quienes desean una explicación simple e inmediata del dolor y el sufrimiento en nuestro planeta.

Según los *Vedas* (los textos sagrados del hinduismo), si sembramos bondad, cosecharemos bondad; si sembramos el mal, cosecharemos el mal. Aunque es similar a una de las enseñanzas cristianas (ver Gálatas 6: 7-9), puede tener consecuencias destructivas cuando se asocia con la doctrina de la reencarnación, porque el sufrimiento actual puede explicarse como la cosecha de lo que se sembró en una vida pasada. En lugar de motivar a las personas a asociarse con Dios para cultivar la justicia y amar la misericordia en este mundo injusto, el *karma* permite creer que todo es justo precisamente en el aquí y el ahora. Los que sufren lo hacen porque se supone que así sea; merecen sufrir. Es su *karma*.[5]

Desde hace mucho tiempo, los filósofos vienen señalando el peligro inherente a este sistema de creencias. Ayudarle a alguien a prevenir el sufrimiento en esta vida es, por lógica, solo posponer lo inevitable y consignarlo para que vuelva a sufrir más en su próxima vida. Entonces, con absoluta claridad de conciencia, un hindú practicante puede ignorar a su prójimo que sufre, sabiendo que su sufrimiento es justo y un paso necesario para que, finalmente, logre la salvación.

No es sorprendente que el sistema de castas de la India evolucionara dentro de esta estructura de creencias. Quienes nacieron en prosperidad han llegado a esa casta con toda justicia y no tienen la obligación de ayudar a los nacidos en la pobreza, quienes, al igual que ellos, merecen estar donde están. Cada vida se libra a sí misma de su propia deuda *kármica* y no se debe interferir para no limitar o retrasar su acceso a la salvación. Durante miles de años, esta creencia ha conducido a un sufrimiento sin medida. Es comprensible por qué Gandhi rechazó este aspecto de su religión de origen.

Una de las razones por las que los occidentales se han sentido atraídos por el hinduismo y el budismo es que el *karma* reemplaza el im-

---

[5] A tono con sus raíces judías, Jesús afirma el valor infinito de la *vida ahora* no como un castigo por nuestros errores pasados, sino como una expresión del amor divino. No estamos en este mundo para pagar algún mal *karma* de vidas anteriores que no podemos recordar. Nuestra existencia en esta dimensión, en este tiempo y en esta forma es una expresión del amor divino, no del castigo divino.

popular concepto judeocristiano de "pecado". Sin embargo, entendido correctamente, el pecado es una buena idea. Como veremos en capítulos posteriores, Jesús enseñó que el pecado es perdonable; el *karma*, por definición, no lo es. El pecado puede ser eliminado por la misericordia de Dios. El *karma* debe ser resuelto por cada individuo, sin excepciones. En un mundo controlado por el *karma*, no hay misericordia, solo justicia. El *karma* debe eliminarse, no importa cuánto sufrimiento implique ni cuantas vidas tome superarlo. Por mi parte, me gustaría pensar en mis errores como *pecado* en lugar de *karma;* verlos como un aspecto de mi vida que se elimina a través de la compasión de Dios y no por la necesidad de vivir múltiples vidas de sufrimiento diluirlo de a poco. Me alegra que Jesús haya rechazado la idea del *karma* (ver Lucas 13: 15; Juan 9: 13) cuando le ofreció a la gente el perdón completo de Dios por todo el pecado.

Uno podría esperar que la doctrina de *ahimsa* (la no-violencia) evite que los budistas ingresen al Salón de la Fama de la Violencia Religiosa. Desafortunadamente, como Mark Juergensmeyer nos cuenta en su libro *Terrorismo religioso: El auge global de la violencia religiosa*, "la historia y las enseñanzas del budismo no están libres de manchas. Las grandes conquistas militares de los reinos cingaleses en Sri Lanka, por ejemplo, se llevaron a cabo en nombre de la tradición budista y, a menudo, con las bendiciones de los monjes budistas".[6]

Juergensmeyer señala que los budistas pueden interpretar la doctrina del *karma* como una ley que invita a las personas santas a asociarse a ella. Por ejemplo, si un gobernante es percibido como un enemigo del bien, es correcto luchar contra él o ella en nombre del *karma*. De hecho, al asesinar a alguien que está viviendo una vida de maldad, el *karma* se convierte en un acto de misericordia desde ese punto de vista, pues así se le ayuda al alma a moverse hacia un plano superior antes de que acumule mayor cantidad de *karma* maligno.

Tal vez este fue el pensamiento del monje budista que mató al primer ministro de Sri Lanka, en 1959. Los miembros de Aum Shinrik-

---

6 Juegernsmeyer, *Terrorismo religioso: El auge global de la violencia religiosa*, p. 114.

yo, una rama del budismo japonés, alegaron una motivación similar en 1995, cuando lanzaron gas venenoso en el metro de Tokio, matando a un gran número de viajeros e hiriendo a casi mil más.

Fundamentalismo cristiano. Debido a que los textos sagrados de casi todas las religiones contienen la semilla de la violencia, los fundamentalistas de todos los bandos tienden a volverse cada vez más violentos en sus actitudes o posturas, si no en sus acciones.[7] William Temple, antiguo arzobispo de Canterbury, insistió en que, si nuestro concepto de Dios es incorrecto, cuanto más religiosos nos volvemos, más peligrosos somos para nosotros mismos y para los demás. Pero aquí está lo extraño de la fe de Jesús (y no me refiero a la religión cristiana en general, sino a aquellos que siguen específicamente las enseñanzas y el ejemplo de Jesús): entre mayor sea la fidelidad con la que alguien se compromete a seguir sus enseñanzas, tal como las ilustra con su ejemplo —en otras palabras, cuanto más *fundamentalista* de las enseñanzas de Jesús se vuelve—, tanto más amorosa, compasiva y amable debería ser esa persona.

El problema con muchos "fundamentalistas cristianos" es que no son lo suficientemente fundamentalistas cuando se trata de Jesús. Entiendan, por favor, que cada vez que la iglesia cristiana se vuelve violenta o intolerante, o poco caritativa, no es en respuesta a una adhesión fundamentalista a las enseñanzas de Jesús, sino todo lo contrario. Es porque las enseñanzas de Cristo han sido ignoradas de manera clara. Muchos "cristianos fundamentalistas" no siguen a Cristo, sino que han reemplazado sus enseñanzas con el *ethos* conservador reinante y lo revisten de dogma religioso.

Otros cristianos fundamentalistas reemplazan el discipulado en pos de Jesucristo con la adoración a la Biblia. Esa clase de fundamentalistas suelen ser personas de corazón tierno motivados por un espíritu sincero, pero, con todo, están completamente equivocadas. Pienso en aquellos que aman a Dios y se dedican de corazón a seguir la Biblia al

---

[7] El *jianismo* es una excepción clara y extrema que instruye la no-violencia absoluta, incluso hacia los animales y algunas plantas cuyo consumo, o al menos de algunas de sus partes (por ejemplo, la raíz), destruiría el planeta entero.

pie de la letra, pero no consiguen darse cuenta de que la Biblia solo se hizo para ser leída. Según Jesús, la Biblia es un relato que trasiega el desarrollo de una historia y que nos insta y nos llama a seguir el evangelio, las buenas noticias del mensaje de Jesús. El Antiguo y Nuevo Testamentos operan juntos, formando una especie de retrato de *antes-de* y *después-de* (una idea que, más tarde, fue desarrollada por el apóstol Pablo en el libro de los Gálatas y al cual volveremos más tarde). Jesús insistió que no basta con seguir la Biblia. Nos dijo que tenemos que usarla de tal manera que el texto nos lleve a él, y luego seguir sus enseñanzas y su ejemplo. Ese fue su reclamo a los fariseos, quienes constituían el grupo fundamentalista de la época, adicto a blandir la Biblia por doquier. Los fundamentalistas cristianos de hoy (o, más exactamente, los *fundamentalistas bíblicos*) necesitan escuchar nuevamente las palabras de Jesús (a los fariseos): "Ustedes estudian con diligencia las Escrituras porque piensan que en ellas hallan la vida eterna. ¡Y son ellas las que dan testimonio en mi favor! Sin embargo, ustedes no quieren venir a mí para tener esa vida". (Juan 5: 39-40; ver, igualmente, Lucas 4: 16-21; 24: 25-27, 44-47)

    Permíteme traer a colación un estudio de caso de fundamentalismo bíblico que se salió de cauce. En 1994, el Rev. Paul J. Hill asesinó de un disparo al Dr. John Britton y a su escolta voluntario, Jim Barrett, cuando el médico se dirigía a su clínica en la que se practicaban abortos. Las motivaciones de Hill provenían de su entendimiento y dedicación a la Biblia. Este aspecto se hace evidente en *Mix My Blood with the Blood of the Unborn [Mezcla mi sangre con la de los no nacidos]*,[8] el libro que escribió para explicar sus motivaciones bíblicas, mientras esperaba su ejecución tras haber sido sentenciado a la pena capital. Este es un caso de un pastor evangélico fundamentalista —y como él hay otros más— que aprobaba la muerte con el fin de proteger, en nombre de su fe cris-

---

8 Paul Hill fue un amigo del Rev. Michael Bray, quien expresó creencias similares en su libro *A time to Kill [Tiempo de matar]*. Mientras esperaba la ejecución tras haber recibido la sentencia de muerte, Hill escribió su propio libro titulado *Mix My Blood with the Blood of the Unborn*, en el que detalló el proceso mental que lo llevó a asesinar a dos personas. Ver www.armyofgod.com para información más completa. Es un sitio de Internet supremamente perturbador.

tiana, a los bebés aún no nacidos. Para él y otros que comparten su mirada, todo tiene sentido desde una perspectiva *bíblica*. Después de todo, ¿no es la Biblia la que le ordena al pueblo de Dios "¡defiende a los pobres y necesitados!" (Proverbios 31: 9) y "Rescata a los que van rumbo a la muerte" (Proverbios 24: 11)? ¿No deberíamos apelar a la fuerza, incluso letal, para cuidar a quienes no pueden protegerse? Después de todo, ¿no está la Biblia repleta de ejemplos en los que el pueblo de Dios hace uso de la fuerza mortal para ejecutar la voluntad Divina?

Sí, el pueblo debe hacer causa común con Dios para traer justicia y compasión a los desvalidos y los marginados, pero Jesús muestra tanto la forma de hacerlo como la de *no* hacerlo. Enseña con claridad que sus seguidores deben estar dispuestos, no a llevarse por delante vidas humanas, sino a entregar sus vidas al servicio de los pobres, los oprimidos, los afligidos, los débiles y los necesitados. Nuestro ejemplo viene del mismo Jesús: "En esto conocemos lo que es el amor: en que Jesucristo entregó su vida por nosotros. Así también nosotros debemos entregar la vida por nuestros hermanos" (1 Juan 3: 15; ver también Juan 10: 11; 15: 12-13).

Jesús les ordenó a sus seguidores imitar su ejemplo de amor sacrificial como el medio por el cual desencadenar un cambio positivo. Paul Hill no fue criminalmente violento porque siguiera las enseñanzas y el ejemplo de Jesús, sino porque *se negó* a seguirlo. En sus intentos por seguir la Biblia, los fundamentalistas cristianos como Hill fracasan como seguidores de Jesús. Cristo fue claro: los cambios significativos vienen por entregar nuestra propia vida, no por tomar la de los demás.

Sí, si alguien lee porciones de la Biblia sin aceptar el estilo de Jesús como su enfoque central, lo que va a encontrar son pasajes que justifican la violencia. Esa no es la lectura que haría un seguidor de Jesús. "Cristo —dijo el apóstol Pablo— es el fin (culminación) de la ley" (Romanos 10: 4). Aquí, *culminación* es traducción de la palabra griega *telos*, que significa: meta, final. "Todo en la Biblia apunta a Jesús— dijo Pablo—. Ahora, sigan a Jesús, sus enseñanzas, su ejemplo. Permitan que su ejemplo sea para ustedes el intérprete de la Biblia".

Durante algunos de los tiempos más violentos en la historia de la iglesia, los cristianos se obsesionaron con la exactitud bíblica y la pureza teológica. Fue tan solo una parte del problema. El Credo de los Apóstoles, por ejemplo, salta desde "nacido de una virgen" directo a "padeció bajo Poncio Pilato". ¿Nadie reparó en que los cristianos estaban pasando algo por alto? ¿Qué decir de toda la vida, las enseñanzas y el ejemplo de Jesús? Brian McLaren escribió: "Comparen el diluvio de horas de trabajo que la iglesia invirtió en discusiones esotéricas en torno a asuntos teológico/ filosóficos con la escasa atención que se le dio a entender y aplicar la ética del reino de Dios para capturar la sorprendente diferencia".[9]

Los verdaderos seguidores de Jesús son aquellos que, habiendo ya sido receptores, a través de Jesús, del amor lleno de gracia de Dios, derraman sobre y en los demás ese mismo amor incluyente de maneras tales que reestablecen relaciones quebrantadas, sanan heridas internas y les ofrecen ayuda práctica a los que sufren sin esperanza.

Esta es la razón por la que en *The Meeting House*, mi iglesia, solemos decir que cuando se trata de Jesús, no de la Biblia en general, sino de Jesús en particular, sí queremos ser *más* "fundamentalistas" que los fundamentalistas. Queremos vivir de manera apasionada las enseñanzas de Jesús en nuestra vida diaria sin entrar en negociaciones con nuestra cultura. Queremos que las palabras de Hebreos 12: 2 describan nuestra experiencia: "Fijemos la mirada en Jesús, el iniciador y perfeccionador de nuestra fe".

Para quienes alegamos ser seguidores de Cristo (que es lo que la palabra "cristiano" significa), nuestra meta es simple: debemos seguir a Cristo. Tenemos que enfocarnos en Jesús. Él origina y guía la verdadera fe cristiana. El ejemplo que nos da es el del amor sacrificial centrado en el otro. ¡Oh, cómo deseo que eso fuera cierto al hablar de todo aquel que se llame "cristiano", incluyéndome a mí!

Tal como veremos en las siguientes secciones del libro, seguir a Jesús nos empuja a su estilo contracultural de perdón ilimitado, acepta-

---
9 McLaren, *The Secret Message of Jesus*, p. 212.

ción radical, pacificación no-violenta y amor sacrificial. Es también un peregrinaje que nos distancia de la dependencia de los sistemas religiosos como si fueran el camino a Dios.

¿Eh? y R

1. ¿Por qué los moderados en cualquier grupo religioso no están equipados para desencadenar las reformas que esa religión necesita?
2. ¿Cómo es que las doctrinas del *karma* y de la reencarnación pueden acrecentar el sufrimiento humano?
3. Si los cristianos creen que a) un feto es un niño o una niña inocente; y b) la violencia es una forma aceptable mediante la cual los cristianos pueden aplicar justicia, ¿qué podría prevenir que el movimiento llamado "provida" llegue al punto de asesinar médicos que practiquen abortos?
4. Describe un cuadro de cómo luciría alguien que sigue radicalmente las enseñanzas de Jesús en el mundo actual, un verdadero *fundamentalista de Jesús*.

"En esto conocemos lo que es el amor: en que Jesús entregó su vida por nosotros". (1 Juan 3: 16)

Parte II
Una vida escandalosa

Hace 2000 años, Dios comenzó una revolución contra la religión que Él mismo había iniciado. Así que no traten de descartar a Dios como causa de una mareada contra las iglesias y las instituciones cristianas que llevan Su nombre. Si Él estuvo dispuesto a voltear de cabeza el judaísmo, no piensen ni por un momento que nuestras instituciones están a salvo de una revolución divina. Estoy convencido de que incluso ahora hay multitudes de seguidores de Jesucristo que están hartos de los juegos en los que se entretiene la iglesia cuando trata de bajarle el tono al llamado de Dios. Mis viajes solo confirman que los rumores de una revolución circulan por doquier. Estoy convencido de que se está gestando un levantamiento y que el que está detrás de todo eso no es nada menos que Dios.

—*Erwin McManus*

CAPÍTULO 6

DESAFIANDO AL PODER ESTABLECIDO

No es ninguna sorpresa, dadas sus enseñanzas y acciones, que Jesús haya sido crucificado. Lo sorprendente es que no lo hubieran crucificado antes.

—Ben Witherington III

En la primera parte de este libro, sostuve que las acciones ofensivas de Jesús al convertir el agua en vino fueron nada más que la punta de un témpano de hielo antirreligioso. En esta sección que ahora iniciamos vamos a bucear para ver qué tanta profundidad alcanza el escándalo. Veremos cómo las acciones y las enseñanzas de Jesús revelan una agenda claramente irreligiosa que evade el sistema de salvación imperante en su tiempo para conectarnos directamente con Dios. Luego, en la sección final, vamos a explorar algunas de las implicaciones de la espiritualidad subversiva de Jesús para nuestro tiempo.

Para apreciar completamente la naturaleza escandalosa de la vida de Jesús, necesitamos capturar una mejor comprensión del contexto sociorreligioso en el que Jesús vivió y enseñó. Tristemente, muchos maestros y escritores espirituales que gozan de popularidad nos defraudan en ese punto. En su afán por darle universalidad a las enseñanzas de Jesús, olvidan (¿o es que ignoran intencionalmente?) el contexto particular en el que sus palabras fueron pronunciadas: el Israel del siglo I. Al igual que cualquier mensaje, cuando sacamos las enseñanzas de Jesús de su contexto, podemos hacerle decir cualquier cosa en lugar de lo que él se propuso mostrar.

Creo que la vida de Jesús tiene significado de aplicación universal para todos nosotros, pero solo vamos a entenderlo si vemos lo que dijo en el contexto de sus propios marcos culturales e históricos. Una vez hayamos entendido lo que él pretendió comunicar en sus términos particulares, en el marco de los debates religiosos de su tiempo, podremos entonces ver con mayor claridad las lecciones universales, los principios transferibles que podemos aplicar a todos los asuntos materiales del día a día. Por lo tanto, ofrezco esta advertencia: ten cuidado con los maestros espirituales que hablan de Cristo en términos cósmicos sin un compromiso riguroso que nos permita entenderlo en términos humanos. La belleza profunda de su mensaje se pierde si pasamos por alto cualquiera de los aspectos del evento que es Cristo. Sí, es una historia del amor cósmico de Dios, pero es también la historia de ese amor que entra en la nuestra en una expresión particular. Debemos tener ambos aspectos en nuestra mente al mismo tiempo. No es solo una historia sobre un Dios amoroso o sobre un hombre compasivo. Es el mensaje profundo de alguien que se da a conocer en el otro.

  El mensaje escandalosamente alentador de Jesús es que el Creador del universo, el Dios del amor, entró en la historia humana y vivió de incógnito entre nosotros. Aquel que está antes y más allá de todas las cosas, es decir, el Gran Contexto para toda la vida, entró en nuestro contexto humano, vivió una vida particular, en un género particular, en un lugar particular, en un momento particular, como parte de un pueblo en particular. No sé por qué masculino y no femenino, por qué judío y no irlandés, por qué Israel del siglo I y no Canadá del siglo XXI. Tengo mis teorías, y quizás tú tengas las tuyas. Lo que sí sé es que la particularidad de Jesús, es decir, ser una cosa y no otra, es el precio de ser humano. A través de Jesús, Dios pagó ese precio y entró de lleno en nuestra experiencia humana de una manera particular.

  Sea que te acerques o no a Jesús como una fuente de revelación divina, asumo que inviertes tu tiempo en este libro porque estamos de acuerdo en que Jesús tiene algo que decirnos. Si queremos comprender qué es ese mensaje, debemos reconocer que no se dio en un vacío. Cuando nos tomamos el tiempo para entender el contexto judío de Jesús en el siglo I, sus palabras y acciones cobran vida con un significado que de otra manera perderíamos. Este es el mensaje de los siguientes capítulos de este libro. En cierto sentido, el desafío de Cristo a la religión dominante de su contexto histórico se convierte para nosotros en una especie de estudio de caso del que podemos extraer principios transferibles a nuestro propio contexto. Los ejemplos son particulares, propios de un contexto determinado, pero, si hacemos el trabajo para entenderlos, la sabiduría espiritual que obtengamos será universal.

Lo religiosos del Israel del siglo I pensaron que algunas características externas de su fe eran fundamentales para sus vidas espirituales. Esas fueron insignias de identidad, los límites que delineaban los contornos de su vocación y estatus únicos. Podríamos dividir estos problemas externos en cinco categorías, todas las cuales Jesús desafió de alguna manera:[1]

- **Torá**: la Ley de Moisés debía ser obedecida al pie de la letra, incluyendo las leyes dietéticas y las regulaciones del sábado.
- **Tradición**: mantener la "tradición de los ancianos" (o Torá oral) transmitida por los antepasados estaba a la par con la obediencia a las Escrituras (la Torá escrita).
- **Tribalismo**: la pureza étnica, nacional y cultural se unieron con la identidad religiosa.
- **Territorio**: una teología de la santa geografía significaba que ciertas tierras, ciudades y lugares eran más sagrados que otros, y que la guerra era un deber religioso cada vez que se amenazaba esa tierra santa.
- **Templo**: se creía que la presencia de Dios habitaba en un lugar santo de una manera única donde los fieles podían ofrecer sacrificios y recibir perdón.

Observen que cada uno de esos rasgos de identidad genera exclusividad. Todos juntos fueron rasgos que ayudaron a apuntalar una

---

[1] N. T. Wright resalta tres de esos rasgos como de importancia crucial para entender el impacto de Jesús en su mundo del siglo I, a saber: la ley, la tierra y el templo.

fuerte mentalidad de "nosotros/ellos" entre Israel y el resto del mundo.

Sí, Dios le había otorgado a Israel un estatus especial, pero ese estatus no era un fin en sí mismo, era, más bien, un llamado a una misión en particular. En respuesta a un corazón que privilegia una alianza, Dios había *confiado* su mensaje de amor a Israel para que ese pueblo pudiera llevar su mensaje a todas las naciones del mundo (ver Génesis 12: 3; 18: 18; 22: 18; 26: 4; Isaías 2: 24; 42: 6; 49: 6; Miqueas 4: 17; Zacarías 8: 20-23; Mateo 5: 14-16; Romanos 3: 2). Sin embargo, Israel cambió los términos de la alianza y usó la Palabra que habían recibido de Dios como un bloqueo religioso y cultural que los mantuvo separados del mundo que los rodeaba y les impidió cumplir su misión de llevar la luz del amor de Dios a los demás.

Traigo a cuenta una escena tonta que me permite ilustrar mi punto. Imagínate a un DJ en un gran club. El tipo goza de la noche, bailando detrás de sus tocadiscos con los auriculares puestos, totalmente inmerso en la música. Pero hay un problema: el DJ nunca pensó en encender los altavoces principales. Observa ahora la pista de baile. Ahí está toda la gente de pie, esperando en silencio (imagina el canto de los grillos, solo por diversión). Este DJ puede tener en su arsenal la música más increíble, pero pierde el punto de por qué la tiene.

O piensa en este escenario absurdo descrito por N. T. Wright. Imagina un cartero que está orgulloso de su gran bolsa de correo. De hecho, está tan orgulloso que la lleva a todas partes; la cuelga en sus hombros como si fuera una insignia de honor para que todos lo vean. "Miren lo popular que soy —les dice a sus amigos—. Tengo mucho correo por distribuir". Pero ha olvidado que su propósito es *entregar* lo que se le ha *confiado*.[2]

Jesús destruyó la fachada de sus contemporáneos religiosos. Él los reprendió por haber olvidado su propósito. Denunció las formas en que habían reemplazado su misión de traer luz al mundo con los altos

---

[2] N. T. Wright sostiene que el verbo *confiaron*, en Romanos 3: 2, surge de la comprensión que Pablo tenía de que Dios no le dio a Israel sus enseñanzas como un fin en sí mismas, sino que se las *confió* como un mensaje que se esperaba que Israel entregara a todas las naciones.

muros religiosos que mantenían alejados a todos los "pecadores".

En los siguientes capítulos veremos cómo, uno por uno, Jesús desafió el entendimiento popular de cada uno de los rasgos de identidad de grupo en Israel. A medida que avancemos en la lectura, fíjate en lo escandalosa que fueron su vida y sus enseñanzas desde un punto de vista religioso. Todo era parte de su plan para desmantelar las barricadas religiosas de entonces y las de ahora, y para abrir camino en lo profundo de su reino que es radicalmente más inclusivo.

En este punto, vale la pena señalar algo importante. Lee el Nuevo Testamento y verás que Jesús es implacable con los líderes religiosos de su época. A menudo los condena por su hipocresía, ceguera y dureza. Debido a que son líderes de la religión judía, algunas personas han llegado a la conclusión de que Jesús o los autores del Nuevo Testamento son de alguna manera antijudíos o que sus textos transpiran antijudaísmo. Nada más alejado de la verdad.

El Jesús de la Biblia no es más antijudío que Isaías, Jeremías, Amós o cualquier otro profeta del Antiguo Testamento que criticó a Israel por haberse alejado de su misión en su tiempo. Te pido que comprendas que el cuestionamiento de Jesús a los líderes judíos del siglo I es una crítica *desde adentro*. Es un debate interno motivado por el amor. Sus duras palabras contra Jerusalén, el templo o los líderes religiosos no están motivadas por ningún sentimiento antijudío, sino por una inclinación exactamente opuesta. *Jesús critica a los líderes religiosos judíos porque son religiosos, no porque son judíos.* Si nos aferramos a este dato, podremos ver que sus reproches son transferibles a todas las religiones en todo momento.

¿Eh? y R

1. La parte 2 comenzó con una cita de Erwin McManus. ¿Qué piensas acerca del "levantamiento que se está gestando" que describe?
2. ¿Por qué es importante estudiar las enseñanzas de Jesús dentro de su

contexto judío del siglo I? Si hacemos eso, ¿cómo podríamos extraer las verdades universales aplicables a nuestras vidas hoy?

3. Hagamos un estiramiento cerebral:
   - De las cinco marcas de identidad de grupo enumerados en este capítulo, ¿puedes pensar en ejemplos de cómo Jesús desafió cada una de ellas?
   - ¿Puedes pensar en ejemplos contemporáneos de cómo las personas religiosas de hoy discuten sobre estos mismos temas?
4. Comparte tus pensamientos sobre las siguientes citas de William C. Placher y Beverly Roberts Gaventa:
   - Si reconocemos que los fariseos eran las personas respetables y piadosas de la época, debemos admitir que Jesús tuvo poca paciencia con las personas respetables y piadosas.
   - Los fariseos eran los religiosos buenos y fieles de su época. La gente religiosa buena y fiel de todas las épocas es la que se encuentra en conflicto con Jesús.[3]
5. Durante mucho tiempo en la historia de la iglesia, los cristianos interpretaron la condena de Jesús de muchas prácticas religiosas judías como la condena de Dios hacia los judíos. ¿Cómo podríamos evitar cometer ese mismo error destructivo en nuestro tiempo?

"Entonces, ¿qué se gana con ser judío, o qué valor tiene la circuncisión? Mucho, desde cualquier punto de vista. En primer lugar, a los judíos se les confiaron las palabras mismas de Dios"
—Romanos 3: 12

---

[3] William C. Placher y Beverly Roberts Gaventa, prefacio a Kathleen Kern *We Are the Pharisees* [*Somos los fariseos*].

CAPÍTULO 7

ROMPIENDO LAS REGLAS:
LA TORÁ PRINCIPAL

Tal vez, los poetas tengan razón. Tal vez, el amor es la única respuesta.

—Woody Allen

En medio de su Sermón del Monte, cuando Jesús dice: "… traten ustedes a los demás tal y como quieren que ellos los traten a ustedes. De hecho, esto es la ley y los profetas" (Mateo 7: 12), apela a la sabiduría universal. Otro antiguo maestro judío, el rabino Hillel, dijo: "Lo que es odioso para ti mismo, no lo hagas a tu prójimo. Esa es la totalidad de la Torá" (Talmud, Shabat 31a). Antecediendo tanto a Jesús como a Hillel, el Buda enseñó: "Considera a los demás como a ti mismo". Confucio había expresado ese principio de manera similar a Hillel cuando también enseñó: "Lo que uno no desea para sí mismo, uno no debe hacérselo a nadie más".

Aunque Jesús no fue el primero en aludir a esta idea, fue el primero en expresarlo como un llamado inequívocamente positivo a la acción. En lugar de enfatizar qué no hacer, como hacen Hillel y Confucio (Buda es ambiguo), Jesús claramente desafía a sus seguidores a tomar la iniciativa de amar, a buscar formas de atender las necesidades de los demás, tal como lo hacemos por nosotros mismos: haz a los demás lo que quieres que te hagan a ti (ver también Mateo 22: 39).

Este énfasis en la acción centrada en el otro se ha llamado la "regla de oro" (especialmente como se expresa en Mateo 7: 12), y se establece como el epicentro de la enseñanza de Jesús sobre la fe, la religión y la ética. Sin embargo, es más que una "regla". A menudo, las reglas solo tienen sentido dentro de un contexto. Si el contexto cambia, el valor de las reglas desaparece. En Brasil y el mundo hispanohablante, por ejemplo, conducir por el lado derecho de la carretera es una regla. Pero esta regla sería contraproducente en Inglaterra. Jesús nos ofrece, por el contrario, un principio trascendente, una orientación reguladora, una ética dirigente que es transferible a todas las situaciones.

El Jesús de la Biblia sigue una filosofía simple: si el amor guía nuestros corazones, las reglas se vuelven redundantes. El amor, abrazado como una orientación reguladora centrada en el otro, siempre nos llevará a hacer lo correcto.

Para aclarar su orientación sobre el amor que reemplaza la ley, Jesús se dispone a deconstruir el sistema basado en las reglas de la religión de su época. Antes de abordar la construcción de una nueva comprensión de una vida guiada por el amor, primero tiene que derribar el antiguo edificio basado en la ley. Así que vive de tal manera que ofende a cualquiera que ponga su fe en las reglas religiosas en lugar de transitar el camino del amor.

Observa los siguientes ejemplos:

- A pesar de que el Antiguo Testamento contiene muchas reglas dietéticas sobre lo que constituye el alimento *kosher* y lo que no (ver Levítico 11), Jesús declara que todos los alimentos están limpios (Marcos 7: 18-19).
- A pesar de que Moisés había ordenado procedimientos muy claros relacionados con el divorcio y el nuevo matrimonio (ver Deuteronomio 24: 14), Jesús enseña que Dios quiso que estas reglas fueran un compromiso temporal debido a la dureza del corazón humano y que él había venido a ofrecer una mejor manera (ver Mateo 5:31-32; 19: 8-9).
- A pesar de que las Escrituras del Antiguo Testamento prohíben claramente cargar objetos personales en el día de reposo (ver Éxodo 20: 9-11; Jeremías 17: 21-22, 27), cuando Jesús sana

a un hombre paralítico en el sábado, le mandó específicamente "levántate, recoge tu camilla y anda" (Juan 5: 8-9). Para agregarle sal a la herida, más tarde, Jesus se refirió a esa sanidad como un "trabajo" realizado en el día de reposo (Juan 5: 16-17), aparentemente por ninguna otra razón que conmocionar aún más y provocar una reflexión más profunda en sus interlocutores religiosos que ya estaban perplejos.

• Y aunque el Antiguo Testamento contiene muchas reglas relacionadas con evitar a las personas con enfermedades de la piel (ver Levítico 13-14), Jesús sanó a los leprosos con un toque (Mateo 8: 3).

A las personas religiosas les cuesta comprender el llamado de Jesús a una espiritualidad libre de reglas y basada en principios. Ciertamente, la espiritualidad sin reglas es una forma constructiva de vivir solo si el amor es la dinámica guía, el principio fundamental de nuestras vidas. Esto es esencial para el mensaje de Jesús. Él nunca hizo que la regla fuera una meta digna en sí misma. Su punto fue que la observancia de las reglas debería ser una expresión natural de algo más profundo, en lugar de un fin (ver Mateo 23: 23). Si eliminamos las reglas, lo que nos quedará es anarquía (ver 1 Juan 3: 4); pero si trascendemos las reglas con el amor, comenzaremos a vivir como Jesús.

Para los líderes religiosos, el estilo de vida rompe reglas de Jesús parecía ser una expresión clara de su desprecio por la Torá. Sin embargo, para él, era una forma más precisa de vivir los principios contenidos en los preceptos de la Torá. Aunque Jesús fue acusado de abandonar las Escrituras en repetidas ocasiones, él defendió su estilo de vida al afirmar que así se cumplía el verdadero significado de las Escrituras de una manera más genuina que la prescrita por los líderes religiosos (ver Mateo 5: 17-20; 12: 18).

En su famoso Sermón del Monte, Jesús explicó su propia relación con las Escrituras:

> No piensen que he venido a anular la ley o los profetas; no he venido a anularlos sino a darles cumplimiento. Les aseguro que mientras existan el cielo y la tierra, ni una letra ni una tilde de la ley desaparecerán hasta que todo se haya cumplido. Todo el que infrinja uno solo de estos mandamientos, por pequeño que sea, y enseñe a otros a hacer lo mismo, será considerado el más pequeño en el reino de los cielos; pero el que los practique y enseñe será considerado grande en el reino de los cielos. Porque les digo a ustedes, que no van a entrar en el reino de los cielos a menos que su justicia supere la de los fariseos y de los maestros de la ley. (Mateo 5: 17-20)

"No piensen que he venido a anular la ley", dijo Jesús. ¿Por qué alguien pensaría eso? ¿Por qué Jesús necesitaría asegurar ante su audiencia su fidelidad a las reglas de la Torá? ¿Qué pasa con la vida y la enseñanza de Jesús que llevaron a que la gente se preguntara si él los estaba llamando a abandonar la ley de Dios? Él nos da una pista en su comentario de seguimiento. No vino a abolir las Escrituras del Antiguo Testamento; vino a cumplirlas, a absorberlas en su propia vida y a enseñarnos una mejor manera de vivir los principios allí contenidos. Los líderes religiosos conocidos como fariseos eran meticulosos en su obediencia rígida de la ley, pero ese no es el camino, dice Jesús. De hecho, con todo y lo supremamente meticulosos que eran, él dice que nuestra justicia debe superar la justicia de los fariseos.

Si una familia de fariseos se mudara a tu vecindario, probablemente deberías considerarte una persona bastante afortunada. Ellos serían ciudadanos honrados, activamente involucrados en la vida comunitaria, colaboradores entusiastas del programa de vigilancia barrial. Te darías cuenta de que ellos nunca rechazan a ningún representante de una organización benéfica local que venga a la puerta para solicitar una donación y que su estilo de vida, como su hogar, siempre está limpio y ordenado. Por supuesto, es posible que tengas que aguantar de vez en cuando el golpe ocasional en tu puerta por parte del sonriente misionero de esa familia que quiere compartir la Biblia contigo, pero tampoco sería tan malo. Al menos, no tendrías que aguantar fiestas ruidosas, y tendrías la plena seguridad de poder contar con que los hijos de esa familia serían una influencia positiva para los tuyos.

La verdad es que los nuevos vecinos te parecerían personas tan maravillosas que, en todo caso, te sentirías en el desafío de mejorar tu estilo de vida. Es posible, incluso, que te sintieras un poco intimidado porque te parecería que son tan unidos entre sí. Tal vez, en ocasiones te preguntarías: "¿Es que esta gente no tiene ningún vicio?".

Por eso, para ti sería una sorpresa que Jesús apareciera y te dijera lo mismo que le dijo a la gente de su época: "Porque (te) digo que no (vas) a entrar en el reino de los cielos a menos que (tu) justicia supere la de los fariseos y los maestros de la ley" (Mateo 5: 20).

¿Qué? ¿Debemos ser mejores personas que la familia de los fariseos superdevotos para entrar en el reino de Dios? Puedo escuchar desde aquí lo que estás pensando: "¡Pero si es que yo conozco a esta familia! Son tan 'perfectos' que me enferman. ¿Cómo diablos podría *yo* llegar a complacer a Dios si es que *ellos* no lo hacen?".

Tal vez, estés recibiendo una cucharadita de lo que los judíos de los días de Jesús pudieron haber saboreado al escuchar esas palabras en medio de su Sermón del Monte. Se habrán sorprendido, y quizás abrumado, porque los fariseos eran íconos culturales de rectitud. El apóstol Pablo, un antiguo fariseo, los describió como la "secta más estricta de nuestra religión" (Hechos 26: 5). Los fariseos eran apasionados guardianes de las reglas. Eran los fundamentalistas bíblicos de su época. Si tuvieran un lema, habría sido "La Biblia lo dice. Eso lo resuelve. Yo lo creo. Vamos a hacerlo". Pero, según Jesús, no es suficiente. Seguir la ley al pie de la letra es peligroso, como lo atestigua el cristianismo de la cacería de brujas, el de las batallas sangrientas, el asesino de paganos. Jesús nos llama a usar las Escrituras para conocer el corazón de Dios y ver su amor expresado a través del Hijo, y *seguirlo*. A los fariseos de sus tiempos y a lo de los nuestros día, Jesús les dice: "Ustedes estudian con diligencia las Escrituras porque piensan que en *ellas* hallan la vida eterna. ¡Y son ellas las que dan testimonio a mi favor! Sin embargo, ustedes no quieren venir a mí para tener esa vida" (Juan 5: 39-40, énfasis agregado).

Una vez, traté de explicarles este concepto a mis hijas mientras les leía una historia bíblica a la hora de dormir. Para ellas fue desconcertante que Jesús, el "héroe" de la historia, fuera el que rompía las reglas y se metiera en tantos problemas. Yo tenía que encontrar una manera de explicarles que el amor siempre debe superar la ley. Y se me prendió la luz cuando les di este ejemplo:

"Supongamos que ustedes recibieron un maravilloso vestido nuevo porque están invitadas a una boda —dije—. Debido a que les gusta tanto, preguntaron si podían usarlo para ir a la escuela el día siguiente, en lugar de esperar hasta el casamiento, el fin de semana. ¿Qué pasaría si yo les dijera que pueden usar sus vestidos nuevos en la escuela, si quieren, pero solo si obedecen esta simple regla: 'no deben ensuciarlos'? Eso significaría que no podrían jugar en el recreo y que tendrías que tener mucho cuidado todo el tiempo en la clase. ¿Sería una regla justa?". Ellas dijeron que sí, que esa sería una regla justa. "Entonces, ¿qué pasa si se van para la escuela al día siguiente con sus vestidos nuevos y se encuentran con que una amiga de ustedes se cayó de la bicicleta en una zanja llena de barro, y que está herida y necesita ayuda? ¿Qué harían?"

No se demoraron en responder correctamente, en dar la respuesta *amorosa*. "Deberíamos ayudarla", contestaron. Les dije que me alegraba oír esa respuesta y que estaba completamente de acuerdo, pero les recordé que lo más probable era que ensuciaran completamente sus vestidos nuevos. "No importa —dijeron—. Ayudar a nuestra amiga es más importante".

"¿Están *seguras*? —pregunté, intentando elevar un poco la vara— ¿Qué pasa con la regla? ¿Cuál creen que sería mi reacción si volvieran a casa completamente sucias de pies a cabeza?".

"Estarías orgulloso de nosotras por hacer lo correcto", respondieron. Y tenían razón. Lo lograron. Fue uno de esos momentos por los que viven los padres.

Les expliqué que, en los tiempos de Jesús, muchos líderes religiosos se concentraban en mantener limpios sus vestidos. (Cuando mis hijas comentaron que lo más seguro era que ellos no se pusieran vestidos, les dije que esa no era la cuestión). Los líderes religiosos de los días de Jesús se centraban en obedecer las reglas y, a menudo, se olvidaban de poner el amor en primer lugar. Jesús vino a recalibrar todo el sistema.

En lugar de darnos nuevas reglas, Jesús tomó los principios incluidos en las reglas y los envolvió en vida humana. Entonces, toda la vida de Jesús, sus enseñanzas y su ejemplo, se convirtieron en "la Palabra de Dios" para nosotros. Esta es una buena noticia, porque es más fácil, o al menos más claro, seguir un ejemplo de una persona que tratar de traducir en acción viva una colección de mandamientos que no tienen contexto.

Jesús llamó a sus seguidores a vivir según un estándar más elevado: el camino del amor, en lugar del camino de la ley (ver Mateo 7: 12). Y para hacer entender su punto de vista, tuvo que romper las reglas una y otra vez.

¿Eh? y R

1. ¿Cómo aparece la verdad de la "regla de oro" en la enseñanza espiritual universal? ¿Y en la enseñanza singular de Jesús?
2. ¿Cómo crees que los líderes religiosos pudieron haber reaccionado a la actitud de Jesús de romper las reglas de sus Santas Escrituras?
3. Según Jesús, ¿qué papel debe jugar la Biblia en la vida de sus seguidores?
4. Si Jesús libera a sus seguidores de la necesidad de las reglas, ¿qué les impide vivir vidas de total anarquía?

"De hecho, Cristo es el fin de la ley, para que todo el que crea reciba la justicia".
—Romanos 10: 4

CAPÍTULO 8

UN CERCO ALREDEDOR DE LA LEY: *DERROTANDO LA TRADICIÓN*

Jesús no será domesticado.

—John Piper

Los líderes religiosos de los días de Jesús pensaron que habían encontrado una manera excelente para que las personas aplicaran los mandamientos de las Escrituras a cada aspecto de su vida cotidiana. Transmitieron verbalmente de generación en generación las tradiciones adicionales que acompañaban y ampliaban la Torá escrita, la ley dada a través de Moisés. Esas reglas adicionales fueron llamadas la "tradición de los ancianos" o Torá oral. Fueron consideradas "una valla alrededor de la ley". Basados en el principio *es mejor la seguridad que la policía*, esos cercos de la tradición fueron diseñados para garantizar que las personas fueran conservadoras, convencionales, conformistas y, supuestamente, se mantuvieran alejadas del pecado. Para quebrantar una ley y cometer un pecado, una persona tendría que intencionalmente "saltar la valla" de la tradición.

Si Jesús ya estaba dispuesto a romper las reglas de la Biblia para clarificar su idea, fue aún más despiadado con la tradición religiosa heredada de sus antepasados. Las cercas están bien para el ganado, pero las ovejas necesitan un pastor.

Jesús y sus discípulos optaron por abandonar lo que eran tradiciones religiosas muy importantes para el judaísmo del siglo I. Por ejemplo, ¿recuerdas el ritual del lavado de manos del que hablamos en el capítulo 1? Como era de esperar, Jesús y sus discípulos no participaron en esa tradición sagrada. Cuando los líderes religiosos los cuestionaron al respecto, queriendo que todos se ajustaran a la norma, Jesús defendió su posición, yendo a la ofensiva.

> Los fariseos y algunos de los maestros de la ley que habían llegado de Jerusalén se reunieron alrededor de Jesús y vieron a algunos de sus discípulos que comían con manos impuras, es decir, sin habérselas lavado. (En efecto, los fariseos y los demás judíos no comen nada sin primero cumplir con el rito de lavarse las manos, ya que están aferrados a tradición de los ancianos. Al regresar del mercado, no comen nada antes de lavarse. Y siguen otras muchas otras tradiciones, tales como el rito de lavar copas, jarras y bandejas de cobre). Así que los fariseos y los maestros de la ley le preguntaron a Jesús:
> —¿Por qué no siguen tus discípulos la tradición de los ancianos, en vez de comer con manos impuras?
> Él les contestó:
> —Tenía razón Isaías cuando profetizó acerca de ustedes, hipócritas, según está escrito:
> "Estas personas me honran con sus labios,
> pero su corazón está lejos de mí.
> En vano me adoran;
> sus enseñanzas no son más que reglas humanas".
> Ustedes han desechado los mandamientos divinos y se aferran a las tradiciones humanas.
> Y añadió:
> —¡Qué buena manera tienen ustedes de dejar de lado los mandamientos de Dios para mantener sus propias tradiciones! (Marcos 7:1-9)

En una traducción diferente, Jesús reprende a los fariseos: "¡Qué bien violáis el mandamiento de Dios, para conservar vuestra tradición!"

(Marcos 7: 9, Biblia de Jerusalén). Luego, más adelante, "Así, por la tradición que se transmite entre ustedes, anulan la palabra de Dios" (Marcos 7: 13).[1] Esas palabras debieron ser supremamente chocantes para las personas que creían que sus tradiciones reflejaban la voluntad de Dios tanto como las Escrituras.[2]

Jesús deja en claro que la tradición debe estar en la parte trasera con relación a la Escritura en la que dice estar basada. Además, Jesús cree que incluso las Escrituras mismas deben someterse a la propia interpretación autorizada que él hace de ellas. Jesús considera su propia autoridad, no la tradición religiosa, la primera y la última palabra sobre cómo interpretar y aplicar la Biblia.

Esto no significa que las tradiciones nunca puedan ser herramientas espirituales útiles. El Nuevo Testamento habla positivamente de las tradiciones en más de una ocasión (ver 1 Corintios 11: 2; 2 Tesalonicenses 2: 15; 3: 6). Sin embargo, y al mismo tiempo, el Nuevo Testamento también contiene advertencias fuertes sobre la tradición religiosa (ver Mateo 15: 1-20; Colosenses 2: 8). Entonces, ¿por qué Jesús y sus primeros seguidores les lanzaron a las tradiciones religiosas, en el mejor de los casos, críticas tanto positivas como negativas? La respuesta, creo, se puede encontrar en su origen y evolución.

Ilustremos la evolución de las tradiciones imaginando una hi-

---

[1] Observen el inmenso valor que Jesús les reconoce a las Sagradas Escrituras judías al describirlas como "el mandamiento de Dios" y "lo que Dios dijo" a pesar de que, como ya vimos en el último capítulo, con frecuencia él desobedecía esos mandamientos. Jesús nunca enseñó que el problema fueran las Escrituras, sino que el problema estaba en las interpretaciones y aplicaciones legalistas de los religiosos.

[2] Para los fariseos, la Torá oral era tan sagrada como la escrita. En su entendimiento, Dios le había dado a Moisés la Torá oral al mismo tiempo que le dio la escrita para permitirle explicar, ampliar y extender sus alcances (ver *Mishna*, Abot 1: 1). Jesús se opuso a ese punto de vista y lo denunció como el peligro de exaltar las tradiciones del pueblo al elevarlas al nivel de las enseñanzas de Dios. Los fariseos creían que "una regla más estricta se aplica a las enseñanzas de los escribas que a las enseñanzas de la Torá" (*Mishna*, Sanedrín 11: 3, traducción de Jacob Neusner). En otras palabras, el comentario, las interpretaciones y las aplicaciones dadas por los maestros de la ley debían tomarse con mayor consideración que la misma Escritura. Esa interpretación abrió la puerta a que las tradiciones y puntos de vista humanos fueran autoritativas y para la vida de los religiosos. En sus esfuerzos por purgar la Biblia de sus misterios, los líderes religiosos crearon explicaciones oficiales a cada pasaje oscuro y esas explicaciones, doctrinas y tradiciones se volvieron sacrosantas. Con el paso del tiempo, el resultado ha sido que aquellos que proclaman con estridencia ser los más fieles seguidores de la Biblia terminan siguiendo sus propias convicciones antes que el camino que Dios ha trazado.

potética ley bíblica. Supongamos que Dios comunicó claramente a través de las Escrituras que, por razones que solo él conoce, es incorrecto que su gente se siente en sillas rojas. (Recuerden, este es un ejercicio simbólico, he recibido de fuentes de alta autoridad la confirmación de que, en realidad, a Dios le gustan las sillas rojas).

Así que, si la Torá de Dios dice: "No os sentareis en sillas rojas", el papel de los líderes espirituales sería comunicar esa enseñanza a cada generación, y tal vez sugerir formas de observar mejor esa regla en su época y época particulares. Así que la siguiente generación de líderes religiosos hace una sugerencia: "El pueblo de Dios nunca debe estar a tres metros de una silla roja". Ese "cercado" se diseña como una herramienta útil para que la gente, en el deseo de obedecer la ley de Dios, cumpla su voluntad, pero lo que acaba de iniciarse es un proceso insidioso.

La generación que viene luego hereda esa nueva sugerencia como regla y le agrega su propia adición, por supuesto, "útil": "Es incorrecto que el pueblo de Dios siquiera vea una silla roja". Eso debería ayudarle a la gente a lidiar con el problema de la tentación. Otras generaciones añaden: "El pueblo de Dios nunca debe estar en la misma habitación en la que haya una silla roja", y luego, "nunca en la misma casa en la que haya una silla roja", y así sucesivamente. Finalmente, ¡los líderes religiosos dedican la mayor parte del tiempo a debatir si es o no espiritualmente legal comprar los muebles en IKEA! Todo un linaje de reglas y regulaciones que Dios nunca pretendió evoluciona alrededor de ese tema. Evitar el pecado se sistematiza; la justicia se mecaniza; se deja poco espacio para la desviación y la diversidad.

Como una sacrosanta bola de nieve, la tradición religiosa en los días de Jesús había crecido más de lo que la gente podía soportar. Las reglas habían comenzado a gobernar y esa era la queja principal de Cristo contra la tradición de los ancianos. En lugar de que la gente se acercara más a Dios, como sin duda pretendían los líderes religiosos, sus tradiciones religiosas se habían convertido en una colección de "cargas pesadas" (las palabras de Jesús) que eran un obstáculo para la fe simple (ver Mateo 23: 4). El nivel de tolerancia de Jesús con aquellas enseñanzas que hacían de la fe un asunto complicado y pesado fue bastante bajo.

Y así, incluso las tradiciones bien intencionadas a veces pueden desalentar la fe reflexiva. Aunque la primera generación pueda haber pensado profundamente en el significado de una nueva tradición, esto no garantiza que las generaciones futuras tengan la misma consideración. De hecho, los religiosos a menudo usan las tradiciones para que piensen por ellos. Al final, aquellas que afirman estar "basadas en la Biblia" pueden suplantar de manera sutil las Escrituras en las vidas de las personas que afirman seguir la Biblia. Entonces, si bien la tradición es un mecanismo que utilizamos para transmitir la verdad a las generaciones futuras, lo que a menudo se transmite es el mecanismo. Para contrarrestar eso, cada nueva generación de creyentes debe, por sí misma, redescubrir sus raíces y regresar a las enseñanzas originales.

Además, la confianza en las tradiciones religiosas puede crear otro peligro: una falsa sensación de seguridad. Pocas personas se sienten tan seguras espiritualmente como los religiosos tradicionalistas. Después de todo, ellos son los que han tejido meticulosamente en sus propias vidas un patrón de servicio al Todopoderoso. ¿Cómo podría el Altísimo disgustarse con ellos? Sirven a Dios por hábito en lugar de discernir la elección. El resultado es una tendencia a desarrollar puntos ciegos que, incluso, puede afectar la forma en que leen sus propios textos sagrados. Filtran su comprensión de las Escrituras a través de sus tradiciones y rutinas y, por lo tanto, suelen llegar a conclusiones que reafirman sus propias tradiciones. Más de una vez, Jesús llama a los líderes religiosos "guías ciegos" (ver Mateo 15: 14; 23: 16, 24). Esos puntos ciegos facilitan el arraigo de la hipocresía, que fue el principal reclamo que Jesús les hizo a los líderes religiosos de su tiempo (ver Mateo 23: 28; Lucas 12: 1, etc.).

Recuerdo cuando me empecé a dar cuenta por primera vez del poder de la ceguera a la que me inducía la tradición. Admito que el mío parece un ejemplo trivial, pero ilustra claramente la aguda miopía espiritual que pueden causar las tradiciones religiosas. Estaba en esa etapa en la que, aunque no me importaba ir a la iglesia, había que empeñarse en vestir de forma apropiada para ir a la reunión. Para algunas personas, ponerse la ropa de domingo para asistir a los servicios religiosos puede ser una manera de honrar simbólicamente a Dios y a otros, pero para mí era solo una gran distracción. Sentado en el banco de la iglesia, tenía problemas para concentrarme en otra cosa que no fuera la incomodidad en la que me sentía atrapado, vistiendo un traje que me picaba, con el nudo de mi corbata justo debajo de mi manzana de Adán, como si amenazara con estrangularme hasta por el más insignificante de todos mis malos comportamientos. Me pregunté por qué Dios prefería esta leve tortura a los *jeans* y una camiseta. Cuando les pregunté a los adultos, me explicaron que si la reina venía de visita, seguramente me vestiría para conocerla. Por lo tanto, ¿no deberíamos vestirnos para encontrarnos con el Rey del universo? Ese razonamiento parecía lógico, así que asumí que debía ser cierto, aunque en la escuela dominical me habían enseñado versículos bíblicos que decían cosas como: "la gente se fija en las apariencias pero yo (el Señor) me fijo en el corazón" (1 Samuel 16: 7, modificado).

A medida que crecía, mi traje de picazón y mi corbata estranguladora me motivaron a ver por mí mismo lo que dice la Biblia acerca de cómo debemos vestirnos cuando adoramos a Dios. Confieso que solo buscaba en la Biblia sobre este tema porque necesitaba una excusa; aunque encontré más que eso.

Jesús y los primeros líderes de su movimiento enseñaron que los seguidores de Cristo deberían centrar su atención en cómo se visten por dentro. A los seguidores de Cristo se les dice que se vistan con Jesús (ver Romanos 13: 14; Gálatas 3: 27), con sus seres renovados (ver Efesios 4: 24), con la armadura espiritual de Dios (ver Efesios 6: 11, 14-17), con "afecto entrañable, bondad, amabilidad y paciencia" (Colosenses 3: 12-14; ver también 1 Pedro 5: 5), y con perseverancia y actos de justicia (ver Apocalipsis 3: 4-5; 19: 7-8) —con un énfasis, igualmente, en mantener las enseñanzas del Antiguo Testamento (ver Salmo 132: 16; Isaías 61: 10; Zacarías 3: 35). De hecho, y eso lo entiendo, descubrí que los únicos pasajes de la Biblia que tratan el tema de la apariencia externa son aquellos que, por diversas razones, aconsejan a los cristianos que se vistan poco elegantes de manera intencional (vea 1 Timoteo 2: 9-10; Santiago 2: 1-13; 1 Pedro 3: 3). Por lo que pensé para mí mismo: "¡Y la verdad te hará libre!" (Juan 8: 32).

En algún lugar del camino, la iglesia institucional desarrolló una tradición de ropa de domingo, y muchos cristianos religiosos la imitan de los ancianos actuales, dándole el mismo peso de importancia que los fariseos les dieron a sus tradiciones. Por supuesto, como la apariencia externa no es muy importante para Dios, las personas que quieran vestirse para la iglesia como un símbolo significativo de respeto son bienvenidas a hacerlo, pero, hablando bíblicamente, eso es una concesión de la gracia, no un mandato para la santidad. (Tenemos muchas personas que usan trajes y corbatas o vestidos bonitos en nuestra iglesia. Los llamamos "visitantes").

Es fascinante que muchos cristianos "bíblicos" tiendan a juzgar a aquellos que vienen a su iglesia vestidos de manera informal, ¡porque, en realidad, es la Biblia quien así lo establece! El poder enceguecedor de la tradición puede, como lo demuestra ese ejemplo, hacer que las personas que intentan seguir la Biblia crean casi exactamente lo *contrario* de lo que enseña. Incluso aquellos que se jactan de sus fundamentos bíblicos no logran capturar su clara enseñanza cuando lo que prevalece es la tradición. Lamentablemente, podríamos mencionar muchos más ejemplos de ceguera espiritual causada por la tradición religiosa, pero creo que ya captamos la idea.[3]

A los religiosos conservadores de su época, Jesús les dijo: "No juzguen por las apariencias, juzguen con justicia" (Juan 7: 24). Me parece que los reproches de Jesús a la religión se aplican al cristianismo contemporáneo tanto como lo hicieron para judaísmo antiguo.[4]

---

[3] Otros ejemplos de tradiciones que eclipsan las Escrituras incluyen las prohibiciones de beber y bailar, que son comunes en los círculos cristianos. Tales prohibiciones son cercas que se han erigido alrededor de las enseñanzas bíblicas contra la embriaguez y la seducción.

[4] El libro de Tom Hovestol, *Extreme Righteousness* [Rectitud extrema] (1997), es una valiosa comparación de la crítica de Jesús a los fariseos con la condición del cristianismo actual.

Jesús hizo todo lo posible para descartar, irrespetar y desmantelar la adhesión ciega a los rituales heredados, y llamó a sus seguidores a derribar las barreras de su tradición. La iglesia primitiva recibió el mensaje y se negó a transmitir la Torá oral a las generaciones futuras. Cuando Marcos escribió su evangelio apenas unas décadas después de Jesús y mencionó la tradición de los lavados rituales, tuvo que explicar de qué se trataba todo eso, pues ya era necesario poner a sus lectores cristianos primitivos en contexto (ver Marcos 7: 34). Parece que, al menos las primeras generaciones de seguidores de Cristo, no se atascaron con las tradiciones religiosas de sus ancestros espirituales, sino que siguieron los principios de pureza de Cristo (ver Lucas 11: 41).

La gran libertad y frustración de seguir a Cristo es que las formas de esa fe están abiertas a la diversidad. Quien la siga tendrá que lidiar con eso si es que quiere seguir el camino de Jesús. No podemos confiar en las tradiciones heredadas y hacer que piensen por nosotros. Si lo hacemos, podremos convertirnos lentamente en algo muy diferente a lo que Jesús quería. A propósito, esa es la razón por la que creo firmemente en adherirme a lo que enseña la Biblia, no para ser un legalista opresivo, sino para *evitar* el legalismo opresivo. Recuerda que, en los círculos cristianos, el legalismo suele ser el resultado de la tradición humana que se agrega a la Biblia y se transmite como una enseñanza de las Escrituras. ¡Yo descubro que las enseñanzas originales de Jesús son completamente *liberadoras*! ¿Por qué alguien querría desviarse de eso?

¿Eh? y R

1. Como lo señala este capítulo, a veces la Biblia habla positivamente de la tradición. ¿Cuáles crees que son algunos usos saludables de la tradición?
2. ¿Cuáles son algunas formas en que la tradición puede afectar negativamente el crecimiento espiritual de una persona? ¿Puedes dar algunos ejemplos?

3. Recuerda el primer milagro de Jesús, tal como lo discutimos en el capítulo 1. Él hizo una declaración simbólica audaz en la boda en Caná cuando profanó las tinajas de agua bendita con el vino de la fiesta, priorizando así la celebración sobre la tradición. Si Jesús viniera hoy, ¿qué "tradición sagrada de los ancianos" crees que necesitaría desafiar para poder expresar su opinión?
4. Lee Marcos 7: 19 nuevamente. Jesús no parece estar en contra de toda tradición. Fin de la discusión. De acuerdo con este texto, ¿cuál parece ser el secreto para usar las tradiciones de una manera positiva y saludable?

"Cuídense de que nadie los cautive con la vana y engañosa filosofía que sigue tradiciones humanas, la que va de acuerdo con los principios de este mundo y no conforme a Cristo".
—Colosenses 2: 8

CAPÍTULO 9

VALORES FAMILIARES:
DESHACIENDO EL TRIBALISMO

*Un amor,
un solo corazón.
Vamos a juntarnos y a sentirnos bien.*[1]

—Bob Marley

El mensaje de Jesús sobre el amor de Dios fue radicalmente incluyente en un mundo donde las religiones lo eran todo.

Las religiones antiguas eran tribales, estaban definidas por fronteras étnicas y políticas. Diferentes grupos de personas, nacionalidades y ciudades-estado adoraban a su propio dios o dioses. Estas deidades apoyaban, lo que no es sorpresa, las agendas políticas y culturales de los grupos particulares a los que pertenecían. Es cierto que no es tan diferente del paisaje religioso de nuestros días. Los cristianos occidentales, por ejemplo, tienen una larga tendencia a confundir cruz y bandera, fe y nacionalismo, religión y política.

Fue a ese mundo de deidades en conflicto que Jesús llegó con su fuerte represión. Aunque el foco de su mensaje era una religión étnica en particular que había perdido contacto con su misión global, los principios de su amonestación son universalmente transferibles.

Dios siempre ha tenido un plan para bendecir a todas las personas, judíos y gentiles. Aunque los judíos fueron llamados por Dios para una tarea específica (ver Génesis 17: 18-29), Dios quería bendecir al

---
[1] De la canción de Bob Marley, *One Love, One Heart*

mundo entero al trabajar en asociación con un pueblo. Al llamar a Israel su hijo "primogénito" (ver Éxodo 4: 22-23; Oseas 11: 1), Dios indica su intención de tener más hijos. Israel fue simplemente el primero.

Los antiguos profetas llamaron a Israel a compartir su luz con el mundo entero (ver Génesis 12: 3; 18: 18; 22: 18; 26: 4; Isaías 2: 24; 42: 6; 49: 6; Miqueas 4: 17; Zacarías 8: 20-23; Romanos 3: 2). Cuando Jesús vino, acusó a Israel de trabajar en contra del plan de Dios y de haberse apropiado de esa luz solo para ellos (ver Mateo 5: 14-16). A pesar de que afirmó que él había sido enviado primero para ayudar a los judíos a retomar el curso (ver Mateo 10: 5-6; 15: 24), su mensaje y misión extendieron intencionalmente la oferta de relación amorosa de Dios más allá de los límites étnicos de la religión judía (ver Romanos 1: 16). A través de Jesús, los gentiles, esto es, los no judíos, fueron invitados a convertirse en ciudadanos en el reino de Dios juntamente con sus hermanos y hermanas judíos (ver Juan 3: 16; Lucas 24: 45-47; Romanos 2: 17-29; 4: 9-18; 9: 6; 10: 11-13; Gálatas 6: 16; Efesios 2: 11-22; 1 Pedro 2: 9-10). Como "rey de los judíos", Jesús invita a su propio pueblo a renunciar a sus pretensiones de exclusividad y unirse a él para traer a escena la sororidad y la fraternidad universales que la fe puede brindar.

El Israel del siglo I se debatía bajo la opresión romana y los frecuentes ataques de sus vecinos, los samaritanos. Las tensiones raciales y religiosas se mezclaron en un cóctel volátil. Las discusiones religiosas degeneraban rápidamente en debates sobre qué raza tenía mayores derechos a las tierras en Jerusalén (¿te suena familiar?), y qué grupo étnico era verdaderamente el pueblo elegido de Dios. En respuesta a uno de esos debates religiosos, Jesús contó una historia escandalosa sobre un héroe impactante. Comenzó, como muchas conversaciones que protagonizó, con una pregunta:

> En esto se presentó un experto en la ley y, para poner a prueba a Jesús, le hizo esta pregunta:

—Maestro, ¿qué tengo que hacer para heredar la vida eterna?

Jesús replicó:

—¿Qué está escrito en la ley? ¿Cómo la interpretas tú?

Como respuesta el hombre citó:

—"Ama al Señor tu Dios con todo tu corazón, con todo tu ser, con todas tus fuerzas y con toda tu mente," y "Ama a tu prójimo como a ti mismo."

—Bien contestado —le dijo Jesús—. Haz eso y vivirás.

Pero él quería justificarse, así que le preguntó a Jesús:

—¿Y quién es mi prójimo? (Lucas 10: 25-29)

¿Quién es mi prójimo? Esta es la pregunta que provoca lo que se ha convertido en una de las parábolas más famosas de Jesús, a veces llamada la parábola del buen samaritano. Antes de repasar esa historia, debemos comprender el diálogo que conduce a ella.

Jesús es puesto a prueba por un líder religioso. El líder es consciente de que este rabino de Nazaret adopta un enfoque diferente para interpretar la Torá, que a veces parece desechar la Ley santa por completo. Como representante de la religión establecida, es su deber hacer todo lo posible para desenmascarar a Jesús y exponerlo en público, para demostrar lo que en realidad es.

En las Escrituras hebreas, Dios le ordena a su pueblo no solo amarlo, sino que también manda: "Ama a tu prójimo como a ti mismo" (Levítico 19: 18). El contexto de este mandamiento del Antiguo Pacto indica que el "prójimo" se aplica solo a otros israelitas, y ciertamente es así como la mayoría de los judíos lo hubieran interpretado en los días de Jesús.[2] Entonces, al hacerle a Jesús la pregunta complementaria "¿Quién es mi prójimo?", el líder religioso lo desafía en algo absolutamente fundamental. Le está pidiendo que dé su definición de los límites fronterizos del reino de Dios: quién está "adentro" y quién está "afuera". Por supuesto, su suposición es que, como religioso judío, él ya está "dentro",

---

2 Por ejemplo, Sirac 12:1-7.

por lo que, al preguntar quién es su vecino, pregunta también quién está "adentro" con él.

Esta era una pregunta profundamente teológica para los líderes religiosos del tiempo de Jesús. Pero también era un tema que, al mismo tiempo, tenía una enorme carga emocional. Los *goyim* (es decir, gentiles o no judíos) a quienes los judíos del siglo I conocían no eran sus "vecinos" en el sentido relacional de la palabra. Los romanos eran, lisa y llanamente, opresores. Luego, estaban esos mestizos violentos, poco ortodoxos y odiosos: los samaritanos.[3] Todo esto parecía lo suficientemente claro para cualquier judío que se respetara en el Israel del siglo I, pero con la enseñanza radical de Jesús sobre el amor al enemigo, debieron haberse preguntado cómo este nuevo rabino interpretaría ese concepto de la Torá. Y así, sabiendo que su definición de "vecino" es un componente clave (¡quizás *el* componente clave!) para entender la enseñanza de este rabino poco convencional, el líder religioso presionó a Jesús para que definiera a quién consideraba su "vecino".

Jesús sabe que si definimos como "prójimo" solo a aquellos que son similares a nosotros, personas que forman parte de nuestra propia comunidad étnica o religiosa, entonces nunca nos esforzaremos en amar más allá de a quienes nos resulte natural amar. En cambio, nos llama a un amor que es sobrenatural. Y así, toma el mundo de su audiencia judía, lo pone boca abajo y lo sacude de adentro hacia afuera. ¡No solo amplía su definición de "vecino" para incluir a los marginados, sino que hace que un marginado sea el héroe de la historia!

Jesús respondió con una historia:

> —Bajaba un hombre de Jerusalén a Jericó, y cayó en manos de unos ladrones. Le quitaron la ropa, lo golpearon y se fueron, dejándolo medio muerto. Resulta que viajaba por el mismo camino un sacerdote quien, al verlo, se desvió y siguió de largo. Así también llegó a aquel lugar un levita, y al verlo, se desvió y siguió de largo". (Lucas 10: 30-32)

---

[3] En relación con el odio judío hacia los samaritanos, ver Lucas 9: 52-56.

Alto ahí. Antes de llegar a la escena del samaritano, Jesús ya está insultando lo establecido por el papel que asigna a los líderes religiosos en esta historia. Pone su afiliación religiosa como una barrera en lugar de un motivador para involucrarse en la vida de una persona que sufre.

Pero ¿por qué los líderes religiosos se habrían de comportar de una manera tan desconectada de la necesidad obvia ante sus ojos? ¿Es esto en absoluto realista? Infortunadamente, lo que sabemos sobre la religión en ese momento nos dice que sí. Jesús nos da una pista sobre su motivación al señalar que no solo pasaron, sino que se aseguraron de cruzarse al otro lado de la carretera. Los líderes religiosos en el Israel del siglo I creían que las personas podían quedar contaminadas ritualmente al tocar una persona muerta; contaminación que duraría toda una semana y de la que solo podrían deshacerse mediante un baño ritual (ver Números 19: 11-22). Los sacerdotes, especialmente, debían evitar todo contacto con un cadáver, excepto si un miembro de la familia había muerto (ver Levítico 21: 1-11). Algunos creían que se contaminarían si incluso su sombra se posara sobre una persona muerta.

Entonces, si estos líderes religiosos iban rumbo a servir en el templo (lo que parece ser el caso que expone Jesús), se explica por qué no solo continuaron, sino que también se mantuvieron al otro lado del camino.[4] A la distancia no hubieran podido saber si este hombre desnudo, sangrante e inconsciente que estaba a un lado del camino estaba muerto o no. Y no estaban dispuestos a acercarse lo suficiente para constatarlo, no fuera que estuviera muerto y ellos resultaran contaminados. En caso de que resultasen ritualmente impuros durante ese viaje, serían descalificados para servir en el templo mientras se dirigían hacia allá.[5] Es posible que hayan racionalizado que este era un caso en que las necesidades de la mayoría tenían que atenderse primero, en sacrificio

---

[4] Jesús dice que ellos no eran fariseos sino un "sacerdote" y un "levita" (o "asistente del Templo"). Ambos oficiaban como parte del sistema sacrificial en el templo.

[5] E incluso si iban de regreso a sus casas luego de haber cumplido con sus funciones en el templo como oficiales del culto que eran, entrar en contacto con un cadáver seguiría siendo una violación a la regla estricta de la Torá, como para no mencionar que podrían quedar inhabilitados para todo tipo de contacto con sus familias durante una semana completa.

de las necesidades de los pocos. Pero Jesús lo ve como un caso en que la religión se antepone a la relación.

Atado a la religión del Israel del siglo I estaba el tremendo problema étnico. Desde la distancia, la ropa era un indicio visual para discernir quién era un judío compañero y quién era un samaritano, un romano o cualquier otra cosa. Al ser víctima del robo de su ropa, este hombre perdía las principales marcas distintivas del grupo étnico, político y religioso al que pertenecía. Ahora era simplemente un ser humano en necesidad. Pero la necesidad humana no era suficiente información para nuestros actores religiosos en la historia, lo que demuestra que cuando la religión y la etnia se mezclan, el cóctel de exclusividad resultante hace que el valor humano se vuelva secundario.[6]

Sin duda, los oyentes de la historia de Jesús captaron el tono irreligioso al ver pasar a los líderes religiosos, demasiado atrapados en sus deberes sacros como para mostrarle amor práctico a una persona necesitada. Sin embargo, nada podría haberlos preparado para el giro de la trama. La historia hubiera sido lo suficientemente desafiante para ese auditorio si el viajero final fuera un israelita común que, al final, fue más útil para su hermano que un líder religioso. Probablemente, eso era lo que esperaban.[7] Seguramente sería una parábola contra la hipocresía religiosa, pero, al menos, no sería lo insultante y ofensiva que estaba a punto de ser.

> Pero un samaritano que iba de viaje llegó adonde estaba el hombre y, viéndolo, se compadeció de él. Se acercó, le curó las heridas con vino y aceite, y se las vendó. Luego lo montó sobre su propia cabalgadura, lo llevó a un aloja-

---

[6] Robert Farrar Capon señala que el hombre herido y sangrante, despojado de todas las marcas de identidad racial y religiosa, es un anticipo del mismo Jesús, quien muy pronto sería torturado al punto de que se borraría su reconocimiento como judío, mucho más como Mesías liberador de Israel (*Kingdom, Grace, Judgment* [*Reino, Gracia, Juicio*], p. 216). Cuando Jesús murió en una cruz romana, lo hizo como un hombre para toda la humanidad, no tan solo como un judío para Israel.

[7] Los oyentes también hubieran podido esperar que la historia terminase con un fariseo que pasaba por el lugar y que fuera el héroe, ya que la tradición de los ancianos les había enseñado que salvar una vida era más importante que todas las otras reglas de la Torá. Ver Brad H. Young, *Jesus, the Jewish Theologian*, [*Jesús, el Teólogo Judío*], pp. 166-167.

miento y lo cuidó. Al día siguiente, sacó dos monedas de plata y se las dio al dueño del alojamiento. "Cuídamelo —le dijo—, y lo que gaste usted de más, se lo pagaré cuando yo vuelva". (Lucas 10: 33-35)

Cuando un samaritano aparece en el papel de héroe, se cierran las apuestas. Todas las expectativas se rompen. Los samaritanos no solo se consideraban extraños al pueblo del pacto de Dios (y, por lo tanto, no eran "vecinos" para un judío), sino enemigos antiguos. Donald B. Kraybill explica: "Una tensión amarga dividía a judíos y samaritanos. Samaria había quedado incrustada entre Judea y Galilea. Los samaritanos emergieron alrededor del 400 a. C. como resultado de matrimonios mixtos entre judíos y gentiles. Los judíos los consideraban mestizos bastardos".[8]

La filiación étnica del samaritano en la historia no solo era un insulto para la nación judía de raza pura, sino que, además, esos samaritanos habían creado sus propias prácticas religiosas rivales que imitaban burlonamente la creencia judía. Habían levantado su propio templo, afirmando que ese era el verdadero, con lo que denunciaban las pretensiones del templo judío en Jerusalén. En respuesta, los judíos habían destruido el templo samaritano. Luego, cuando Jesús tenía unos doce años, algunos samaritanos se escabulleron al templo de Jerusalén por la noche durante la Pascua y esparcieron huesos humanos sobre el piso del santuario del Templo para profanarlo.[9] Los judíos tomaron represalias con más violencia, y una y otra vez la guerra se interpuso entre ellos. En los inicios de su carrera pública, cuando los líderes religiosos judíos querían insultar a Jesús, lo llamaban "poseído por un demonio", pero, cuando eso dejó de ser un insulto, lo empezaron a llamar "samaritano" (Juan 8: 48).

Alan Culpepper observa:

Por lo tanto, al representar a un samaritano como el hé-

---

[8] Kraybill, *The Upside-Down Kingdom [El Reino del revés]*, p. 184.
[9] Josefo, *Las antigüedades de los judíos*, 18:30.

roe de la historia, Jesús demolió todas las expectativas de los límites que definían la identidad. La posición social (etnia, religión o región) no cuenta para nada... La alteración de la secuencia esperada al nombrar al tercer personaje como samaritano no solo desafía al oyente a examinar los estereotipos con respecto a los samaritanos, sino que también invalida todo estereotipo. La comunidad ya no puede ser definida ni estar delimitada en tales términos... La parábola de Jesús, por lo tanto, rompe los estereotipos de las fronteras sociales y la división de clases y deja sin efecto cualquier sistema de *quid pro quo* religioso. Los vecinos no reconocen la clase social... La vida eterna, la vida de la era venidera, es esa calidad de vida que se caracteriza por mostrar misericordia a los necesitados, independientemente de su raza, religión o región, y sin pensar en una recompensa.[10]

Imagina el golpe que el giro de la trama de la historia le asestó al líder religioso que originalmente le hizo a Jesús la pregunta sobre quién era su vecino. Aún no había salido de su estado de conmoción emocional, no se recuperaba de la ofensa recibida, cuando Jesús se volvió hacia él:

—¿Cuál de estos tres piensas que demostró ser prójimo del que cayó en manos de ladrones? —Jesús preguntó.
—El que se compadeció de él —contestó el experto en la ley.
—Anda y haz tú lo mismo —concluyó Jesús. (Lucas 10: 36-37)

---

10 Culpepper, The New Interpreter's Bible, 9:229-230. Ver, además, Sylvia C. Keesmat, "Strange Neighbors and Risky Care" [Vecinos extraños y cuidados riesgosos], en *The Challenge of Jesus' Parables* [El desafío de las parábolas de Jesús], pp. 280-281 para una discusión sobre los símbolos ofensivos que se usan en esta historia. Los golpes siguen lloviendo.

¿QUIÉN fue el vecino? Ahora es Jesús el que hace las preguntas. ¿QUIÉN es tu vecino? Jesús es implacable. El líder religioso ni siquiera se atreve a decir las palabras "el samaritano", cuando responde. La idea desestabiliza todo lo que cree. Lo más que puede hacer para responder a Jesús es describirlo como "el que se compadeció de él".

Pero Jesús aún no ha terminado. Al insulto, le añade herida. Le dice a este judío religioso que ahora está frente a él que debe ir más allá de estar abierto a ver a los samaritanos como vecinos. En lo sucesivo, debe hacer de todos aquellos que viven una vida de amor, independientemente de su etnia o religión, su ejemplo a seguir.

No era fácil interpretar el papel del buen samaritano en esta historia. Ese personaje invirtió su tiempo y su dinero para ayudar al hombre herido. Convirtió su mula en ambulancia y abandonó su agenda personal por el resto del día. También corría el riesgo de ser atacado. ¡Quién sabe! Los bandidos todavía podrían haber estado merodeando por ahí. El hombre al costado del camino podría haber sido uno de ellos, una especie de señuelo, un cebo plantado por los bandidos. Ese camino entre Jericó y Jerusalén era famoso por sus peligros por aquella época.[11] Pero el samaritano dejó de lado su "lista de tareas" personal, su dinero duramente ganado e incluso su propia seguridad para mostrarle amor a un extraño.

El camino de Jesús es el camino del amor arriesgado. La religión es el camino de la seguridad, la protección y el refugio dentro de la estructura de reglas, regulaciones, rituales y rutinas. Jesús y sus primeros seguidores presionaron de manera implacable a la gente para que viera dos cosas. Primero, amar a las personas es la evidencia principal de nuestro amor a Dios (Mateo 25: 31-46; Juan 14: 15, 21, 23; Santiago 2: 8-18; 1 Juan 4: 20-21; 5: 3; 2 Juan 6). Segundo, este amor por la humanidad siempre debe tener prioridad sobre los rituales religiosos y los obstáculos étnicos (Mateo 5: 23-24; Juan 10: 16; Gálatas 3: 28).

Considera por un momento las implicaciones escandalosas de esta historia para nuestros días y nuestras formas contemporáneas

---

11 En los días de Jesús, esa vía solitaria de 27 kilómetros era conocida como "el sendero de sangre".

de vida. Incluso entre los seguidores de Cristo observo con frecuencia que las personas se retuercen, tanto intelectual como emocionalmente, para intentar escabullirse del cierre claro que Jesús le da a su historia: "Anda, entonces, y haz tú lo mismo". "Pero tienes que ser sabio" es una de las excusas favoritas. Pues bien; la sabiduría es buena, pero el amor es aún mejor, y los seguidores de Cristo están llamados a ser, según los estándares de este mundo, "tontos" (1 Corintios 1: 20-31; 4: 10), ya que el amor real, desde una perspectiva puramente humana, es egoísta, irracional.

Aquí, Jesús establece un principio que tiene implicaciones para todos en todo momento, especialmente para aquellos que desean cultivar una vida espiritualmente sana. Nos advierte que las tradiciones religiosas pueden ser una trampa que nos impide movernos hacia los territorios desconocidos del amor audaz y de la compasión radical. Las personas irreligiosas, por otro lado, son libres para ser más amorosas.[12] Jesús llama a las personas a amar de tal manera que todas las barricadas sociales se rompan, sean pulverizadas, se subviertan, incluidas —especialmente— las erigidas por la religión. Y, para amar como Dios quiere, debemos estar dispuestos a poner el servicio práctico por encima de la seguridad, la comodidad y la conveniencia.

De nuevo, para citar a Alan Culpepper:

> Amar a Dios con todo el corazón y al prójimo como a uno mismo significa, en aquel entonces y ahora, que a menudo hay que rechazar las reglas de la sociedad para favorecer los códigos del reino, una sociedad sin distinciones ni límites entre sus miembros. Las reglas de esa sociedad son solo dos: amar a Dios y al prójimo, pero son tan radicalmente diferentes de las de la sociedad en la que vivimos, que vivir por ellas sin claudicar nos invita

---

12 Los samaritanos también observaban la Torá. El riesgo de contaminación por tocar un cuerpo muerto también era un riesgo para ellos, al punto que la contaminación ritual se extendía a los animales y la mercancía. Así que aquí vemos a un hombre que está dispuesto a salir de su propio cajón religioso, más allá de sus fronteras y límites, con tal de mostrarle amor a su enemigo.

a ignorar todo lo demás, a romper las reglas y a seguir el ejemplo de Jesús.[13]

Jesús desafía la identidad sólidamente basada en el parentesco del Israel del siglo I al ofrecer una reorientación radical de los valores familiares:

>—¿Quiénes son mi madre y mis hermanos?— replicó Jesús.
>Luego echó una mirada a los que estaban sentados alrededor de él y añadió:
>—Aquí tienen a mi madre y a mis hermanos. Cualquiera que hace la voluntad de Dios es mi hermano, mi hermana y mi madre (Marcos 3: 33-35).

A través de estas palabras, Jesús se opone a la idea de que el nacimiento, la sangre y la biología definen a la verdadera familia. En cambio, enfatiza que nuestra unidad con Dios y con los demás viene a través de la fe compartida y el propósito común. De esta manera, invita a sus seguidores a formar parte de una familia de fe que es mundial, transnacional y multiétnica. Y así, es a sus amigos judíos a quienes Jesús dice: "Tengo otras ovejas que no son de este redil, y también a ellas debo traerlas. Así ellas escucharán mi voz, y habrá un solo rebaño y un solo pastor" (Juan 10: 16).

El apóstol Pablo describe la realidad incluyente del reino de esta manera: "Ya no hay judío ni griego, esclavo ni libre, hombre ni mujer, sino que todos ustedes son uno solo en Cristo Jesús. Y si ustedes pertenecen a Cristo, son la descendencia de Abraham y herederos según la promesa" (Gálatas 3: 28-29). Y nuevamente: "En esta nueva naturaleza no hay griego ni judío, circunciso ni incircunciso, esclavo ni libre, sino que Cristo es todo y está en todos" (Colosenses 3: 11).

En el reino de Cristo, la etnia, el estatus social o la identidad

---

[13] Culpepper, p. 232.

de género ya no son categorías importantes de distinción. Al contrario, todos los miembros de este reino se unifican como una sola familia, con Dios como nuestro Padre compartido y Abraham como nuestro antepasado común. Los primeros seguidores de Cristo, aunque muy diversos en sus orígenes éticos y estatus socioeconómico, se llamaban "hermano" y "hermana", no como una fórmula retórica de cortesía ni porque asumieran posturas amistosas, sino como una forma de expresar una realidad profunda en la que creían. Jesús creó una nueva sociedad de inclusión radical, un milagro sociológico que hasta nuestros tiempos nadie cree posible.

Piensa por un momento en los muchos horrores del pasado que han surgido del odio étnico, del egoísmo nacionalista y del tribalismo religioso. Piensa en las historias de odio, brutalidad y guerra que copan las noticias actualmente. ¿Qué hostilidades humanas en el mundo de hoy son los retoños del odio racial, de la opresión económica o de la discriminación de género? Piensa en cómo nuestro mundo sería diferente si las personas aceptaran esta enseñanza de Jesús: todos somos familia.

Cuando nos damos cuenta de la agenda de Jesús, muchas de sus enseñanzas ofensivas comienzan a tener sentido. Cuando en Lucas 14: 26 le dice a la gente que se prepare para "odiar" a su familia (¡ejem…! Sí, en realidad lo dice), está equipando a aquellas personas obsesionadas con la identidad de parentesco para la vida en una nueva clase de sociedad donde todos son bienvenidos como "familia".[14] Uno por uno, Jesús les ayuda a los suyos a "desconectarse" de las cosas de las que pueden beneficiarse personalmente y que se interponen en el camino de lograr una unidad radicalmente diversa. Para cualquier individuo, abrazar esta forma inclusiva de Jesús puede significar la posibilidad de ser rechazado y despreciado por sus familiares y amigos. Esto coloca a cada persona en una posición de elección existencial, una decisión individual pura, más allá del sistema en el que se encuentre. Entonces, Jesús dice cosas como: "No crean que he venido a traer paz a la tierra. No vine a traer paz, sino espada" (Mateo 10: 34), y lo menciona en el contexto de

---

14 Ver, además, Lucas 12: 5153.

una discusión en torno a los lazos familiares. El énfasis en el contexto no está en dividir a las familias, sino en liberar a los individuos para que tomen sus propias decisiones de fe. Nuestras convicciones espirituales no deben ser obligatorias para nosotros debido a la genética o la geografía de nuestro nacimiento.

¿Eh? y R

1. Para ti, ¿quién es un "samaritano" (no en el sentido de ser un "buen samaritano", sino solo un samaritano, como el término hubiera significado para un judío del siglo I)? En otras palabras, ¿te sientes superior a alguien, a alguna comunidad, a alguna nación? ¿A quién desprecias en secreto (o no tan en secreto)? Intenta responder con honestidad despiadada y brutal. Pregúntate si te sientes superior a alguno de los siguientes grupos de personas (incluso si es un sentimiento que no deseas tener):

Liberales
Conservadores
Gente rica
Gente pobre
Políticos
Personas con discapacidad física
Personas con discapacidad intelectual
Personas físicamente superiores
Personas intelectualmente superiores
Recolectores de basura
Golfistas
Conductores de camiones

Orientales
Morenos
Judíos
Gentiles
Cristianos
Musulmanes
Hindúes
Budistas
Ateos
Hombres
Mujeres
Adultos
Niños
Hijos adultos

EL FIN DE LA RELIGIÓN

- Conductores lentos
- Personas que arman fiestas ruidosas en la parte trasera de sus camionetas
- Artistas
- Capitalistas
- Socialistas
- Personas que viven de la asistencia social
- Oficiales de policía
- Vendedores de telemercadeo
- Feministas
- Tradicionalistas
- Amas de casa
- Personas que destruyen matrimonios u hogares
- Homosexuales
- Heterosexuales
- Transexuales
- Metrosexuales
- Académicos
- Personas sin educación
- Personas que viven en la calle
- Vendedores
- Criminales
- Líderes religiosos
- Afrodescendientes
- Blancos
- Indígenas
- Empleados de hoteles o aeropuertos
- Terapeutas
- Personas que hacen terapia
- Personas que deberían hacer terapia
- Personas que te llevan a hacer terapia
- Adultos mayores
- Gente fea
- Gente atractiva
- Miembros de la familia
- Famosos
- Gordos
- Flacos
- Gente que ama a los perros
- Gente que ama a los gatos
- Personas a las que no les gustan las mascotas
- Vegetarianos
- Comedores de carne
- Conformistas
- Anarquistas
- Hippies
- Yuppies
- Pastores
- Sacerdotes
- Bebedores
- Abstemios

Ahora, intenta replantear la parábola del fariseo y el recaudador de impuestos en Lucas 18: 9-14 para que se adapte a tu situación de vida. Léela detenidamente y medita con detenimiento. Luego, ora, y decide qué oración quisieras hacer tuya.

2. En la historia del buen samaritano, se demuestran tres actitudes hacia los bienes materiales: a) *la de los ladrones:* "Lo que es tuyo es mío, y lo voy a conseguir"; b) *la de los líderes religiosos:* "Lo que es mío es mío, y lo voy a conservar"; c) *la del samaritano:* "Lo que es mío es tuyo, y lo voy a compartir". Pregúntate honestamente: ¿en qué momentos de tu vida juegas el papel de cada uno?

"Ya no hay judío ni griego, esclavo ni libre, hombre ni mujer, sino que todos ustedes son uno solo en Cristo Jesús. Y si ustedes pertenecen a Cristo, son la descendencia de Abraham y herederos según la promesa".
—Gálatas 3: 28-29

CAPÍTULO 10

VENGA TU REINO: *TRASCENDIENDO EL TERRITORIO*

> *[Jesús] no está interesado en atacar las instituciones económicas o políticas existentes... La revolución que buscó fue mucho más profunda, sin la cual las reformas solo podrían ser superficiales y transitorias. Si pudiera limpiar el corazón humano del deseo egoísta, la crueldad y la lujuria, la utopía vendría por sí misma, y todas esas instituciones que surgen de la codicia y la violencia humanas, y la consiguiente necesidad de ley, desaparecerían.*
>
> —Will Durant

Muchas religiones tienden a centrarse en la vida futura y en cómo prepararse para ella. Nuestra vida puede terminar reducida a una especie de ensayo general, un lugar para prepararse para la vida real que está por venir.

La fijación religiosa en la salvación como un destino ultramundano permite que se den desconexiones frustrantes entre esta vida y la siguiente. Por ejemplo, los hindúes pueden ignorar las necesidades básicas de las castas inferiores que sufren el dolor, mientras esperan poder entrar a su debido tiempo en un estado en el que se cumplan las necesidades y deseos de todos. Los musulmanes enseñan la fidelidad marital y la abstinencia del alcohol en esta vida a la espera de una próxima vida de recompensas celestiales de múltiples parejas sexuales virginales y caudalosos ríos de vino. Los cristianos pelean guerras para difundir la paz y pueden ignorar los problemas ambientales de nuestro planeta porque el cielo es todo lo que importa.

Pero Jesús nos invita a vivir una vida interminable y coherente, comenzando *ahora*. Él llama a una continuidad entre cómo queremos vivir por toda la eternidad y cómo vivimos en el presente. Y plantea la pregunta *¿Vives ahora de la manera que quieres vivir para siempre?*

Sin la espiritualidad continua y de una vida única de Jesús, la religión puede producir una especie de espiritualidad de *el fin justifica los medios* en la que el juicio intolerante y la violencia "defensiva" son aceptadas completamente en esta vida mientras nos preparamos para una vida posterior de paz y armonía. Ese tipo de compartimentación ha permitido que los cristianos torturen herejes para salvar su alma; es el que les permite a los musulmanes entusiastas inmolarse (y con ellos, matar a otros) para ir a recibir una recompensa celestial. ¿La violencia como camino a la paz? Jesús dice que hay una mejor manera.

En cierto sentido, podríamos decir que la creencia en Dios ha intensificado antes que aliviar un problema humano fundamental. Los seres humanos tienen diferentes opiniones, provienen de diferentes culturas, apuntan a diferentes enfoques de la vida, viven diferentes "reinos" terrenales, al punto que estamos dispuestos a discutir, luchar y matar. Creer que Dios está de nuestro lado contribuye a robustecer el celo religioso. Una vez que las personas creen que sus opiniones están aprobadas por Dios, la causa por la que ya estaban dispuestos a luchar adquiere importancia cósmica. Es como si la creencia en Dios inyectara con esteroides sobrenaturales nuestro celo por una causa. Allí donde la fe en Dios es fuerte, nuestra predisposición humana a usar la violencia para imponer lo que creemos que es correcto terminará por aumentar. Eso fue tan cierto para la iglesia medieval como lo es para muchos musulmanes contemporáneos. Es la razón por la cual la fe teísta debe asociarse con un compromiso claro con la paz como forma de vida para que sea constructiva en lugar de destructiva. Jesús no podría ser más claro en el tema.

La espiritualidad de Jesús no permite la separación entre medios y fines. Jesús no ve la paz como una meta que debe alcanzarse por cualquier medio necesario (a lo Malcolm X). La paz no es solo un objetivo que se debe alcanzar, sino que es un estilo de vida que se debe vivir. Esto tiene su origen en que, como lo señalan Dallas Willard y Don Simpson en su libro *Revolution of Character [Revolución del carácter]* (Colorado Springs: NavPress, 2005), el énfasis de la espiritualidad de Jesús no está en llevarnos al reino de los cielos, sino en traer las cualidades del cielo a nuestras experiencias diarias aquí en la tierra. Cuando los seguidores de Cristo se dan cuenta de eso, la separación entre la meta y los medios para alcanzarla desaparece. En palabras de Martin Luther King Jr., "la paz no es simplemente un objetivo lejano que buscamos, sino un medio por el cual llegamos a ese objetivo".[1]

¿Qué vida quieres vivir por toda la eternidad? Si tu objetivo final es una vida de paz, amor, alegría y unidad, entonces comienza a vivir estas realidades. Cuando vivimos hoy de la manera que Dios quiere que vivamos para siempre, estamos acogiendo su reino, su autoridad amorosa, su forma de vivir en nuestro mundo.

Al leer la enseñanza de Jesús, no puedes pasar por alto el tema recurrente del "reino de Dios" o "reino de los cielos". De hecho, todo su mensaje se resume como "las buenas noticias del reino" (Mateo 4: 23; 9: 35; Lucas 4: 43). La mayoría de sus parábolas son ilustraciones simples de esa realidad (ver Mateo 13). Incrustado en ese mensaje del reino hay una invitación o desafío a sus oyentes. Jesús dice: "Se ha cumplido el tiempo... El reino de Dios está cerca. ¡Arrepiéntanse y crean las buenas nuevas!" (Marcos 1: 15).

El reino de Dios, según Jesús, no es un ámbito al que ingresamos cuando morimos, sino un modo de vida por el que podemos optar ahora. Jesús enseñó a sus seguidores a orar: "... venga tu reino, hágase tu voluntad, en la tierra como en el cielo" (Mateo 6: 10). Cada vez que permitimos que nuestras elecciones estén alineadas con la voluntad de amor de Dios por nosotros, experimentamos más de su reino en la tierra. Al igual que la levadura en la masa, el reino de Dios comienza a impregnar nuestros pensamientos y actitudes y, finalmente, nuestras relaciones, al punto de ir transformando lentamente nuestras vidas

---

1 King, "Más allá de Vietnam: El momento de romper el silencio".

desde adentro hacia afuera (ver Mateo 13: 33; Lucas 13: 20-21).

Algunos religiosos se enfocan en cómo traer el reino de Dios a la tierra, pero dejan de ver la naturaleza de cómo debería ser ese reino. Esos devotos tienden a ver el reino de Dios en la tierra como una estructura política que combina la fe con la fuerza. Piensen, por ejemplo, en las naciones de hoy bajo el régimen musulmán (ley *shariah*), en las naciones cristianas medievales o en la antigua práctica romana del culto al emperador, donde la religión y la política son solo dos aspectos de la misma sustancia. Piensen, por ejemplo, en cómo se desarrolla este principio de politización de la fe en la política estadounidense contemporánea, independientemente de cuánto expresen los estadounidenses el ideal de "separación de Iglesia y Estado". En este tipo de reinos, aquellos con poder (ya sea militar, de *lobby*, financiero, de voto) aplican con fuerza de ley su interpretación de la voluntad de Dios en lugar de permitir que las personas tengan la libertad de seguirla por el deseo de conocer a Dios de manera íntima.

Esto no es diferente de la cultura a la que Jesús vino por primera vez. En aquel mundo, las líneas fronterizas *nacionalidad*, *etnicidad* y *religión* eran entre borrosas e inexistentes. Por ejemplo, ser "judío", ¿era una forma de referirse a la etnia, a la nacionalidad o a la religión de una persona? La respuesta era simplemente "sí", y la separación de estos conceptos hubiera parecido extraña, incluso sacrílega, para los contemporáneos de Jesús.

En ese paisaje cultural, Jesús inyectó una forma completamente nueva de pensar acerca de ser parte de un reino. Por "reino" no se refiere a una estructura política, sino a un reino de relaciones en las que se respalda y experimenta la manera de amar de Dios. Ser parte del reino de Dios (o reino de los cielos, como a veces se lo llama) es ingresar a una nueva forma de vida en la que nos sometemos y nos asociamos con sus formas amorosas de operar en el mundo, sin importar al reino terrenal al que también pertenezcamos.

Piénsalo de esta manera: todos tenemos un "reino". Nuestro reino es el ámbito dentro del cual se hace nuestra voluntad. El reino de un niño es pequeño, tal vez compuesto solo por sus propios juguetes; incluso así, mamá y papá a veces interfieren en ese reino y hacen que el niño guarde los juguetes. A medida que vamos creciendo, nuestro propio reino personal se expande, y tenemos más voz sobre nuestro destino. Pero aún debemos aprender a vivir dentro de y someternos a otras estructuras de autoridad: el reino de la familia, la escuela, el trabajo y el reino de nuestra nación. Al mismo tiempo, podemos elegir vivir dentro de y ayudar a expandir el reino de Dios, ese en el que se hace *su* voluntad. Cada vez que voluntariamente seguimos la enseñanza de Jesús, eligiendo su camino de amor sobre nuestra tentación de ser egoístas, ayudamos a traer el reino de Dios a la tierra, una esfera de vida en la que la voluntad de amor de Dios es constantemente aceptada y aplicada.

Desde este punto de vista, cada seguidor de Cristo tiene una especie de doble ciudadanía. Por ejemplo, soy canadiense, pero también soy un ciudadano del reino de Dios en la tierra, su "nación santa" (1 Pedro 2: 9). A través de nuestra ciudadanía compartida en este reino espiritual, aquellos que siguen el camino de Jesús en la tierra se convierten en socios para traer la paz, sin importar la nacionalidad. Cada vez que nuestro reino terrenal nos llama a participar en algo que no está a tono con nuestro reino celestial, nos vemos en la situación de elegir.

Como te puedes imaginar, esta perspectiva puede colocarnos de diversas maneras en posiciones de tensión creativa con nuestros reinos terrenales. Mi reino de carrera profesional puede decirme que la ganancia es lo esencial, pero el reino de Dios me dice que estoy llamado a ayudar a cuidar la creación y no a explotar a los pobres. Mi reino nacional puede llamar a ir a la guerra a matar a otros en nombre de la defensa nacional, pero el reino de Dios me dice que ame a mis enemigos y que responda a la violencia con bendición. La pregunta es, en estos tiempos de tensión, ¿qué reino ejerce autoridad suprema en la vida de aquellos que dicen seguir a Jesús?

La enseñanza del reino de Jesús tiene enormes ramificaciones para nuestro enfoque del tema de la violencia y la guerra. Es entendible que un reino terrenal no pueda perdurar sin el uso de la violencia. En nuestro mundo, los países no sobrevivirían sin al menos la amenaza de la fuerza interna (policía) y externa (ejército). Pero ¿qué pasa con el reino de Cristo?

A lo largo de la historia, las religiones han mostrado una habilidad para obtener sus señales de los reinos políticos en lugar de ofrecer un enfoque alternativo a la vida. Ya sea el budismo tibetano, el gobierno islámico, el cristianismo medieval o el judaísmo antiguo, la idea de que una determinada tierra, etnia, estructura política o estado de derecho tenga una sagrada identidad peculiar nos ha dejado con un planeta fracturado.

A un mundo con ese enfoque político-religioso Jesús introdujo un concepto completamente nuevo de cómo sería el reino de Dios en la tierra. No sería una estructura política ni un edificio institucional, sino la simple regla Divina en los corazones humanos, uniéndolos en una comunidad amorosa, independientemente de las lealtades a sus reinos terrenales. Durante el tiempo en el que Jesús estuvo en la tierra, Israel era una nación ocupada bajo el gobierno romano. Los israelitas anhelaban que Dios les enviara un Mesías, un rey —como lo había sido David— que los guiara en la batalla contra los romanos, destruyera a sus enemigos y estableciera su reino en el territorio que ocupaban. Cuando Jesús les enseñó a sus seguidores a orar para que el reino de Dios viniera sobre la tierra (ver Mateo 6: 10), esa oración pudo haber sido considerada un código para la rebelión contra las estructuras de poder imperantes. A decir verdad, de eso se trataba, pero no en la forma en que la gente esperaba.

En lugar de enseñar a sus seguidores a luchar contra los romanos, Jesús les enseñó a amar a sus enemigos. Dijo que si un soldado romano les ordenaba que llevaran su equipo una milla, ellos debían obedecer la orden y luego ofrecerse a llevarla una segunda milla (ver Mateo 5: 38-47; Lucas 6: 27-36). La primera milla es la esclavitud. La segunda milla es la libertad. Ese es el poder liberador del amor enemigo.

Cuando le llevaron a Jesús para que lo interrogara, el gobernador romano Pilato le preguntó si realmente estaba tratando de establecer un reino rival. La respuesta de Jesús a esta pregunta era importante para Pilato, ya que Roma no tomaba a la ligera los reinos adversarios. Jesús le informó a Pilato: "Mi reino no es de este mundo", y luego agregó: "Si lo fuera, mis propios guardias pelearían" (Juan 18: 36). La marca distintiva de la ciudadanía en el reino de Cristo, le dice Jesús a Pilato, es que los miembros de su reino no se levantan en armas.[2]

Este punto explica mucho sobre por qué las enseñanzas de Jesús parecen no acordar con los patrones de violencia del Antiguo Testamento. Según la Biblia, en los días del Antiguo Testamento, el reino de Dios en la tierra estaba arraigado en el antiguo Israel, un grupo de personas que se convirtió en una nación. Este era un reino político con una base geográfica, lo que significaba que los ejércitos eran necesarios para luchar, establecer y preservar las fronteras.

En el Nuevo Testamento, el reino de Dios se describe como un reino espiritual formado por personas de cada tribu y nación. Todavía hay guerras que pelear, pero son guerras espirituales contra un enemigo espiritual (ver Efesios 6: 10-18). Las personas, incluso las malvadas, nunca son vistas como el enemigo, sino como víctimas del enemigo real. Necesitan rescate, no juicio. Esta nueva perspectiva tiene el poder de alterar radicalmente nuestro enfoque de cualquier forma de conflicto humano.

Entonces, cuando oramos para que el reino de Dios venga a la Tierra como en el Cielo, estamos invitando a Dios a que gobierne nuestros corazones y nuestras relaciones. Juntos vivimos como ciudadanos de una comunidad espiritual donde, a diferencia de los reinos políticos, la paz no es un objetivo que se pueda obtener por cualquier medio necesario (¡incluida la violencia!). La paz es una forma de vida.[3]

---

[2] A decir verdad, rehusarse a empuñar las armas no es la única marca distintiva de los seguidores de Cristo. En otra ocasión, Jesús enseñó que sus discípulos se conocerían por el amor que se expresaran (ver Juan 13: 35); pero es supremamente difícil amar al hermano o al enemigo tal como Cristo nos ordena cuando queremos darlo de baja en el campo de batalla.

[3] Hay algunas enseñanzas de Jesús que son difíciles de entender. Su enseñanza sobre la paz no está en esa categoría. Sí, con toda seguridad, se trata de una enseñanza que cuesta llevarla a la práctica, pero no quiere decir que no se pueda entender. Lee por tu cuenta Mateo 5: 38-47 y Lucas 6: 27-36. Tristemente, en un esfuerzo por suavizar la naturaleza radical de la enseñanza sobre la paz que Jesús ofrece, algunos líderes cristianos han examinado el Nuevo Testamento con el fin de encontrar

Los líderes religiosos en los tiempos de Jesús encontraron inaceptable este concepto de que el "reino" de Dios es una realidad interior que se vive en nuestra vida cotidiana. Desde entonces, ha sido difícil de aceptar por su parte. A lo largo de la historia, esos líderes y sus instituciones se han prostituido, haciendo causa común con el Estado y ofreciendo bendiciones divinas a las agendas políticas a cambio de protección y seguridad. Sin embargo, Jesús nos dice que no debemos buscar su reino en las estructuras y organizaciones físicas, ya que "el Reino de Dios está entre ustedes" (Lucas 17: 21).[4]

Jesús sabía que su nueva forma de ver el "reino" de Dios desafiaría los fundamentos de las lealtades nacionales y religiosas en su época y en la nuestra, por lo que, en su enseñanza del reino, a menudo incluía un llamado a "arrepentirse":

> "Se ha cumplido el tiempo —decía—. El reino de Dios está cerca. ¡Arrepiéntanse y crean las buenas nuevas!".
> (Marcos 1: 15)
> "Arrepiéntanse, porque el reino de los cielos está cerca".
> (Mateo 4: 17)

---

algo que dejara ver a un Jesús más abierto a la violencia, como si esa fuera una metodología válida para sus discípulos. Por ejemplo: he escuchado a más de un predicador cristiano que trata de justificar la violencia religiosa, apelando a las palabras de Jesús "No crean que he venido a traer paz a la tierra. No vine a traer paz, sino espada" (Mateo 10: 34). Sin embargo, el contexto indica que Jesús les está advirtiendo a sus discípulos que si ellos piensan seguirlo y aplicar sus enseñanzas, *otros* van a ser violentos con *ellos*; no está aconsejando a sus propios seguidores que lo sean. Al contrario, continúa su discurso con un llamado a cada persona que lo sigue a que asuma su propia cruz, no su propia espada. En otras palabras, debemos estar dispuestos a morir por nuestra fe, pero no a matar por ella. Otro pasaje que los cristianos que se van por las ramas para validar la violencia suelen llamar *críptico* es uno en el que Jesús les aconseja a sus seguidores que tomen la espada (ver Lucas 22: 35-38), pero, a la luz de todo lo que Jesús había dicho sobre el asunto, una exégesis concienzuda tiene que llevarnos a preguntar si es que Jesús no está hablando de manera simbólica. Y la verdad es que es el caso. Cuando los discípulos malinterpretan a Jesús y echan —literalmente— mano a la espada, él se encarga de dar por terminada la discusión: "¡Basta!" (22: 38) o "¡Suficiente!". Es así como, cuando Pedro intentó usar una de las espadas para defender a Jesús la noche en que fue arrestado, Jesús mismo lo reprendió por haber entendido mal: "Guarda tu espada... porque los que a hierro matan, a hierro mueren" (Mateo 26: 52). Por supuesto, ya es bien sabida la réplica obvia: incluso los que no toman la espada mueren a filo de espada. Es cierto. Pero Jesús no se opone a que sus seguidores mueran por su causa; se opone a que sus seguidores maten por su causa.

4 La palabra griega que se traduce "en" también puede traducirse como "entre." De cualquier manera, Jesús está señalando que el reino de Dios trasciende el territorio de una nación, edificio o sistema en particular.

"Arrepentirse" significa tener un cambio de corazón y de mente, mirar las cosas desde un nuevo punto de vista, pensarlas de manera diferente y cambiar el curso presente de la vida a la luz de la nueva perspectiva.

Una vez, vi a alguien con un cartel que decía: "¡Arrepentíos, porque el final está cerca!". Error. Jesús no dijo que el final estaba cerca. Dijo que el reino de Dios estaba cerca. Si me arrepiento porque el final está cerca, entonces solo me estoy disculpando por mi pasado justo a tiempo para morir e ir al cielo. Pero si me arrepiento porque el reino, el Camino y el gobierno de Dios están cerca, entonces estoy decidiendo de manera activa cambiar mi enfoque egocéntrico de la vida y unirme en sociedad con Dios para ayudar a que su estilo de amar sea una realidad en este mundo. Me arrepiento, no porque el final esté cerca, sino porque el principio está aquí, y quiero ser parte de él.

El mensaje de Cristo sobre el reino y sobre el arrepentimiento no fue una orden para que te lamentes por tu pasado, sino una invitación para que ayudes a traer un nuevo futuro.

¿Eh? y R

1. Haz una lista de algunos ejemplos, históricos y contemporáneos, de casos en los que la religión trata de mezclarse con la política. ¿Cuáles son los resultados recurrentes?
2. A menudo, se escucha a los cristianos a lo largo y ancho del continente americano identificar a sus países como "naciones cristianas".
   - ¿Qué crees que es lo que estas personas quieren decir al usar ese término?
   - ¿Crees que es una manera útil o hiriente de describir un país?
3. En Lucas 6: 27-28, Jesús dice: "Amen a sus enemigos, hagan bien a quienes los odian, bendigan a quienes los maldicen, oren por quienes los maltratan".

- Si un número cada vez mayor de personas comenzara a vivir esta simple enseñanza de Jesús, ¿qué impacto tendrían en el mundo?
- ¿Crees que es tan solo un sueño poético o que realmente es posible vivir el ideal del amor al enemigo?

4. ¿Qué puede significar para ti "Venga tu reino, hágase tu voluntad en la tierra como en el cielo" (Mateo 6: 10)? En otras palabras, si Dios contestara esa oración, ¿qué pasaría en tu vida?

"Se ha cumplido el tiempo —decía—. El reino de Dios está cerca. ¡Arrepiéntanse y crean las buenas nuevas".
—Marcos 1: 15

CAPÍTULO 11

ESPACIO SAGRADO: *REDEFINIENDO EL TEMPLO*

> *Jesús estaba inaugurando un estilo de vida que ya no necesitaba el Templo.*
>
> —N. T. Wright

Jesús vivió y enseñó en un mundo que veía la vida en términos de círculos concéntricos del espacio sagrado. Según sus contemporáneos religiosos, aunque todo el mundo pertenecía a Dios, Israel era una tierra particularmente santa dentro de la cual estaba Jerusalén, la ciudad santa. En Jerusalén estaba el templo santo donde moraba la presencia de Dios, lugar en el que se ofrecían sacrificios de animales y se recibía el perdón. Y, finalmente, dentro del templo estaba el epicentro de lo sagrado: el Lugar Santísimo, donde se decía que la presencia de Dios era más manifiesta.

La geometría básica del espacio sagrado era algo así:

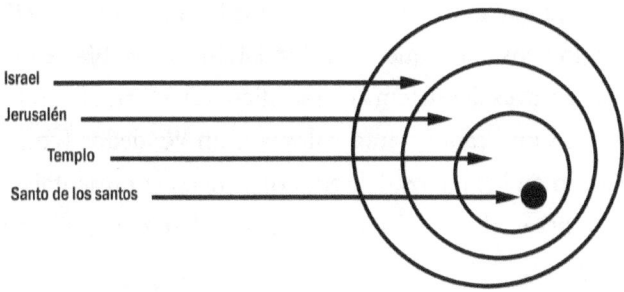

Al contrario de la norma religiosa de su época, Jesús enseñó una forma de espiritualidad que borró las líneas de distinción entre el espacio sagrado y el espacio secular. En consecuencia, en palabras de N. T. Wright, "ahora, el mundo entero es visto como la tierra santa de Dios".[1]

La religión basa gran parte de su enfoque de vida en las distinciones fuertes entre lo sagrado y lo profano, lo sagrado y lo mundano. Primero crea las distinciones y luego ofrece formas sistemáticas para que las personas se muevan de un reino a otro, de lo profano a lo sagrado. Con frecuencia ese proceso incluye peregrinaciones a sitios "sagrados" o asistencia a servicios especiales en espacios "sagrados", generalmente edificios especiales que representan a la institución.

Jesús sacudió al *statu quo* de su tiempo cuando habló de su propio cuerpo como el templo o santuario de Dios (ver Juan 2: 21), es decir, el lugar donde lo divino y lo humano se encuentran. Dondequiera que iba, actuaba como si la presencia divina estuviera plenamente con él y no solo en el templo de Jerusalén.

Debemos examinar cómo enseñó Jesús para comprender completamente cómo comunicó la necesidad de este cambio de ubicación espiritual de un edificio santo a las personas. Su comunicación se daba no solo a través de la enseñanza directa y la narración, sino también a través de acciones. Toda su vida fue lo que Robert Farrar Capon llama "una parábola ambulante".[2] Si quieres entender a Jesús, mantén ojos y oídos abiertos a lo que dice a través de lo que hace.

Por ejemplo, Jesús escandalizó a los líderes religiosos al ofrecer de manera personal el perdón de Dios por los pecados. La religión del Israel del siglo I enseñaba que el perdón Divino se recibía de una manera específica a través del sistema de sacrificios en el templo en Jerusalén. Uno compraba una cabra o una paloma a un vendedor (convenientemente ubicado en los patios del templo) y luego la presentaba a un sacerdote para su sacrificio. Solo un sacerdote del Templo podía realizar la

---

[1] N. T. Wright. Notas de una conferencia dada en Toronto, en el verano de 2006.
[2] Capon, *Kingdom, Grace, Judgment*, p. 1.

ceremonia y ofrecer a los fieles el perdón de los pecados en nombre de Dios. Era bastante simple, bastante predecible, y bastante institucional.

Por lo tanto, cuando Jesús le decía a alguien "tus pecados son perdonados" (ver Mateo 9: 2; Lucas 7: 36-50), no solo era una fuente de ánimo para alguien que sufría; también hacía una declaración decididamente irreligiosa para su cultura. Estaba evitando por completo el sistema religioso de su época y ayudando a las personas a conectarse directamente con la gracia, la misericordia y el perdón de Dios.

Como era de esperar, cuando los líderes religiosos se enteraron de sus actos, se sintieron indignados. Sus acciones fueron escandalosas. Lo que Jesús hacía era equivalente a una mueca irrespetuosa al sistema religioso. Él le ofrecía a la gente lo que solo Dios a través del sistema del templo podía ofrecerles. Se puso en el centro de la relación de Dios con la humanidad. En efecto, estaba diciendo "Ahora Dios perdonará tus pecados, no a través del templo, sino a través de mí", haciendo con esto que la religión fuera redundante. Jesús era un movimiento de un solo hombre que caminaba y hablaba en contra del templo. Ahora encarnaba todo lo que el templo representaba. Ofrecía a través suyo lo que solo el sistema religioso de su época podía: la gracia de Dios.

Por lo tanto, ofrecer perdón a los pecadores directamente era, en cierto modo, un gesto creativo y destructivo. Creativo para el espíritu humano; destructivo para el sistema religioso. Al mismo tiempo que Jesús restauraba y reconstruía personas, también derribaba la religión.

El asunto de Jesús *vs.* el templo alcanzó su punto culminante un día en que visitó personalmente la institución del sacrificio. En lugar de bendecirlo, montó toda una escena de indignación pública contra el templo. Volcó las mesas y soltó a todos los animales de sacrificio que se usaban para las ceremonias de perdón (ver Mateo 21: 12-14; Marcos 11: 15-18; Lucas 19: 45-48; Juan 2: 13-17). William C. Placher escribió: "Si no podías comprar el animal correcto, ¿cómo podrías ofrecer un sacrificio? Si no podías sacrificar, ¿por qué tener un templo? A través de sus acciones, Jesús parecía desafiar la base misma de la religión".[3]

---
3 Placher, *Jesus the Savior [Jesús el Salvador]*, p. 94.

Aunque Jesús canceló el sistema solo temporalmente, fue un acto simbólico que llamó a su pueblo a repensar todo el concepto del perdón divino y cómo se aplicaba a sus vidas. Dios nunca *necesitó* sacrificios de animales para perdonar.[4] La obediencia sin sacrificio siempre es mejor que la desobediencia con sacrificio.[5]

Cuando Jesús lanzó ese asalto directo al sistema del templo, explicó sus acciones citando a un profeta hebreo que había reprendido al sistema en su época. Cientos de años antes, Jeremías le planteó un desafío enérgico al sistema religioso de Israel cuando entró en el área del templo y gritó:

> ¡Escuchen la palabra del Señor, todos ustedes, habitantes de Judá que entran por estas puertas para adorar al Señor! Así dice el Señor Todopoderoso, el Dios de Israel: "Enmienden su conducta y sus acciones, y yo los dejaré seguir viviendo en este país. No confíen en esas palabras engañosas que repiten: '¡Este es el templo del Señor, el templo del Señor, el templo del Señor!'. Si en verdad enmiendan su conducta y sus acciones, si en verdad practican la justicia los unos con los otros, si no oprimen al extranjero ni al huérfano ni a la viuda, si no derraman sangre inocente en este lugar ni siguen a otros dioses para su propio mal, entonces los dejaré seguir viviendo en este país, en la tierra que di a sus antepasados para siempre".
>
> "¡Pero ustedes confían en palabras engañosas que no tienen validez alguna! Roban, matan, cometen adulterio, juran en falso, queman incienso a Baal, siguen a otros dioses que jamás conocieron, ¡y vienen y se presentan ante mí en esta casa que lleva mi nombre y dicen: 'Estamos a salvo', para luego seguir cometiendo todas estas abominaciones! ¿Creen acaso que esta casa que lleva mi nombre

---

4 Ver 2 Samuel 12: 13; 1 Reyes 8: 46-50; Jonás 3: 10; Salmo 40: 6.
5 Ver 1 Samuel 15: 22; Miqueas 6: 6-8.

es una cueva de ladrones? ¡Pero si yo mismo lo he visto!
—afirma el Señor—. (Jeremías 7: 1-11)

Una guarida de ladrones. Esa fue la descripción que Jesús hizo del establecimiento del templo en su propia época. Yo solía pensar que, debido a que citó a Jeremías cuando llamó al templo de Jerusalén una cueva de ladrones, estaba molesto con las prácticas financieras de la institución, que cobraba demasiado dinero por sus servicios y cosas por el estilo. Pero el significado es más profundo que eso. Una guarida de ladrones no es un lugar donde los ladrones van a robar a la gente, sino a donde van a esconderse luego de haber robado. El sistema religioso de Israel (como cualquier sistema religioso actual) se usó repetidamente como un escondite espiritual para personas con la conciencia culpable. En lugar de cambiar la forma en que vivían, el pueblo de Israel simplemente agregó un poco de religión a sus vidas para mantener todo en equilibrio. Al igual que el Padrino, que iba a misa los domingos por la mañana o al confesionario antes de regresar a su vida de crimen, los sistemas religiosos hacen que sea muy fácil para las personas egocéntricas encontrar consuelo en los rituales que les son familiares, sin experimentar un cambio de corazón ni comprometerse con una vida de amor.

Como los profetas de antaño, Jesús desafió el *statu quo*; pero, a diferencia de los profetas del Antiguo Pacto, fue más lejos y se refirió a sí mismo como el punto de inflexión, como la bisagra sobre la cual se abatiría la puerta del cambio. Jesús les enseñó a sus seguidores a que esperaran que su propia presencia continuara, no ya dentro de edificaciones especiales llamadas "iglesias", sino al interior de sus relaciones. Él dijo que dondequiera que dos o tres personas se reunieran en su nombre, estaría con ellos (ver Mateo 18: 20). Si quieres acercarte a mí, dice Jesús, acércate a las personas que amo (ver Mateo 25: 31-46). Jesús parece estar diciendo que la presencia de Dios se experimenta mejor en el espacio sagrado que existe entre las personas cuando se ofrece y se recibe amor, antes que en edificios especiales o lugares piadosos.

Al principio, esta nueva forma de pensar fue difícil de comprender para sus seguidores. No estaban acostumbrados a una espiritualidad "portátil". Uno de los ejemplos más sorprendentes proviene de un relato de la vida de Jesús que parece sacado de las páginas de una buena novela de ciencia ficción. Algunos de sus discípulos fueron testigos de la interacción espiritual de Jesús con el reino divino, como si se abriera un portal entre lo temporal y lo eterno.

La respuesta de Pedro a lo que vio revela la mentalidad religiosa en acción. El evangelio de Marcos describe la escena:

> Seis días después, Jesús tomó consigo a Pedro, a Jacobo y a Juan, y los llevó a una montaña alta, donde estaban solos. Allí se transfiguró en presencia de ellos. Su ropa se volvió de un blanco resplandeciente como nadie en el mundo podría blanquearla. Y se les aparecieron Elías y Moisés, los cuales conversaban con Jesús. Tomando la palabra, Pedro le dijo a Jesús:
> —Rabí, ¡qué bien que estamos aquí! Podemos levantar tres albergues: uno para ti, otro para Moisés y otro para Elías.
> No sabía qué decir porque todos estaban asustados. Entonces apareció una nube que los envolvió, de la cual salió una voz que dijo: "Este es mi Hijo amado. ¡Escúchenlo!".
> De repente, cuando miraron a su alrededor, ya no vieron a nadie más que a Jesús (Marcos 9: 28).

¡Qué escena extraña! Mi conjetura es que esto fue un regalo de Dios a Jesús en forma de un momento de aliento profundamente fortalecedor. Dos líderes clave del Antiguo Pacto pudieron ofrecer su bendición a la venida del Nuevo.

En esta escena, los discípulos están aterrorizados ante un Jesús que brilla mientras hablan con dos personas que ya habían muerto. Completamente entendible, ¿cierto? Pedro no sabe qué decir, así que, con su estilo típico, expresa lo que tiene en mente (¿Conoces a alguien así, "sin filtro"?). El arrebato espontáneo de Pedro revela sus raíces religiosas y hace eco de la mentalidad religiosa general en el mundo actual. Una experiencia espiritual merece un edificio, piensa Pedro. Debemos construir un santuario. Entonces, estos tres espíritus tendrán un lugar para vivir, y generaciones de personas podrán peregrinar a este lugar santo.

Pero Dios no habla desde un edificio sagrado ni a través de los labios de una clase especial de líder religioso. Dios habla desde una nube que se niega a ser capturada por la arquitectura o la geografía. Escuchen a Jesús, dice Dios, él les mostrará una mejor manera.

El escritor Garry Wills dijo: "Jesús no vino para reemplazar el Templo con otros edificios, ya fueran chozas o catedrales suntuosas, sino para inculcar una religión del corazón, con solo él como el lugar donde nos encontramos con el Padre".[6]

Siguiendo el ejemplo de la enseñanza de Jesús, sus primeros seguidores finalmente se dieron cuenta de que no necesitaban edificios sagrados ni lugares especiales para reunirse con Dios. Se vieron ellos mismos como piedras vivas, puestas juntas en un nuevo templo orgánico, formado por el pueblo de Dios. Creían que el Espíritu de Dios moraba dentro de ese templo relacional, ese santuario como comunidad (ver 1 Corintios 3: 16-17; Efesios 2: 19-22) y que sus vidas completas eran altares sobre los cuales se habría de ofrecer un amor sacrificial a Dios y a los demás (ver Romanos 12: 1). Gracias a Jesús, entendieron que toda la vida es santa y cada relación, sagrada. En verdad, no hay un terreno más sagrado que el espacio entre tú y yo, ya que nos conectamos en una relación honesta, vulnerable y perdonadora.

Nuestra práctica occidental de referirnos a los edificios de la iglesia como "iglesias" (en lugar de llamarlo "el edificio donde se reúne una iglesia") puede sabotear nuestra capacidad de ver esta verdad. Algunos cristianos no solo llaman "iglesia" al edificio en el que se reúnen, sino que también llaman "santuario" a una sala especial donde celebran los servicios dominicales. "Santuario". Una palabra que significa el lugar sagrado donde Dios mora. Y, para confundir un poco más nuestras

---

6 Wills, *What Jesus Meant [Lo que Jesús quiso decir]*, p. 76.

mentes, en la parte delantera del santuario suele haber una gran mesa llamada "altar", una palabra que se refiere al lugar del sacrificio de animales en el ritual del Antiguo Testamento. Pero el único altar, el único lugar de sacrificio que necesitan los seguidores de Cristo, es el de las decisiones diarias de nuestras vidas, donde ofrecemos a Dios nuestras energías y agendas, nuestras elecciones y nuestros deseos como "sacrificio vivo" (Romanos 12: 1).

Por eso, el movimiento cristiano primitivo no sintió la necesidad de celebrar sus reuniones en edificios especiales. Durante los primeros trescientos años, los seguidores de Cristo se reunieron principalmente en los hogares de las personas (ver Romanos 16: 5; 1 Corintios 16: 19; Colosenses 4: 15; Filemón 2), y algunas veces alquilaron un salón local para reuniones más grandes (ver Hechos 19: 9-10). La idea de construir edificios sagrados especiales llamados "iglesias" donde los sacerdotes administraran la gracia de Dios a la gente habría sido una idea muy extraña para los primeros cristianos. En cambio, la iglesia primitiva consideraba a cada creyente como un sacerdote que representaba a Dios ante los demás y viceversa (ver 1 Pedro 2: 4-9). Incluso Pedro, considerado por algunos como el primer líder autorizado de la iglesia institucionalizada, se refirió a sí mismo como simplemente un "compañero mayor" junto con otros líderes de la iglesia (1 Pedro 5: 1).

La palabra *iglesia* en el Nuevo Testamento se refiere a la gente, una asamblea, una reunión, no a un edificio especial ni a una institución jerárquica. Mi iglesia, por ejemplo, es el grupo de seguidores de Cristo con los que salgo regularmente y con quien construyo relaciones, no el edificio en el que nos encontramos.[7] Juntos, tenemos el privilegio de ser el templo, la morada de Dios.

---

7 Esto no quiere decir que haya algo erróneo o que esté mal que alguien tenga un lugar favorito que le resulte significativo; hay lugares que agudizan los sentidos para capturar la presencia de Dios en nuestras vidas. Jesús tuvo sus lugares favoritos a los que se retiraba para orar (ver Lucas 5: 16) y esperaba que sus seguidores tuvieran algo similar (ver Mateo 6: 6). El problema consiste en que tendemos a desarrollar una dependencia de un lugar determinado para poder encontrarnos con Dios y olvidar que su presencia nos rodea y mora en nosotros todo el tiempo.

ESPACIO SAGRADO: REDEFINIENDO EL TEMPLO

¿Eh? y R

1. ¿Cuáles son los posibles beneficios y problemas de diseñar edificios de iglesias que sean singulares, únicos y especialmente impresionantes en su arquitectura y ornamentación?
2. Si crees en Dios:
    - ¿En qué lugares o circunstancias tiendes a sentirte más cerca de Dios?
    - ¿En qué lugares o circunstancias tiendes a sentirte distante de Dios?
    - ¿Qué podrías hacer para recordar la presencia amorosa de Dios cuando estás en esos lugares o circunstancias en las que te sientes distante?
3. Mientras lees este capítulo, ¿cuáles son las noticias más recientes sobre los conflictos en la "tierra santa" entre las religiones en pugna? ¿En qué sentido sería nuestro mundo diferente si las personas vivieran esta enseñanza de Jesús?

"Por lo tanto, hermanos, tomando en cuenta la misericordia de Dios, les ruego que cada uno de ustedes, en adoración espiritual, ofrezca su cuerpo como sacrificio vivo, santo y agradable a Dios".
—Romanos 12: 1

CAPÍTULO 12

SÍMBOLOS SUBVERSIVOS

¿Qué es cristianismo esencial? De principio a fin es el escándalo, el escándalo divino. Cada vez que alguien se arriesga a un escándalo de alto orden hay alegría en el cielo.

—Søren Kierkegaard

Cuando Jesús murió, era relativamente joven en comparación con otras posibles figuras que cambiarían el mundo. En sus respectivas muertes, Mahoma tenía sesenta años, Sócrates tenía setenta, Platón y Buda tenían más de ochenta y Moisés tenía ciento veinte. La muerte de Cristo se produjo comparativamente tan temprano en su carrera mesiánica (probablemente en los primeros años de su tercera década de vida) que en realidad solo tenemos registrados unos tres años de su vida adulta. Es sorprendente que haya tenido tanto impacto en la historia humana, más que cualquier otra figura que haya vivido.

Lo que sabemos sobre la enseñanza de Jesús es tan extraño como bello. No solo enseñó acerca de Dios, la vida y la salvación; enseñó sobre *sí mismo*, y sobre cómo podría ayudarnos a conectarnos con Dios. Jesús se vio a sí mismo como un conducto a lo divino. Específicamente, enseñó que su *muerte* sería de alguna manera la clave para que esa conexión se hiciera real (ver Mateo 16: 21-25; Lucas 18: 31-34).

Jesús no solo comunicó su mensaje a través de historias y enseñanzas, sino también reconfigurando los símbolos significativos de la época. Antes de morir, dejó a sus seguidores con dos símbolos de subversión, actos de irreligión, que han sobrevivido hasta nuestros días, aunque en formas muy religiosas.

El primero fue el bautismo. Cuando las personas iban al templo para recibir el perdón por su pecado, no solo sacrificaban animales, sino que también se limpiaban, siguiendo el ritual, con agua. Se *bautizaban* (de la palabra griega que significa "sumergirse") en cuencos de agua diseñados para lavar cualquier impureza espiritual con la que hubieran estado en contacto durante su diario andar. Entre ceremonia y ceremonia de bautismos de cuerpo completo, muchas personas religiosas bautizaban sus manos para simbolizar su compromiso con la pureza (recuerden las tinajas sagradas en la boda en Caná).

En colaboración con Juan el Bautista, Jesús adoptó este símbolo, pero lo alejó de los escalones del templo y lo llevó a cada comunidad en la que hubiera agua disponible. El bautismo en el movimiento de Jesús se convirtió en una forma de simbolizar que una persona podría lavarse de pecados, *independientemente del sistema religioso*. Este símbolo renovado no necesitaba de un sacerdote o pastor especial que lo administrara. En cambio, cualquier hermano o hermana espiritual podía bautizar a la persona que venía a la fe como una forma de asociarse con ellos en el símbolo y darle la bienvenida a la comunidad espiritual (ver Hechos 8: 26-39). Además, el símbolo se convirtió en un evento único llevado a cabo al comienzo de la vida de fe de una persona. Los bautismos recurrentes se volvieron innecesarios porque ya no eran parte de un sistema de purificación ritual. Un bautismo único simbolizaba la aceptación de Dios de una vez por todas. La simplicidad del símbolo es hermosa. Infortunadamente, muchos cristianos usan el bautismo como la ceremonia especial que solo debe ser administrada por el santo hombre profesional, asalariado, dentro del espacio sagrado de un edificio oficial que se llama "iglesia". Jesús nos ofrece un camino mejor.

El segundo símbolo que Jesús dotó de un nuevo significado fue la comida de la Pascua judía, llamada el *Seder*. Hoy los cristianos celebran este evento reconfigurado como la Comunión, la Eucaristía o la Cena del Señor. En su último *Seder* de Pascua con sus discípulos, Jesús le otorgó al evento un nuevo significado, diseñado para que comprendamos el significado de su muerte y nuestra respuesta de fe. Tan solo unas horas antes de su arresto y crucifixión, encontró una manera de explicar el significado a sus discípulos de una forma que nunca olvidarían (Mateo 26: 17-30; Marcos 14: 12-26; Lucas 22: 7-23). A través de esa última cena, Jesús también pudo dejar a todas las generaciones futuras una forma de conmemorar y recalibrar sus vidas en torno a la centralidad de su muerte.

> Yo recibí del Señor lo mismo que les transmití a ustedes: que el Señor Jesús, la noche que fue traicionado, tomó pan, y después de dar gracias, lo partió y dijo: "Este es mi cuerpo, que por ustedes entrego; hagan esto en memoria de mí". De la misma manera, después de cenar, tomó la copa y dijo: "Esta copa es el nuevo pacto en mi sangre; hagan esto cada vez que beban de ella, en memoria de mí". Porque cada vez que comen este pan y beben esta copa, proclaman la muerte del Señor hasta que él venga.
> (1 Corintios 11: 23-26)

Qué tan significativa es "la Cena del Señor", el único acto conmemorativo vigente autorizado por Jesús, que no representa su nacimiento ni su vida, sus palabras ni sus obras, sino solo su muerte. Obviamente, él quería que su crucifixión se convirtiera en el punto de apoyo de la fe de sus seguidores. Pero ¿por qué?

Para empezar, el *Seder* de la Pascua no era una comida neutral. Era la celebración simbólica de la liberación de la esclavitud, lograda a través del derramamiento de sangre. Mucho tiempo atrás, Dios había liberado a Israel de la esclavitud en Egipto, y la cena de Pascua celebraba este hecho. La muerte del primogénito, la sangre de los sacrificios de animales y la libertad que estas cosas lograron para los israelitas fueron elementos que se incrustaron en esta comida de conmemoración. Es dentro de ese contexto, una celebración de una libertad milagrosa, que Jesús llama al pan "mi cuerpo, entregado por ustedes" (Lucas 22: 19) y al vino "mi sangre, que es el nuevo pacto que Dios hace con su pueblo". Luego, agrega: "Esta sangre es derramada por muchos para perdón de pecados" (Mateo 26: 28).

Un nuevo pacto. Un nuevo acuerdo entre Dios y nosotros. Una nueva forma de experimentar a Dios. Un nuevo medio para recibir el perdón. Una nueva oportunidad para renovar la relación con nuestro Creador. Todo ofrecido al margen de la estructura religiosa establecida.

A través del nuevo y vigorizado simbolismo de la última cena, Jesús les mostró a sus discípulos lo que reemplazaría a la sangre del sistema de sacrificios: la suya. Jesús había condenado el sistema del templo, y se ofrecía ahora a sí mismo como reemplazo, el sacrificio final que haría que todos los demás fueran triviales. Jesús afirma haber reemplazado con éxito la religión con *él mismo*.

Creo que vale la pena dilucidar la última frase. Jesús afirma haber reemplazado con éxito la religión con él mismo. No con un nuevo sistema de sacerdotes y sacrificios. Esto es importante. La comida simbólica que Jesús nos invita a repetir lo señala como el camino a Dios, no a una nueva institución (la iglesia) que reemplazaría la antigua institución (el templo); no a un nuevo sistema de sacerdotes que reemplazaría al antiguo sistema de sacerdotes. A través de Jesús, Dios reemplaza la religión consigo mismo.

Así que hoy comemos el pan y bebemos de la copa por una razón, la que Jesús nos dio: para recordarlo, para volver a centrarnos en todo lo que logró. Este es el propósito de la comunión. Lo hacemos para no recibir perdón a través de un ritual. El perdón ya es nuestro. No recibimos a Dios al acudir a un sacerdote como la única persona que puede hacer que el milagro suceda. Dios ha venido a nosotros y en el proceso ha pasado por alto a todos los sacerdotes y profetas. Participamos en la Eucaristía, la Cena del Señor, para recordar, para recalibrar nuestro pensamiento, para hacer que nuestra mente vuelva al mensaje subversivo de Jesús: "Hagan esto en memoria de mí".

¿Qué de Jesús debemos "recordar" a través de la Eucaristía? Bueno, ahora se pone interesante. Para responder a esa pregunta, quiero que apreciemos lo escandaloso del símbolo. Trata de ponerte en el lugar de los discípulos, como si estuvieras escuchando esto por primera vez. Jesús les está pidiendo a sus seguidores que hagan de cuenta que están consumiendo su cadáver. No importa cómo decidas rebanarlo (perdón por el juego de palabras), es simplemente extraño. Pero se pone peor. Jesús es muy específico. Dice que deben beber su sangre.

Jesús ya había aludido a esa idea de comer su carne y beber su sangre una vez en su carrera docente, lo cual le costó algunos seguidores (ver Juan 6: 51-66). Juan cuenta: "Desde entonces, muchos de sus discípulos le volvieron la espalda y ya no andaban con él" (Juan 6: 66). Seguramente creerás que Jesús ya debía haber aprendido la lección: hay que abandonar el tema de beber su sangre.

Sin embargo, en lugar de repensar, rediseñar y transformar su simbolismo en algo un poco menos ofensivo, Jesús le subió el volumen al mensaje macabro. Ya no tan solo habla de eso; ahora invita a sus discípulos a participar físicamente con él en la representación de esta enseñanza emblemática y antirreligiosa.

Seamos claros en este punto. Si hay algo que no se le debe pedir a un grupo de jóvenes judíos, es beber sangre. No importa si es humana o animal, real o simbólica. La Biblia hebrea ordena no ingerir sangre de ninguna manera. Es una regla inequívoca. La carne debe ser escurrida, debe evitarse la sangre.

> "Cuando algún israelita o extranjero que viva entre ustedes coma cualquier clase de sangre, yo me pondré en su contra y lo eliminaré de su pueblo. Porque la vida de toda criatura está en la sangre. Yo mismo se las he dado a ustedes sobre el altar, para que hagan propiciación por ustedes mismos, ya que la propiciación se hace por medio de la sangre. Por eso les digo: Ninguno de ustedes deberá comer sangre, ni tampoco deberá comerla el extranjero que viva entre ustedes". (Levítico 17: 10-12)

Pedirles a sus discípulos que representaran el acto de beber su sangre es más que simplemente ofender sus sensibilidades: es todo un desmantelamiento directo de las reglas religiosas en favor de la lealtad radical a Jesús. Él pone a sus discípulos en la posición de hacer una elección. Participar en una comida de la Pascua con símbolos redefinidos que entran en conflicto intencionalmente con la ley bíblica es sacrilegio. A partir de ese punto, no habrá vuelta atrás. Jesús no les está dando a sus seguidores la opción de añadir su enseñanza a sus creencias religiosas ya establecidas. No nos está invitando a usar sus ideas espirituales como una especie de condimento para animar nuestras insulsas dietas religiosas actuales. No hay espacio para el sincretismo, para mezclar un poco de Jesús con un poco de tradición religiosa como nuestro camino hacia Dios. Él invita a los discípulos a desconectarse de su identidad religiosa para participar plenamente en su compromiso con su nuevo camino.

Este llamado a la exclusividad no es diferente de cualquier compromiso matrimonial. Una sola persona no puede simplemente "agregar" el matrimonio a su vida ya establecida. El matrimonio, si ha de entenderse y abrazarse adecuadamente, cambia nuestras vidas de manera profunda. Jesús no funciona como un tipo de consultor espiritual que podemos contratar para que nos ayude a hacer un poco mejor el trabajo en nuestras prácticas religiosas actuales. Es un amante que nos llama a abrazarlo en una relación exclusiva, comprometida y apasionada, una relación con Dios mismo que hará que todas las demás afiliaciones sean infinitamente secundarias.

Por supuesto, cuanto más rica y maravillosa sea nuestra herencia religiosa, tanto más difícil será dejarla atrás por Jesús. Cuanto más admirables sean nuestras raíces religiosas, tanto más querremos solo agregar a Jesús a nuestra religión. Nos convertimos en una muchacha que ama tanto a su familia de origen que desea que su esposo solo se mude con ellos y se convierta en otro miembro de la familia, en lugar de construir con él su propia casa. Las personas con antecedentes "cristianos", orgullosamente etiquetados, pueden tener los más grandes problemas en el delicado trabajo de separar la cultura cristiana de Cristo.

Los cristianos pueden ser los peores, pues tienden a invitar a Jesús a que bendiga sus agendas políticas y religiosas en lugar de someter todo lo que son a su forma de vida radical.

Nos puede resultar útil ponernos en los zapatos emocionales de los discípulos por un momento. Cuando Jesús los invita a beber su sangre, un gesto que rompe los lazos con sus reglas y rituales religiosos más preciados, ¿qué crees que pudo haber pasado por sus cabezas? Me imagino a Tomás, mirando a Juan y preguntándole: ¿Realmente va a beberla? Cuántas preguntas debieron haber inundado el momento. ¿Continuarían con la Pascua resignificada por Jesús o abandonan la comida y el movimiento a modo de protesta? ¿Estarían dispuestos a seguir a Jesús todo el camino, sabiendo que los está guiando fuera de la zona de seguridad de la religión y hacia un territorio espiritual inexplorado? ¿Estarían finalmente dispuestos a llevarse todo el paquete: la Pascua redefinida, el Mesías crucificado, el camino de la vida a través de la muerte, y la libertad a través del sacrificio, a través del acto de beber el vino del Nuevo Pacto? ¿O volverán a la seguridad de sus tradiciones religiosas?

Estas son las preguntas con las que los seguidores de Cristo (y los potenciales seguidores) aún deben luchar. De manera intencional, Jesús nos pone a todos en una posición de decidir. ¿Rechazaremos todos los sistemas de salvación para confiar en su manera antirreligiosa?

Piensen en el papel que juega nuestra posibilidad de elección en estos símbolos subversivos. Aunque algunas denominaciones cristianas bautizan a los bebés, no fue la práctica en los días de Jesús ni la de los primeros seguidores de Cristo. El bautismo fue un símbolo de la elección personal que demuestra nuestro deseo de ser sumergidos en el amor y la vida de Dios o "en Cristo" (Gálatas 3: 27). En la Última Cena, Jesús pudo haber expresado su opinión al partir el pan y colocarlo nuevamente en la mesa para que todos lo vieran. "Mírenlo —podría haber dicho—. Este es mi cuerpo, partido por ustedes". Luego, bien pudo haber tomado la copa de vino y haberla vertido en el suelo, diciendo: "Esta es mi sangre, derramada por ustedes". Hubiera sido una ilustración palpable del sacrificio de Cristo (aunque hubiera resultado en servicios de comunión bastante desastrosos en la mayoría de las iglesias de hoy, pero no es el punto). En cambio, nos invita a llevar el pan y el vino dentro de nosotros mismos. Tenemos un papel que desempeñar. Jesús nos ofrece su vida y su amor, pero esto no es algo que se haga por nosotros o para nosotros mientras observamos pasivamente.[1] Debemos abrazarlo.

Intimidad. Eso es lo que me viene a la mente cuando pienso en estos símbolos. A través del bautismo, entramos al amor de Dios y somos rodeados por él. A través de la Cena del Señor, invitamos a su amor y a su vida a que entren en nosotros y nos refresquen. Nos sumergimos en el amor divino y lo bebemos.

¿Eh? y R

1. ¿Cuál fue la perspectiva del bautismo cristiano y la eucaristía en la que te criaste? ¿Cómo está cambiando esa imagen, si es que se están dando cambios?
2. ¿Cuáles son algunas de las formas en que la intención original de Jesús para estos símbolos entra en conflicto con la forma en que se usan hoy en día en la religión cristiana?
3. ¿Cuál es el papel de la "elección" en estos símbolos? ¿En qué se diferencia del Antiguo Testamento o del Pacto judío?

"Todos fuimos bautizados por un solo Espíritu para constituir un solo cuerpo —ya seamos judíos o gentiles, esclavos o libres—, y a todos se nos dio a beber de un mismo Espíritu".
—1 Corintios 12: 13

---

[1] Este es un proceso acerca del cual espero escribir en *The Irreligious Life [Vida antirreligiosa]*, el libro secuela del presente volumen.

CAPÍTULO 13

EL DÍA QUE LA RELIGIÓN MURIÓ

Con frecuencia me pregunto si la religión es la enemiga de Dios.
Parece que la religión es lo que sucede cuando el Espíritu ha abandonado
el edificio.

—Bono

Jesús no solo murió; fue ejecutado. La fe cristiana es la única entre las principales religiones del mundo en la que su fundador fue ejecutado por una autoridad establecida.[1]

¿Quién mató a Cristo? Por lo general, los intentos de responder a esta pregunta están fuera de lugar, ya que el cuestionamiento en sí enmudece el carácter de sacrificio personal que el mismo Jesús enfatiza.

Algunas veces, Jesús habló de su propia muerte en un lenguaje de simbolismo críptico: "Ciertamente les aseguro que si el grano de trigo no cae en tierra y muere, se queda solo. Pero si muere, produce mucho fruto" (Juan 12: 24).

Muchas veces, describió claramente su propia muerte como el punto focal de su misión:[2] "Porque ni aun el Hijo del Hombre vino para que le sirvan, sino para servir y para dar su vida en rescate por muchos" (Marcos 10: 45; ver también Mateo 16: 21-25; Marcos 9: 31; 10: 32-34;

---

[1] Mi enfoque en este libro es la vida y muerte de Jesús. En un próximo libro me enfocaré en la resurrección y sus implicaciones para los seguidores de Cristo.

[2] A diferencia de otros grandes líderes espirituales, la mayoría de los cuales murieron por causas naturales. Piensen en Moisés, Buda, Confucio y Mahoma. En el caso de cada uno de ellos, sus vidas y enseñanzas son importantes y fueron concluidas al morir, algo que en sí y por sí mismo es insignificante. Pero en el caso de Jesús, su vida y enseñanzas apuntan a su muerte como el aspecto central de la misión que debía llevar a cabo. Así, su vida concluye violentamente en los primeros años de su tercera década, al haber enfurecido a las autoridades con su enseñanza escandalosa.

Lucas 18: 31-33).

Sin embargo, a lo largo de la historia, muchas personas, generalmente cristianos devotos, han intentado encontrar a alguien más a quien culpar. Generalmente, terminan siendo los judíos. Otros defienden a los judíos y señalan a los romanos: después de todo, Jesús fue crucificado, un método romano de pena capital. Algunas personas culpan a individuos, como el gobernador romano Pilato, Caifás, el sumo sacerdote, o Judas Iscariote, mientras que otros (como el escritor del evangelio gnóstico de Judas) buscan absolver a este último de cualquier responsabilidad. Otros adoptan un enfoque más teológico y culpan a Dios por el asesinato de su Hijo (¿quién quiere un padre así?). Mientras que algunas más defienden a Dios y señalan a Satanás como el instigador de la muerte de Jesús.

A pesar de todo esto, Jesús se responsabiliza de su propia muerte: "Nadie me la arrebata, sino que yo la entrego por mi propia voluntad" (Juan 10: 18).

Al observar el hecho desde una perspectiva histórica, algunas personas todavía podrían argumentar que debemos culpar a los judíos por rechazar a Jesús o a los romanos por crucificarlo. Esta es una aventura que tiene como propósito no encontrar el tesoro. Si queremos ver más allá del mismo Jesús para encontrar al culpable, debemos mirar a las instituciones que amenazó, no a los grupos étnicos de su época. Para que quede claro, el registro bíblico indica que la mayoría de las personas comunes (la mayor parte, judíos, pero también algunos samaritanos y romanos) que escucharon a Jesús eran, al menos, admiradores, si no seguidores. Los evangelios registran que Jesús atrajo a multitudes de miles. Fue su creciente popularidad lo que motivó a los líderes religiosos a encontrar una causa para arrestarlo y juzgarlo en secreto. En su libro magistral, *What Jesus Meant*, el autor y ganador del Premio Pulitzer, Garry Wills, escribe: "Lo que más llamó la atención, más resistencias levantó y más peligroso se temió de las actividades de Jesús fue su oposición a la religión tal como se entendía en su época. Esto fue lo que llevó a su muerte. Lo mató la religión".[3]

La religión mató a Cristo. Yo agregaría que fue la religión en alianza con la política. La historia muestra que cuando las instituciones religiosas y políticas se unen por una causa, a menudo hay violencia, guerra y muerte.

Sin embargo, no debemos olvidar el hecho de que Jesús vio su propia muerte en una cruz romana como el centro de su misión. Ese fue su plan todo el tiempo: un plan de rescate y victoria, aunque parezca una derrota total. Esto nos lleva a preguntarnos: ¿qué sucedió precisamente en la cruz para que Jesús y sus seguidores lo vieran como el evento más significativo en la historia?[4] Si miramos más allá de los clavos, la madera y la sangre, ¿qué vemos?

Parece absurdo que la ejecución pública de un campesino judío hace unos dos mil años tenga alguna influencia en nuestras vidas espirituales de hoy. Ciertamente, la cruz se ha convertido en un símbolo de fe para muchas personas en todo el mundo, pero es un símbolo extraño como para que cualquier grupo espiritual se lo apropie. Los budistas tienen la flor de loto. Nuestros amigos judíos usan la estrella de David. El islam a menudo es simbolizado por una luna creciente. ¿Por qué los cristianos querrán usar lo que es básicamente un símbolo de la antigua y agonizante pena capital como signo en torno al cual convocamos a nuestras fuerzas?

Me pregunto: si Jesús viniera hoy y muriera a manos de uno de nuestros gobiernos, ¿los cristianos tendrían, entonces, una silla eléctrica o una jeringa de inyección letal como su símbolo espiritual de elección? ¡Sería interesante! ¿Decoraríamos las iglesias con sillas eléctricas y luciríamos versiones más pequeñas alrededor de nuestros cuellos? Tal vez, algunos creyentes preferirían sillas eléctricas de plata, algunas de oro,

---

[3] Wills, *What Jesus Meant*, p. 59.

[4] Los escritores de la Biblia vieron la resurrección de Jesús como la afirmación de Dios de que la crucifixión había, en realidad, logrado su cometido. Tal como en Mateo 9: 18, en donde Jesús sana físicamente a un hombre como prueba de que ya lo había sanado espiritualmente al perdonar sus pecados, de igual manera Dios opera un milagro observable de resurrección para afirmar que ya ha ocurrido el milagro espiritual del perdón de pecados para beneficio de todos, al margen del sistema religioso.

y a otros les gustaría la versión "cruenta silla eléctrica resistente" hecha completamente de madera, con correas de cuero y placas de metal. Por supuesto, los católicos y los protestantes encontrarían nuevas formas de discutir sobre el uso de sus símbolos, ya que los primeros tendrían la figura de una persona sentada en su silla eléctrica y los segundos la mantendrían vacía.

Tales reflexiones mórbidas plantean la pregunta de por qué los cristianos comenzaron a usar la cruz como un símbolo de su creencia. No solo dibujaban, pintaban y grababan la cruz como un símbolo pictórico de fe, sino que también solían hacer la señal de la cruz en ellos mismos. Podrían haber elegido un pesebre o el cayado de un pastor o una piedra como la que fue sacada de la tumba vacía de Cristo. Podrían haber seguido utilizando el signo del pez, una paloma o la palma de la victoria de un atleta, como hicieron las primeras generaciones de cristianos.

Debemos preguntarnos: ¿cómo es posible que los primeros cristianos pudieran pensar en la crucifixión de su Mesías como "buenas noticias" (el significado del evangelio)? ¿Cómo tomó la primera generación de cristianos un evento tan horrible y lo convirtió en un mensaje de noticias buenas?

En la superficie, la crucifixión de Jesús parece un negativo fotográfico. La oscuridad es luz, la muerte es vida, y un prisionero judío de Roma está ofreciendo libertad a todos los demás. Pero los primeros seguidores estaban convencidos de que este evento, la muerte de su líder, era la puerta a un mundo completamente nuevo. Este era un mundo sin religión en el que todas las personas podían acceder a la gracia de Dios y experimentar su presencia de manera personal, tal como solo lo había hecho el más santo de los sacerdotes y profetas. Estaban convencidos de que, si Jesús era la puerta a esta forma de vida completamente nueva, la cruz era la bisagra sobre la cual se abría la puerta.

Cuando Jesús dio su último aliento en la cruz, sus seguidores afirmaron que había sucedido algo que marcaría para siempre el fin de la religión. En el templo de Jerusalén había una gran cortina gruesa, un velo que separaba el resto del templo del lugar más sagrado. El "Lugar Santísimo" era donde se creía que la presencia de Dios habitaba en toda su majestad. En un momento, este fue el lugar en el que se guardaba el arca del pacto, pero como los invasores se la habían llevado, no quedaba más que un espacio vacío santificado por la presencia gloriosa de Dios. Nadie entraba al Lugar Santísimo, excepto el Sumo Sacerdote, y lo hacía solo una vez al año para la expiación de los pecados de Israel. Nada podría simbolizar mejor la línea divisoria entre lo sagrado y lo profano, lo sagrado y lo mundano que el velo del templo. Era una línea dibujada en la arena, con Dios en un lado y todos los demás en el otro.[5]

En el momento de la muerte de Jesús, la Biblia registra que el velo del templo se rasgó en dos: de arriba abajo (ver Mateo 27: 51; Marcos 15: 38; Lucas 23: 45). Dios mismo parece haber entrado en la imagen y confirmado el mensaje y la misión de Jesús a través de su propio acto de "vandalismo" antirreligioso. Finalmente, el muro divisorio entre los que están "dentro" y los que están "fuera" fue eliminado.

> Porque Cristo es nuestra paz: de los dos pueblos ha hecho uno solo, derribando mediante su sacrificio el muro de enemistad que nos separaba, pues anuló la ley con sus mandamientos y requisitos. Esto lo hizo para crear en sí mismo de los dos pueblos una nueva humanidad al hacer la paz. (Efesios 2: 14-15)

Con su muerte, Jesús puso fin a todo el sistema de ley religiosa que mantenía a judíos y gentiles separados. De alguna manera, absorbió en sí mismo todo el sistema de reglas y rituales que mediaban entre Dios y las personas y, a través de su muerte, lo clavó todo en la cruz: "Él anuló esa deuda que nos era adversa, clavándola en la cruz" (Colosenses 2: 14).

---

5 Desde luego, nadie creía que la presencia de Dios se restringía al templo (ver 2 Crónicas 2: 6), pero sí se aceptaba que, de alguna manera, Dios manifestaba en gran medida su presencia, su gloria, en el Lugar Santísimo, tal como solía hacerlo cuando hablaba con Moisés (ver Éxodo 25: 21-22; 30: 6; 33: 9; Levítico 16: 2).

Sí, la Biblia dice que Jesús murió por nuestros pecados,[6] pero también dice que murió por nuestra religión. En Cristo, Dios crucificó todo el desastre de una vez por todas. De hecho, al enfatizar repetidamente que Jesús murió por nuestros pecados, los escritores bíblicos resaltan el fin de la religión como un camino hacia Dios. El teólogo Marcus Borg explica:

> De acuerdo con la teología del templo, ciertos tipos de pecados e impurezas podrían tratarse solo a través del sacrificio en el templo. La teología del templo reclamaba así un monopolio institucional sobre el perdón de los pecados; y debido a que el perdón de los pecados era un requisito previo para entrar en la presencia de Dios, la teología del templo también reclamaba un monopolio institucional sobre el acceso a Dios.
> En este contexto, sostener que "Jesús es el sacrificio por el pecado" fue negar la afirmación del templo de tener un monopolio sobre el perdón y el acceso a Dios. Fue una declaración anti-templo. Usando la metáfora del sacrificio, la muerte de Jesús subvirtió el sistema sacrificial. Significaba: Dios en Jesús ya ha provisto el sacrificio y, por lo tanto, se ha ocupado de lo que crees que te separa de Dios; tienes acceso a Dios aparte del templo y su sistema de sacrificios. Es una metáfora de la gracia radical, de la gracia asombrosa... Por lo tanto, es irónico darse cuenta de que la religión que se formó alrededor de Jesús en los siguientes 4000 años comenzaría a reclamar para sí misma un monopolio institucional sobre la gracia y el acceso a Dios.[7]

---

6 Relacionado con el tema de que Jesús quita nuestro pecado a través de su muerte, ver Isaías 53: 5-12; Juan 1: 29; 1 Corintios 15: 3; 2 Corintios 5: 21; Gálatas 1: 4; 1 Pedro 2: 24.
7 Borg, *El corazón del cristianismo*, pp. 94-95 (traducción del original citado por el autor. Nota del traductor).

Ya no necesitamos imaginar que Dios mora en lugares especiales como santuarios, iglesias, templos o tabernáculos. Tampoco se accede a él a través de hombres santos especiales, como sacerdotes y pastores, rabinos e imanes. El sacrificio final ha sido ofrecido. Es hora de seguir adelante. El espectáculo ha terminado. Dios ha dejado el edificio.

¿Eh? y R

1. ¿Cómo responderías la pregunta *¿quién es responsable de la muerte de Cristo?*
2. Hablando de su propia muerte, Jesús dijo: "Ciertamente, les aseguro que si el grano de trigo no cae en tierra y muere, se queda solo. Pero si muere, produce mucho fruto" (Juan 12: 24). ¿Qué tipo de fruto crees que Jesús esperaba que produjera su muerte?
3. La Biblia habla de que Jesús muere para cancelar la religión, pero también para mostrarnos el amor de Dios y salvarnos del pecado. ¿Cuáles son las implicaciones de decir que la muerte de Jesús:
    - nos muestra el amor de Dios (ver Lucas 15: 11-32; Juan 3: 16-17; Romanos 5: 8)
    - nos salva del pecado (ver Mateo 9: 18; Juan 1: 29; 12: 46-47; Efesios 2: 5; 1 Timoteo 1: 15)
    - cancela la religión (ver Juan 17: 3; Romanos 10:4; Efesios 2: 14-15; 1 Timoteo 2: 5)?
4. Discutan (si están en un grupo) o piensa (si solo estás tú) qué les genera la siguiente cita de John Stott:

    > ¿Por qué soy cristiano? Una de las razones es la cruz de Cristo. De hecho, nunca podría creer en Dios si no fuera por la cruz. Es la cruz la que le da a Dios su credibilidad. El único Dios en el que creo es aquel que Nietzsche (el filósofo alemán del siglo XIX) ridiculizó al llamarlo "Dios

en la cruz". En el mundo real del dolor, ¿cómo podría uno adorar a un Dios que era inmune a él?[8]

"La cortina del santuario del templo se rasgó en dos de arriba abajo".
—Marcos 15: 38

---

[8] *Por qué soy cristiano*, pp. 62-63 (traducción del original citado por el autor. Nota del traductor). Ver igualmente su maravilloso trabajo *La cruz de Cristo*, p. 335

Parte III
Las implicaciones antirreligiosas

Tal vez haya una revolución en marcha, una revolución del Espíritu que está a punto de desviar nuestras energías centrales de organizar la vida para que acercarse a Dios sea lo más satisfactorio posible. Los buscadores de Jesús en todo el mundo se están preparando para abandonar el antiguo camino del código escrito por el nuevo camino del Espíritu.

—Larry Crabb

CAPÍTULO 14

¿QUIÉN TE CREES QUE ERES? ¿*DIOS*?

Si la vida y la muerte de Sócrates fueron las de un sabio, la vida y la muerte de Jesús fueron las de un Dios.

—Jean-Jacques Rousseau

A nadie le gusta que alguien actúe como si fuera el centro del universo. Todos hemos conocido gente así, y nunca queremos volver a cruzarnos con ellos.

Supongo que la única excepción a esto podría ser Dios mismo. Nuestras sensibilidades relacionales permiten un doble estándar en lo que concierne a Dios porque, bueno... después de todo, es el centro del universo. Sin él, ni siquiera estaríamos aquí para discutir cuánto nos disgustan las personas arrogantes y egocéntricas. Entonces, Dios puede decir "adórame", "sírveme" o "haz mi voluntad", y parece lo apropiado, porque nos está invitando a centrar nuestras mentes y nuestras vidas en el bien mayor. Sin embargo, si alguien más nos diera ese tipo de mensajes, nuestra respuesta sería: "¿Quién te crees que eres? ¿*Dios?*".

Nuestro registro más antiguo y completo de Jesús son sus cuatro biografías grecorromanas del siglo I llamadas *los Evangelios*. Allí, Jesús constantemente dice y hace cosas que llevarían a que cualquiera que lo conociera hoy le dijera: "¿Quién te crees que eres? ¿*Dios*?". ¿Cómo puede alguien que parece ser tan generoso, amable y compasivo, que parece ser el amor personificado, también ser tan increíblemente egoísta? ¿No será que su sentido de importancia está, de alguna manera, justificado?

Hace algunos años, una mujer que estaba en su búsqueda espiritual pidió hablar conmigo para discutir sus interrogantes acerca de la fe.

Fuimos a un *pub* local y me dijo que se sentía extrañamente atraída por Jesús y que quería seguirlo, pero que no podía creer que alguien pudiera ser algo así como Dios. Le dije que yo entendía el desafío intelectual y le pedí que considerara el problema a la inversa. ¿Podría Dios convertirse en un ser humano? "Claro que sí —dijo—. Dios puede hacer cualquier cosa". Lentamente, una sonrisa se extendió por su rostro y, como ella lo describe, su problema de fe se desvaneció. Su dificultad se debía a que estaba empezando por el extremo equivocado de la ecuación.

A medida que, en el presente capítulo, analicemos la evidencia y las implicaciones, tengan en cuenta lo siguiente: los primeros cristianos se dieron cuenta de que el filo escandaloso de su fe no era que atribuyeran deidad a un ser humano, sino que le atribuyeran humanidad a una deidad. Para ellos, la pregunta no era *¿Puede un hombre ser Dios?* sino *¿Puede o debería un Dios, Creador del cosmos, atreverse a convertirse en un hombre?*

Como ya vimos en la Parte II de este libro, Jesús tenía la mala costumbre de ofrecerle el perdón por todos sus pecados a la gente. Esto suena lo suficientemente compasivo, pero tiene poco sentido si Jesús es tan solo otro profeta o maestro. Al ofrecer el perdón por los pecados —que, en primer lugar, no lo involucraban— Jesús se entrometió en algo que debería estar entre una persona y su Dios.

Puedo perdonar a alguien que me ofende, y puedes perdonar a alguien que te ofende, pero ¿qué pasaría si intentáramos ofrecer perdón a alguien que nunca nos ha ofendido en forma directa? Supongamos que vas a una casa en la que un hombre acaba de decirle algo hiriente a su esposa, entonces te le acercas y le dices: "Está bien. Estás perdonado". Absurdo, ¿no? Absolutamente. No tienes por qué perdonar a alguien por algo que no te hizo. De hecho, si hicieras eso, le estarías robando a su esposa el papel que solo ella debería desempeñar, ya que solo la parte herida debería decidir si el ofensor debe ser perdonado.

¿Qué pasaría si fueras a una sesión de terapia para lidiar con algunas cicatrices emocionales dejadas por tu madre, y el terapeuta dijera: "El perdón es la única manera de resolver los dolores del pasado"?

Por supuesto, sería algo bueno —*muy de Jesús*. Pero ¿qué pasaría si el siguiente paso del terapeuta fuera levantar el teléfono, marcar el número de la casa de tu madre y decirle que está perdonada, y luego decirte que todo está resuelto? Te sentirías, con toda razón, indignado. ¿Quién es tu terapeuta para perdonar a tu madre por los pecados cometidos en tu contra?

El asunto es que debemos responder la pregunta "¿Quién es Jesús para ofrecer perdón por cada mal cometido?". Me parece que es un egoísta entrometido en los asuntos de otras personas o que encarna a Dios de alguna manera bastante peculiar y, por lo tanto, puede ofrecer perdón porque, en última instancia, todo pecado es un pecado contra Dios (ver Génesis 39: 9; Salmo 51: 4). Al decirles a sus discípulos algo tan audaz como "Yo soy el camino" (Juan 14: 6), Jesús desafió fundamentalmente todos los procedimientos del mundo espiritual. El camino no son los Diez Mandamientos, el Noble Camino Óctuple, las Cuatro Nobles Verdades, los Cinco Pilares de la Acción, los Seis Artículos de Fe, los Siete Sacramentos o cualquier otro de los sistemas de salvación administrados por las religiones de nuestro planeta. El camino es Dios mismo. Vino a la tierra para compartir este mensaje, para mostrarnos su amor y para cancelar la religión de una vez por todas. Podemos abrazar esto y la libertad que brinda o podemos aferrarnos a nuestros sistemas religiosos por la comodidad y seguridad que dan. Pero no podemos hacer las dos cosas.

Entonces, ¿qué le dio a Jesús el derecho de actuar como lo hizo? ¿Quién era él para reinterpretar la Torá, desafiar la tradición, deshacer el tribalismo, redefinir el territorio y actuar como si fuera el templo, el lugar de la presencia de Dios en la tierra? John Stott escribe: "Sin duda, el rasgo más notable de la enseñanza de Jesús fue su extraordinario egocentrismo. De hecho, hablaba constantemente de sí mismo".[1]

Stott se refiere al hecho de que, en reiteradas ocasiones, Jesús contó parábolas sobre sí mismo y dijo cosas como: "Yo soy la luz del

---

[1] Stott, *Por qué soy cristiano*, p. 35 (Traducción del original citado directamente por el autor. Nota del traductor).

mundo", "Yo soy el pan de la vida", "Yo soy el camino, la verdad y la vida", "Vengan a mí" y "Síganme". Incluso llegó a afirmar que la totalidad de Las Escrituras hebreas, el "Antiguo Testamento" de la Biblia cristiana, se referían a él (ver Juan 5: 39-40; Lucas 24: 27, 44) Stott sigue explicando:

> La prominencia del pronombre personal ("Yo, yo, yo, -mi, mi, mi") es muy perturbadora, especialmente en alguien que declaró que la humildad es la virtud preeminente. Ese énfasis también separa a Jesús de todos los demás líderes religiosos del mundo. Mientras que estos se borraban de la escena y señalaban la verdad que enseñaban; Jesús se ponía al frente, ofreciéndose a sus discípulos como el objeto de su fe, amor y obediencia. No hay duda, entonces, de que Jesús creyó que él era único.[2]

No podemos evitar el hecho de que Jesús creyera que él era el instrumento a través del cual Dios produciría cambios importantes en el paisaje espiritual del planeta Tierra. Nuestros primeros registros de su enseñanza revelan una innegable autoconciencia de su *identidad* única, que es la base de su impacto único.[3] Por ejemplo, en una parábola, se refiere a otros profetas y mensajeros de Dios como *siervos de Dios*, pero, en la misma historia, los contrasta con su propio estatus como el único Hijo de Dios (ver Marcos 12: 1-12). Jesús estaba convencido de que conocerlo era conocer a Dios (ver Juan 8: 19). Cuando un discípulo le pidió que le mostrara el camino a Dios, le respondió:

---

[2] Stott, *Por qué soy cristiano*, p. 36 (Traducción del original citado directamente por el autor. Nota del traductor).

[3] Es diferente de, digamos, Gautama Buda. Se cuenta la historia de que, al morir, uno de sus amigos le preguntó cómo deberían perpetuar su memoria. Él respondió que no deberían enfocarse en recordarlo ya que lo que importaba eran sus enseñanzas. Sea la historia cierta o falsa, está en la línea de las enseñanzas budistas. En la mayoría de las religiones, se puede quitar de la escena a su fundador y la religión permanece. Uno puede desplazar a Buda del budismo y, con todo, conservar las Cuarto Nobles Verdades y el Noble Camino Óctuple. Uno puede desplazar a Mahoma del islam y seguir conservando los Cinco Pilares de Acción y los Seis Artículos de Fe.

—Yo soy el camino, la verdad y la vida —le contestó Jesús—. Nadie llega al Padre sino por mí. Si ustedes realmente me conocieran, conocerían también a mi Padre. Y ya desde este momento lo conocen y lo han visto.
—Señor —dijo Felipe—, muéstranos al Padre y con eso nos basta.
—¡Pero, Felipe! ¿Tanto tiempo llevo entre ustedes, y todavía no me conoces? El que me ha visto a mí, ha visto al Padre. ¿Cómo puedes decirme: "Muéstranos al Padre"? ¿Acaso no crees que yo estoy en el Padre, y que el Padre está en mí? Las palabras que yo les comunico, no las hablo como cosa mía, sino que es el Padre, que está en mí, el que realiza sus obras". (Juan 14: 6-10)

He ahí por qué la religión es redundante. No la necesitamos como camino hacia Dios porque *Dios* ha venido a *nosotros*. Él ha caminado entre nosotros, experimentando dolor y placer, la herida de una vida verdaderamente humana. Es por esto que Jesús afirmó ser la puerta a través de la cual las personas entrarían en la vida eterna (ver Juan 10: 7-9). Dios es el camino a la vida porque él es la fuente de la vida, y Jesús representa a Dios en forma humana. Esto también explica por qué los Evangelios registran que, al menos en una ocasión, Jesús aceptó de manera escandalosa la adoración de alguien que lo llamó "¡Mi Señor y mi Dios!" (Juan 20: 28; ver también Mateo 2: 11; 14: 33; 28: 9 ; 28: 17; Lucas 24: 52; Juan 9: 38).

En las palabras del apóstol Pablo, "en Cristo, Dios estaba reconciliando al mundo consigo mismo" (2 Corintios 5: 19).

Debido a que Jesús dice cosas como "Yo soy el camino", algunas personas están desconcertadas por lo que parece ser una actitud de arrogancia en un hombre al que llegaron a ver como humilde y como alguien que aceptaba a los demás. ¿Pudo Jesús haberse dado tanta importancia como para decir que nadie puede venir a Dios excepto a través de él? Muchas personas intentan resolver la tensión con las teorías sobre el Jesús "real" de la historia, que de alguna manera es muy diferente al Jesús descrito en la Biblia. Estos estudiosos atesoran las descripciones bíblicas de Jesús que les gustan y explican exhaustivamente el resto. Pero no hay una razón histórica honesta para empujar nuestra investigación en esa dirección. Necesitamos encontrar nuestras respuestas en los textos mismos, de lo contrario, nos uniremos a los "liberales" y perderemos la atención de los conservadores religiosos a los que queremos desafiar. Encogernos de hombros en este punto y decir "No creo que el Jesús en el que *yo* creo pueda haber dicho tales cosas" no nos ayuda en nuestra búsqueda de la verdad ni en nuestro diálogo con los fundamentalistas religiosos (ver el capítulo 5).

Entonces, encaremos la pregunta, pero mirándola fijamente a los ojos: ¿Pudo Jesús haber sido tan arrogante como para decir que él es el único camino a Dios?

En uno de los versos más conocidos del Nuevo Testamento, Juan 3: 16, Jesús le cuenta a un líder religioso judío sobre la inclusividad radical de Dios, diciendo: "Porque tanto amó Dios al mundo, que dio a su Hijo unigénito, para que *todo el que* cree en él no se pierda, sino que tenga vida eterna" (énfasis agregado).

Curiosamente, algunas personas reaccionan a esta enseñanza, tropezándose con la aparente exclusividad de Jesús. ¿Quién es para sugerir que debemos creer en él para tener la vida eterna? Sin embargo, cuando lo vemos en contexto, nos damos cuenta de que Jesús está hablando con un líder religioso judío, un hombre cuyo origen étnico es parte de su identidad religiosa. Es alguien que espera que el Mesías reivindique al pueblo judío al luchar contra sus opresores romanos, alguien que anticipa una salvación para los judíos, lo cual también incluye la condena a sus enemigos. Pero Jesús le dice que no ha venido para salvar a los judíos de los romanos, sino para salvarnos a todos ("todo el que") de nuestra propia autodestrucción, nuestro pecado oculto (y en ocasiones no tan oculto) y del egoísmo que nos devora por dentro. Todo lo que pide es que confiemos en él, que le creamos.

Los ángeles habían anunciado el nacimiento de Jesús, diciendo:

"No tengan miedo. Miren que les traigo buenas noticias que serán motivo de mucha alegría para todo el pueblo" (Lucas 2: 10). Buenas noticias de gran alegría para todas las personas.

Puedes estar de acuerdo o no con las enseñanzas de Jesús, pero primero, por favor, intenta entenderlas. Comprender el flujo de su mensaje depende de nuestro punto de partida, si vemos sus enseñanzas desde una perspectiva humana o si lo hacemos desde una divina. Si partimos de nuestro propio punto de vista egocéntrico, terminaremos haciendo preguntas como *¿Por qué no todas las religiones conducen a Dios de la misma forma?* Pero, si miramos la historia de Jesús desde un punto de partida divino, entonces veremos el mensaje inclusivo. Dios vino a nosotros en forma humana, encarnando y anunciando su deseo de que todos tengan vida eterna, independientemente de cualquier religión (ver 1 Timoteo 2: 36).

Esto no es más exclusivo que, por ejemplo, alguien cayera en un pozo y el equipo de rescate le arrojara una cuerda para que ayudarlo a salir. Sería una tontería criticar esa única alternativa de escape, tildándola de ser demasiado excluyente o restrictiva. Pero, a menudo, la gente hace esto con Dios. Exigimos múltiples opciones porque queremos el poder de decidir nuestro propio método de rescate, porque queremos estar a cargo de todo. Queremos jugar a Dios. Pero que haya una única solución no implica exclusividad. No si esa solución se ofrece a todos sin excepción.

Por supuesto, examinadas desde una perspectiva estrictamente humana, las afirmaciones de Jesús sobre sí mismo parecen implicar una exclusividad arrogante. Si alguna persona, ya sea maestro, profeta, líder espiritual o político, afirmara ser el único camino a Dios, diríamos con toda justicia que se está engrandeciendo o que se está engañando a sí mismo. Sin embargo, si nos acercamos a la enseñanza bíblica de Jesús en el contexto de su historia bíblica (Dios encarnado a través de la vida de Cristo), entonces todo cambia.

Así que, cuando Jesús dice ser el camino al Padre, no está siendo arrogante, se está erigiendo como un tercero que dice ser el único que puede hacer las presentaciones adecuadas. Lee de nuevo sus palabras en Juan 14: 6-10 (más arriba). Jesús dice ser el camino a Dios porque sostiene ser Dios mismo ¡Ven, conócenos! Cuando nosotros, como Felipe en la historia, le pedimos a Jesús que nos muestre a Dios, él responde: ¡Ya lo estás viendo! Conocer a Jesús es conocer a Dios. Para nosotros, entonces, la única manera de conocer a Dios es a través de Dios mismo; el Dios que se nos muestra en una forma conocible y observable: ¡a nuestra propia imagen!

Las implicancias de esto trastornan el mundo. Ya no necesitamos que la religión actúe como intermediaria, como una especie de servicio de citas espirituales que trata de presentarnos a Dios. Él ya vino a nosotros y nos trajo un ramo de flores (o chocolates, si es que prefieres las ilustraciones más calóricas).

¿Y qué hallamos cuando nos encontramos con Dios a través de Jesús? Bueno, irónicamente, él es... *humilde*. Es el tipo de Dios que claramente les dice a sus discípulos que es su maestro, su Señor y su ejemplo... ¡mientras les lava los pies! (ver Juan 13: 1-17).

Este es el problema para las personas a quienes les gusta pensar que el Jesús histórico es solo un buen maestro moral o un sabio filósofo: si vemos a Jesús como un simple maestro, predicador o profeta, debemos concluir que fue increíblemente arrogante y/o que estaba totalmente engañado sobre su propia identidad. Lo que llevaría a la pregunta: si ni siquiera se le puede creer en el tema de su propia identidad, ¿por qué deberíamos considerarlo un maestro valioso en cualquier otro asunto?

C. S. Lewis explica mejor esta situación:

> Estoy tratando de prevenir que la gente diga algo insensato que suele decir sobre él: "Estoy dispuesto a aceptar a Jesús como un gran maestro moral, pero no acepto su afirmación de ser Dios". No debemos afirmar tal cosa. Un hombre que era simplemente un hombre y que dijo el tipo de cosas que Jesús dijo no sería un gran maestro moral. Sería un lunático, al mismo nivel que el hombre

que dice que es un huevo escalfado o, de lo contrario, sería el diablo del infierno. Usted debe hacer su elección. O este hombre era, y es, el Hijo de Dios; o bien, es un loco o algo peor. Puedes silenciarlo por tonto, escupirle y matarlo como un demonio; o puedes caer a sus pies y llamarlo Señor y Dios. Pero no vengamos con ninguna tontería condescendiente acerca de que es un gran maestro humano. Él no dejó esa cuestión abierta para que fuéramos nosotros los que la resolviéramos. No tenía esa intención".[4]

Lewis muestra que el Jesús de la Biblia nos empuja a cada uno de nosotros a tomar una decisión existencial. El rabino de Nazaret nos obliga a amarlo y abrazarlo o a despreciarlo y rechazarlo. Pero nos esforzamos en no hacer ninguna de las dos cosas. Por un lado, no queremos seguirlo como nuestro Señor ni nuestro Maestro porque no queremos que se nos perciba como parte de la religión cristiana. O tal vez es solo que no nos gusta la idea de tener a nadie más que a nosotros mismos como dueños de nuestro propio destino. Sin embargo, por otro lado, no queremos rechazar a Jesús como alguien malvado o engañoso. Nos gusta Jesús. Queremos que nos guste. Y queremos gustarle, que sea como nosotros, que nos apruebe. Pero ¿es Jesús realmente alguien agradable si ha estado mintiendo todo el tiempo acerca de sí mismo, de Dios y del fin de la religión?

No puedo encontrarle sentido a Jesús a menos que lo vea como Dios, que marca un límite para nuestro mundo adicto a la religión y nos pide que tomemos la decisión de aceptar su abrazo divino. Por supuesto, una vez que Dios viene directo a nosotros, la religión se queda sin trabajo. No podemos tener a Jesús y a la religión al mismo tiempo. Quizás es por eso que él dijo cosas como: "¿Creen ustedes que vine a traer paz a la tierra? Pues no. ¡Vine a traer división!" (Lucas 12: 51; ver también Mateo 10: 34).

---

4 Lewis, *Cristianismo y nada más*, p. 52. (Traducción del original citado directamente por el autor. Nota del traductor).

Unos años después de Jesús, un antiguo líder religioso que renunció a todo para seguir a Cristo escribió: "Porque hay un solo Dios y un solo mediador entre Dios y los hombres, Jesucristo hombre" (1 Timoteo 2: 5). En su contexto del siglo I, esas son algunas de las palabras más espiritualmente subversivas en toda la Biblia. Son "subversivas" por lo que no dicen tanto como por lo que dicen, que el único punto de conexión con Dios no es la institución religiosa del momento. El apóstol Pablo, anteriormente un fariseo religioso, llegó a la conclusión de que su sistema de observancia de la Torá y el sacrificio en el templo ya no era la manera de conectarse con Dios. En cambio, Dios había venido a nosotros directamente, encarnado en la persona de Jesús.

Dennis F. Kinlaw describe la maravilla de esta creencia que cambia el mundo:

> Cuando no queríamos a Dios, Dios nos quería a nosotros. Cuando no quisimos venir a Dios, él vino a nosotros. Cuando nos resistimos a él, él conspiró para ganarnos. Cuando no pudimos cruzar el abismo que separa la creación de la deidad, Dios decidió cruzarlo y convertirse en uno de nosotros. Él no renunciaría a su deidad; más bien, uniría la divinidad y la humanidad en una sola

persona para que Dios y los humanos realmente se encontraran y se convirtieran en uno.[5]

Este mensaje es contrario a la religión que nos ofrece una serie de rituales para aplacar a Dios. Es contrario a la filosofía griega que trata de capturar a Dios en el mundo de los ideales teóricos. Y es contrario a la espiritualidad gnóstica actualmente popular que ve al mundo físico como algo de lo que hay que escapar. El Dios que Jesús nos revela busca lo mismo que los gnósticos desprecian: la unión con el mundo material por medio de la encarnación.

Las implicaciones son cósmicas. Todo esfuerzo por la salvación puede cesar. No tienes que encontrar la combinación correcta entre rituales religiosos, comportamiento moral y comprensión iluminada para agradar a Dios lo suficiente como para tener una entrada al cielo cuando mueras. Nuestra vida eterna comienza ahora porque Dios ha venido e, incluso hoy en día, continúa persiguiéndonos.[6]

¿Eh? y R

1. ¿Por qué crees que es tentador para la gente pensar que Jesús fue un buen maestro moral? ¿Por qué esta conclusión es poco probable?
2. ¿Qué les parece más difícil creer: que Dios pueda convertirse en un ser humano o que cualquier ser humano pueda ser Dios? ¿Cómo cambia la dinámica de la discusión la perspectiva de la cual partamos?
3. Si Dios manifestara su presencia en la tierra para revelar su amor a la humanidad, ¿por qué tiene sentido que lo haga en forma humana? ¿Cómo se relaciona Génesis 1: 26-27 con esta discusión?

---

5 Kinlaw, *Let's Start With Jesus [Empecemos con Jesús]*, p. 69.

6 El empuje orientador del Dios que llega a nosotros no es un evento que ocurre una sola vez en la historia, sino una realidad permanente. Su Espíritu, "el espíritu de Cristo" (Romanos 8: 9, 1 Pedro 1: 11), sigue viniendo a nosotros y ofreciéndonos la convicción de su amor y haciéndonos conscientes de nuestra necesidad (ver Juan 16: 8, 13-14).

4. Algunos escépticos argumentan que Jesús nunca afirmó ser más que un profeta o un reformador. Señalan que la mayoría de las afirmaciones evidentes de los evangelios sobre la deidad de Cristo provienen del evangelio de Juan, el último escrito, y sugieren que incluso ese evangelio es demasiado tardío como para ser históricamente digno de confianza. Entonces, leamos un pasaje del evangelio de Marcos, que se cree, universalmente, que es el primer evangelio escrito. Si estás en grupo, discutan las implicaciones de la parábola que Jesús cuenta en Marcos 12: 1-12.

"En el principio ya existía el Verbo,
y el Verbo estaba con Dios,
y el Verbo era Dios".
—Juan 1: 1

CAPÍTULO 15

¿DIOS O HIJO DE DIOS?

Creo que cuanto más nos acercamos al Jesús original, más cerca estamos de reconocer el rostro del Dios vivo.

—N. T. Wright

Si consideramos que, de alguna manera, Dios vino a la tierra a través de Jesús, nos enfrentamos a una lista infinita de preguntas. Durante siglos, los teólogos han debatido la metafísica de cómo Jesús puede ser Dios y, sin embargo, diferente de Dios. Los escritores del Nuevo Testamento enfatizaron su identidad y función únicas al referirse a él como el "Hijo de Dios". Sin embargo, muchos cristianos de hoy no han pensado en sus implicaciones cuando usan ese mismo término.

La Biblia recurre a la metáfora de ser "el hijo de Dios" para capturar o describir una serie de realidades, todas diferentes pero entrelazadas:

- En un nivel, se pueden considerar a todas las personas como hijos e hijas de Dios (ver Hechos 17: 28). Ser el Hijo de Dios es ser humano.
- Se dice que Israel, en su totalidad, es el hijo primogénito de Dios (ver Éxodo 4: 22-23; Oseas 11: 1). Ser el Hijo de Dios es ser parte de Israel.

- Los creyentes en Jesús a veces se representan como hijos adoptados por Dios (ver Romanos 8: 15; Gálatas 4: 5; Efesios 1: 5). Ser el Hijo de Dios es ser un miembro de la familia de fe de Dios.

Entonces, cuando los seguidores de Jesús del primer siglo afirmaron que Jesús era el "Hijo de Dios" (Marcos 1: 1; 15: 39; Lucas 1: 35; Juan 1: 34), ¿qué estaban diciendo? ¿Que Jesús es humano, como el resto de nosotros? ¿Que es judío? ¿Que es un creyente en Dios? ¿O algo más subversivo?

Creo que la respuesta es "todas las anteriores".

La decisión de Dios de revelarse a sí mismo no solo como un ser humano, sino como un hombre judío, tiene un significado particular. Los escritores del Nuevo Testamento presentan a Jesús como la encarnación física de la nación de Israel que se consideraba colectivamente como hija de Dios. A través de los eventos de su vida, Jesús revive la historia de Israel (por ejemplo, compara Oseas 11: 1 con Mateo 2: 15) y les muestra a sus compañeros judíos cómo deberían haber interpretado y vivido la Torá (uno de sus principales temas de debate con los líderes religiosos). Dios había querido que Israel funcionara como una luz para el mundo, una fuente de esperanza y sanidad para todas las naciones.[1] Si Israel fue llamada a hacer brillar la luz de Dios de una manera amplia y difusa, Jesús fue esa misma luz concentrada en un láser a través de una vida (compara Mateo 5: 14 con Juan 8: 12; 9: 5). Como el representante perfecto, Jesús pudo cumplir en nombre de su pueblo la misión que Dios le había dado a Israel.

Pero los líderes del movimiento primitivo del Mesías estaban convencidos de que Jesús no solo era una imagen de un verdadero israelita, sino de un verdadero humano, la auténtica "persona humana". A través de Jesús, Dios pulsó el botón de reinicio de la identidad humana, llevándonos de nuevo al Jardín para vislumbrar la vida hermosa y amorosa que se supone Adán vivió al principio (ver Romanos 5: 12-

---

[1] Ver la discusión del capítulo 9.

14; 1 Corintios 15: 21-22, 45-47). Una película sobre la vida de Cristo podría llamarse *Adán Parte 2: Un nuevo comienzo*.

Nunca hemos visto a Dios, pero Jesús nos muestra una imagen de él. Al mismo tiempo, nunca hemos visto realmente cómo se ve un ser humano perfectamente funcional, y Jesús nos muestra nuestro propio potencial. Él es, en ese sentido, la única persona que ha vivido una vida completamente humana. Esta es una de las razones por las que se le puede llamar "el camino" (Juan 14: 6): es el lugar de la comunión, el punto de conexión entre lo divino y lo humano, entre Dios y nosotros (también ver Juan 10: 7-10; 1 Timoteo 2: 5) y nos muestra con claridad vívida lo que podemos llegar a ser con la ayuda de Dios (ver Romanos 8: 29).[2]

En esta vida humana, vemos la realidad última bajo un microscopio. Jesús es como la realidad concentrada, no diluida por el pecado, el egoísmo y la religión. Cuando miramos a Jesús, estudiamos sus enseñanzas y seguimos su ejemplo, llegamos a conocer la verdad en forma encarnada (ver Juan 1: 14; 14: 6). Saber la verdad, por lo tanto, se convierte en un acto relacional en lugar de un mero ejercicio cognitivo. La verdad es una persona que debe conocerse, no una colección de hechos desencarnados que deban estudiarse.

A veces decimos cosas como: "te di mi corazón" o "déjame decirte lo que hay en mi corazón". Cuando Dios quiere "compartir su corazón" con nosotros, nos da a Jesús. Esta idea de que Dios nos da su corazón parece estar conectada con el concepto de que Jesús es el "Hijo" de Dios, el que nace de sí mismo. Considera lo que Juan, un discípulo de Jesús, escribe: "A Dios nadie lo ha visto nunca; el Hijo unigénito, que es

---

[2] Para el tema de Dios viviendo en y obrando a través de la crucifixión de Cristo, ver Romanos 5: 8; 2 Corintios 5: 19; Colosenses 1: 19-20. En Romanos 3: 21, el apóstol Pablo llama a Jesús *hilasterion*, una palabra griega que a veces se traduce como "banquillo de misericordia" o "cobertura de expiación" (ver Hebreos 9: 5), que hace referencia a la tapa del arca de la alianza entre los querubines, lugar sobre el cual la presencia divina descendía y hablaba con Moisés (ver Números 7: 89). Una vez al año, en el Día de la Expiación (*Yom Kippur*), el sumo sacerdote esparcía la sangre del sacrificio sobre el *hilasterion* para expiar los pecados de Israel (ver Levítico 16: 14-16). El *hilasterion*, entonces, representa el punto de contacto entre lo divino y lo humano, un lugar en el que el sacrificio se ofrecía y el perdón se recibía. Si Jesús es el *hilasterion*, entonces Dios se encuentra con nosotros a través de él, se convierte en el sacrificio a nuestro favor, nos ofrece misericordia y condena a la obsolescencia del sistema de perdón por la vía de los sacrificios. La cruz de Cristo es realmente ahora el "banquillo de misericordia".

Dios y que vive en unión íntima con el Padre, nos lo ha dado a conocer" (Juan 1: 18).

Juan dice que, de alguna manera, Jesús proviene del corazón de Dios (literalmente, seno o pecho) y entra en nuestras vidas. Así es como Dios quiere comunicarse con nosotros, volverse vulnerable con nosotros y mostrarnos quién realmente es.

Así como un artista "concibe" una idea, una escritora "pare" un libro, y un poeta "da a luz" su poema, de manera similar, el Hijo unigénito de Dios es el mensaje de amor de Dios nacido de su corazón y nacido en nuestro mundo.

Nuestra mascota tiene un problema. Somos una familia que ama a los perros, pero nuestro perro murió y lo reemplazamos con un hámster. *Bola de Nieve* es un buen chico en lo que respecta a los hámsteres, pero tenemos amor —demasiado— del tamaño de un perro y una mascota del tamaño de un hámster. Esto significa que *bola de Nieve* recibe mucha atención.[3]

Me temo que, aunque mi relación con Bola de Nieve es para con *todo* lo que él es, con su plenitud y su falta de claridad, su relación conmigo es realmente solo con mis manos. Cuando interactúo con él, no me mira a los ojos ni comparte un momento de ternura. Se sube a mis manos y busca las pasas. Si acaso piensa en la experiencia, estoy seguro que no es: "Aquí viene mi Guardián. Qué cara tan amable tiene. Se ve tan guapo. Me gusta mucho", sino, más bien: "Aquí vienen las manos. Me gustan las manos. Me dan comida". Ocasionalmente, mientras lo sostengo cerca de mi cara, tal vez piense: "De nuevo la nariz. No me importa la nariz. No me da nada".

Mi punto es que mis manos siguen siendo yo, pero no son *todo* mi ser. Sería estúpido decir que son algo distinto a mí, pero sería igualmente descabellado afirmar que son mi totalidad. Creo que Jesús es como la mano de Dios que se extiende para amarnos de una manera que

---

[3] Escribí esta ilustración antes de que adoptáramos a Toby, el perro maravilla de la familia. Bola de Nieve sigue recibiendo toneladas de atención, pero ya no sentimos la necesidad de atarlo a una correa para sacarlo a pasear.

podamos comprender. Cuando hablamos del "Hijo" de Dios, estamos usando un lenguaje simbólico para referirnos a ese aspecto de Dios que se hizo humano para revelar su corazón.

Los líderes religiosos que conocieron a Jesús se dieron cuenta del escándalo en que él se involucraba al afirmar que era el "Hijo" de Dios, y lo consideraron una blasfemia: "Así que los judíos redoblaban sus esfuerzos para matarlo, pues no solo quebrantaba el sábado sino que incluso llamaba a Dios su propio Padre, con lo que él mismo se hacía igual a Dios" (Juan 5: 18).

Decir que "Jesús es Dios" es verdad. Decir que es "una parte de Dios, pero de alguna manera distinta a Dios" también es cierto. Jesús les dijo a sus discípulos que "el Padre es más grande que yo" (Juan 14: 28). En otras palabras, lo que vemos en forma finita en Jesús es solo un vistazo de la grandeza que llamamos Dios.

Por sí mismo, el concepto de esto que llamamos "D-i-o-s" es desconcertante, enigmático y bastante intimidante. Pero si creo que el increíble amor, la gracia y la caridad que vemos en Jesús nos permiten vislumbrar ese poder infinito del cosmos, entonces el universo se convierte en un lugar más cálido para vivir.[4]

¿Eh? y R

1. ¿Cómo le responderías a alguien que preguntara por qué los cristianos primitivos se referían a Jesús como el "Hijo de Dios"?
2. Si tienes una Biblia, tómate el tiempo para leer Juan 1: 1-18.
   - ¿Qué versículo o frase te parece más relevante? ¿Por qué?

---

[4] La encarnación de Dios en cuerpo humano tiene implicaciones para los seguidores de Cristo de hoy. La enseñanza del Nuevo Testamento sobre que los que siguen a Cristo conforman el "cuerpo de Cristo" (1 Corintios 12: 27) no se reduce a una imagen poética. Es un llamado a manifestar el Espíritu de Cristo, el Espíritu del amor sacrificial de Dios al mundo en formas tangibles, demostrables, observables, concretas. Cuando tomamos decisiones con plena conciencia de sus costos a fin de invertir nuestras energías para ayudar a los necesitados y proveerles amistad a los solitarios, nos convertimos en la presencia física de Cristo para los demás mediante esas formas concretas dadoras de vida. Así empezamos realmente a vivir como hijos e hijas de Dios, como la manifestación física de Jesús en la tierra hoy en día —el Cuerpo de Cristo.

- Juan dice en el versículo 3 que Dios creó el mundo a través de la Palabra. ¿Cómo se compara esto con el relato de la creación de Génesis? ¿Dónde está "la Palabra" en esa historia (ver Génesis 1: 3, 6, 9, 11, 14, 20, 24, 26; Salmo 33: 6)?
- ¿Qué crees que es lo que Juan quiere decir en el versículo 9?
- ¿Cómo contrasta Juan el Antiguo Pacto (dado a través de Moisés) y el Nuevo Pacto (dado a través de Jesús)? ¿Cuáles son las implicaciones de ese contraste?

3. No podemos ver a Dios, pero Jesús lo revela. ¿Cómo podemos "ver" a Jesús hoy?

"Nadie ha visto jamás a Dios, pero si nos amamos los unos a los otros, Dios permanece en nosotros, y entre nosotros su amor se ha manifestado plenamente".
—1 Juan 4: 12

"Ahora bien, ustedes son el cuerpo de Cristo, y cada uno es miembro de ese cuerpo".
—1 Corintios 12: 27

CAPÍTULO 16

PALABRA DE DIOS

Cuando Jesús reveló la nueva Palabra al mundo, no escribió una carta ni un libro. Simplemente lo vivió. Él es la Palabra. Es Palabra cuando habla y cuando está en silencio, cuando está activo y cuando está quieto.

—Juan Michael Talbot

La mayoría de las religiones tienen algún tipo de Escrituras sagradas, lo que podría llamarse la "Palabra de Dios".

En los tiempos de Jesús, las Escrituras judías se llamaban la Torá, que significa "enseñanza" o "ley". Como ya hemos visto, Jesús trató la Torá como la Palabra de Dios, pero no como la Palabra final de Dios. En cambio, actuó como si su propia enseñanza, e incluso su propia vida, fueran el mensaje supremo de Dios para la humanidad. Jesús creyó que él era una Palabra encarnada de Dios que absorbía, aclaraba y detallaba todo lo que Dios había dicho antes (ver Mateo 5: 17). Lo que Dios había enseñado en la forma de la ley, Jesús ahora lo ilustraría en una vida humana, mostrando cómo encontrar los principios del amor incrustados dentro de los preceptos de la ley.

La vida de Jesús funciona como la ilustración a la que Dios echó mano para dar a entender todo lo que le había estado diciendo a la humanidad a lo largo de la historia. Es como si Dios hubiera dejado de enseñar las lecciones del mundo y dijera: "Esto es lo que quiero decir: ¡vean!". Cuando miramos a Jesús, vemos cómo deben ser todas las enseñanzas bíblicas cuando se viven de la manera que Dios lo hizo.

¿Alguna vez has estudiado un tema o escuchado una conferencia tan elucubrada que a tu mentes le cuesta seguirla? (¡Tal vez te haya sucedido en las secciones de este libro!). En algún momento, todo comienza a sonar como el maestro de escuela en una caricatura de Charlie Brown: en lugar de escuchar sus palabras, todo lo que escuchamos es una variación de "Wah wah wah wah wah wah wah". Sin ilustraciones, los conceptos pueden volverse tan incorpóreos y teóricos que nuestras mentes no logran conectarlos con la vida "real". Peor aún: si los conceptos que mantenemos en nuestras mentes nunca se elaboran de forma concreta, jamás se solidifican en ejemplos específicos, tendemos a redefinirlos a medida que avanzamos, generalmente de manera egoísta. Torcemos los valores y los principios que decimos que aprobamos para ajustarlos a nuestra propia voluntad como servidores de nuestras propias agendas. Algunos ejemplos:

Amor. (No el amor real, sino el concepto desencarnado representado por la palabra amor). Lo forzamos para ponerlo regularmente al servicio del egoísmo humano. Un hombre puede prometer amar a su esposa hasta la muerte, usando "amor" para referirse a un compromiso de por vida, una decisión de verter su vida en una relación específica. Pero ese mismo hombre podría tener un romance con otra mujer (llamando a sus actividades sexuales "hacer el amor") y luego decir que "ama" a esta nueva mujer. Con el fin de darle sentido a su comportamiento contradictorio, puede afirmar que se ha "desenamorado" de su esposa, la mujer a la que originalmente prometió amar para siempre, y que se ha "enamorado" de la otra persona. Se desenamora y se enamora. Este lenguaje de victimización ayuda a calmar cualquier culpa persistente ("no es mi culpa, no puedo evitar enamorarme"). Y así, deshace el compromiso de amor que hizo con su esposa para perseguir el "amor" con el nuevo objeto de su interés. En otras palabras, este hombre crea y recrea una definición fluida de amor que le sirve a su propia agenda egocéntrica.

Libertad. Se convierte en la bandera de las personas que eligen vivir vidas egoístas a costa de los demás. Utilizan su autoafirmada "libertad" para elegir un camino que conduce a adicciones destructivas, otra forma de encarcelamiento.

De manera similar, las religiones imponen reglas y regulaciones diseñadas para mantener a las personas en la senda angosta. Pero estas colecciones de reglas y tradiciones no abordan el problema real: nuestros corazones egoístas.[1] Cuando la ley se presenta como la única solución, los humanos pronto encuentran maneras de adaptarla a sus propias agendas, como lo demuestra nuestra sociedad litigiosa.

Pero hay una mejor manera.

Jesús les proporciona conceptos difíciles como el amor, la alegría, la fe y la paz la carne y los huesos que necesitan para volverse concretos. Él nos muestra cómo se ven cuando se expresan completamente en forma humana. Dios no solo usó palabras para revelar su verdad a la humanidad; conocía nuestra tendencia a moldear el significado de las palabras en torno a nuestras propias agendas. Jesús es el ejercicio de *mostrar-y-contar* (y no solo *contar*). Aprendemos más al observar su ejemplo que lo que cualquier libro o sermón nos pueda enseñar. De esta manera, Jesús es la "Palabra" de Dios.

Cuando uno de los discípulos más cercanos, el apóstol Juan, reflexionó sobre su vida con el Maestro, le sorprendió la idea de que toda la vida de Jesús era la "Palabra" de Dios para nosotros: "En el principio ya existía el Verbo, y el Verbo estaba con Dios, y el Verbo era Dios" (Juan 1: 1). Una palabra (verbo) es una unidad finita de comunicación. Según Juan, la Palabra de Dios no es solo un libro que Dios decidió escribir un día, sino el corazón de su esencia relacional. La "Palabra" de Dios representa el corazón de Dios que nos fue impartido (ver Juan 1: 18). Es el mensaje central que Dios quiere que recibamos: el mensaje de su amor. La Palabra de Dios es más que un libro de cosas para hacer y no hacer, deseos y deberes, historias y amenazas diseñadas para mantenernos en línea. La "Palabra" de Dios para la humanidad es Dios mismo.

Pero ¿cómo se revela a sí mismo? Juan continúa: "Y el Verbo se hizo hombre y habitó entre nosotros. Y hemos contemplado su gloria, la gloria que corresponde al Hijo unigénito del Padre, lleno de gracia y verdad" (Juan 1: 14).

---

1 Ver Jeremías 17: 9 y Marcos 7: 2023.

Y el *Verbo* se hizo *carne*.

Esta es una idea increíblemente revolucionaria. Cuando Dios abre su boca para comunicar su corazón a la humanidad, lo que sale como resultado es una *persona*. Su última revelación de la verdad a la humanidad no toma forma de argumento y afirmación, página e impresión, capítulo y verso, sino de persona (ver también Hebreos 1: 12). Jesús es la revelación máxima de Dios.

Su vida entera, entonces, es la "Palabra" de Dios para nosotros. Cuando el Creador del cosmos se convirtió en un feto, la Palabra se quedó sin palabras, pero no por eso dejó de ser la Palabra. Todo acerca de Jesús, todo lo que él hace y dice, es la Palabra de Dios para nosotros. Jesús no es solo la Palabra de Dios convertida en más palabras, sino que es la Palabra de Dios encarnada para que todos la vean.[2]

El Corán llama a los cristianos, como a los judíos, "el pueblo del Libro" (ver 3: 64; 9: 29; 29: 46). Muchos cristianos estarían de acuerdo con esa etiqueta, pero nace de un malentendido. Los seguidores de Cristo no conforman en realidad el pueblo del Libro, sino el pueblo de la Persona. Seguimos a Jesús, no a un libro que Jesús escribió. Marcus Borg explica esa profunda distinción:

> De hecho, una de las características definitorias del cristianismo es que encontramos la revelación de Dios principalmente en una persona. Esta es una afirmación única entre las principales religiones del mundo. Para el judaísmo y el islam, aunque Moisés y Mahoma son receptores de revelación, Dios no se revela a través de ellos como personas, sino que lo hace en las palabras de la Torá y del Corán. Así también en el budismo: el Buda como persona no es la revelación de Dios; más bien, las enseñanzas de Buda revelan el camino hacia la iluminación y la compasión.

---

[2] Observa el tiempo presente permanente en Romanos 5: 8.

Pero el cristianismo encuentra la revelación primaria de Dios en una persona.³

Síganme. Confíen en *mí*. Vengan a *mí*. *Yo* soy la verdad, dice Jesús.

La implicación es importante. Leer, estudiar y entender la Biblia no es la meta de un seguidor de Cristo. El conocimiento de la Biblia es solo un primer paso hacia la meta de seguir a Jesús. Según Thomas Adams, "la Biblia es para nosotros lo que la estrella fue para los sabios; pero si pasamos todo nuestro tiempo observándola, observando sus movimientos y admirando su esplendor sin que nos guíe a Cristo, perderemos su valor".⁴

Este método de comunicarse a sí mismo a través de la persona de Cristo en lugar de a través de un libro sagrado siempre escandalizará a los líderes religiosos. Los "expertos" religiosos (aquellos que han dedicado su vida al estudio académico de un libro) pueden no ser expertos en la relación a la que apunta la Biblia, y otros que son novatos en el estudio académico pueden "conocer" a Jesús mejor que muchos líderes religiosos. Quizás esto era lo que Jesús señalaba cuando dijo: "Les aseguro que a menos que ustedes cambien y se vuelvan como niños, no entrarán en el reino de los cielos" (Mateo 18: 3).

Los niños no pueden descubrir la verdad a través del estudio académico de alto nivel, pero pueden confiar en una persona así como en cualquier adulto educado. Quienes quieran seguir el camino de Jesús deben decidir si se centrarán exclusivamente en las palabras de la Biblia como su máxima autoridad o si su guía son la Persona de Jesús y los principios que se encuentran detrás de esas palabras.

Dios no solo escribió un libro acerca de cómo trabaja en la historia. Dios trabajó en la historia, y luego la gente escribió un libro al respecto.⁵ Nuestro deseo no debe ser simplemente conectarnos con el

---

3 Borg, *El corazón del cristianismo*, p. 80. (Traducción del original citado por el autor. Nota del traductor).
4 Thomas Adams, http://www.zaadz.com/quotes/Thomas_Adams.
5 Yo creo que Dios "encargó" que el libro fuera escrito —su origen no es sola ni simplemente hu-

libro de Dios, sino con el mismo Dios que trabaja en la historia. ¡Y esto debería incluir el trabajo que hace en *nuestra* historia hoy!

William Barclay escribió:

> Hubo un error en el que la iglesia primitiva nunca estuvo en peligro de caer. En aquellos primeros días, los hombres nunca pensaron en Jesucristo como una figura en un libro. Nunca pensaron en Él como alguien que había vivido y muerto, y cuya historia fue contada y pasada a la historia, como la de alguien que había vivido y cuya vida había terminado. No pensaron en Él como alguien que había sido, sino como alguien que es. No pensaron en Jesucristo como alguien cuya enseñanza debía ser discutida y debatida; pensaban en Él como alguien cuya presencia podía disfrutarse y cuya comunión constante podía experimentarse. Su fe no fue fundada en un libro; su fe fue fundada en una persona.[6]

La Biblia es como un mapa del tesoro que señala el camino a Jesús. Pero con frecuencia los cristianos tratamos el mapa como si fuera el tesoro en sí y, cuando lo hacemos, perdemos por completo el tesoro.

Al principio, esto puede sonar como si aquí hubiera una doble agenda. "¿Qué quieres decir con que debemos seguir a Jesús y no a la Biblia? ¿No tenemos que leer la Biblia para aprender acerca de Jesús?". Por supuesto que sí. Y aquí está mi punto: si seguir a Jesús es nuestro objetivo, la forma en que leemos, interpretamos y aplicamos la Biblia va a cambiar radicalmente.

Los seguidores de Cristo no aprecian la Biblia por su valor inherente sino por su valor derivado. Su valor proviene del tesoro que nos señala. Jesús enseñó que el propósito de las Escrituras hebreas, la Biblia

---

mano, sino que allí operó una sociedad humanadivina, lo que es siempre el *modus operandi* de Dios (ver 2 Timoteo 3: 16-17). Pero la palabra de Dios perdurable, eterna y preexistente nos viene de su corazón en Jesús, no en la Biblia (ver Juan 1: 1, 14, 18).

6 Barclay, *The Mind of St. Paul [El pensamiento de San Pablo]*, p. 87.

de su época, era servir como indicadoras de, tal como lo ilustran los siguientes dos pasajes:

> Entonces, comenzando por Moisés y por todos los profetas, les explicó lo que se refería a él en todas las Escrituras. (Lucas 24: 27)
> (Luego dijo:)
> —Cuando todavía estaba yo con ustedes, les decía que tenía que cumplirse todo lo que está escrito acerca de mí en la ley de Moisés, en los profetas y en los salmos.
> Entonces les abrió el entendimiento para que comprendieran las Escrituras.
> —Esto es lo que está escrito —les explicó—: que el Cristo padecerá y resucitará al tercer día. (Lucas 24: 44-46)[7]

Jesús afirma que la Biblia siempre lo ha señalado —y especialmente a su crucifixión— como el centro de su misión. La cruz es la X en el mapa del tesoro. Si Jesús creyó que el Antiguo Testamento (esa parte de la Biblia escrita antes de él) ya había revelado su mensaje y su misión, entonces esto es indudablemente cierto en el Nuevo Testamento (aquellos libros escritos explícitamente sobre Jesús por sus seguidores).

La Biblia misma afirma que antes de que Dios guiara a su pueblo a través de la Ley Mosaica, la Torá *escrita*, él caminó y habló con ellos en el jardín, los llamó desde una zarza ardiente, los guió como una columna de nube y una columna de fuego, y en ocasiones se les aparecía de incógnito, en forma de hombre. Dios ya había hecho apariciones *personales antes*.

Así que la Palabra escrita de Dios no es un sustituto de la Palabra hecha carne, Emmanuel, "Dios con nosotros" (Mateo 1: 23). Los preceptos de Dios no sustituyen a su Espíritu, que sigue siendo Dios con nosotros y dentro de nosotros (véase Juan 14: 16-18, 26; 16: 12-14;

---

[7] Ver también Mateo 5: 17, en donde Jesús asegura ser el cumplimiento de los propósitos de la Biblia.

Hechos 1: 8; Romanos 8: 26-27).

Sí, las personas religiosas a menudo confunden el mapa del tesoro con el tesoro. A estas, Jesús les dice: "Ustedes estudian con diligencia las Escrituras porque piensan que en ellas hallan la vida eterna. ¡Y son ellas las que dan testimonio en mi favor! Sin embargo, ustedes no quieren venir a mí para tener esa vida" (Juan 5: 39-40).

¿Eh? y R

1. ¿En qué se diferencia el concepto del Nuevo Testamento de que Jesús es la Palabra de Dios del concepto musulmán de que el Corán es la Palabra de Dios? ¿En qué sentido es similar? ¿De qué manera son los cristianos "el pueblo del Libro" y de qué manera no lo son?
2. Si Jesús es la "Palabra de Dios", ¿qué papel debe jugar la Biblia en nuestras vidas? Considerar a Jesús como la Palabra, ¿en qué medida puede ajustar nuestros acercamientos a la Biblia?

"En el principio ya existía el Verbo,
y el Verbo estaba con Dios,
y el Verbo era Dios.
Él estaba con Dios en el principio.
Por medio de Él todas las cosas fueron creadas;
sin él, nada de lo creado llegó a existir.
En él estaba la vida,
y la vida era la luz de la humanidad.
Y el Verbo se hizo hombre y habitó entre nosotros. Y hemos contemplado su gloria, la gloria que corresponde al Hijo unigénito del Padre, lleno de gracia y de verdad".
—Juan 1: 14, 14

CAPÍTULO 17

AMOR EN LUGAR DE LEY

Mientras una relación esté regida por el amor, el Estado de Derecho queda obsoleto.

—Robert Bilmont

Parece que casi todos se conectan intuitivamente con la sabiduría de la regla de oro.

Hace unos años, cuando viajábamos por Estados Unidos, Nina y yo nos quedamos en un pequeño hotel pintoresco administrado por una mujer encantadora. Cuando descubrió que era pastor, se apresuró a anunciar que era una atea comprometida. Su anuncio no fue: "Soy atea, así que ni siquiera intente hablarme de Dios, señor predicador", sino más bien como "Soy atea y tú eres pastor; creo que podríamos tener algunas discusiones divertidas". Saboreando el té, se tomó el tiempo de explicar por qué había rechazado a todas las religiones e incluso a Dios mismo. Había creído en Dios hace tiempo, pero sufrió mucho dolor relacional en su vida. Cuando parecía que Dios no hacía nada para ayudarla, incluso después de orar fervientemente, decidió que había terminado con esa creencia "inútil". "No tengo ninguna necesidad de Dios, *y especialmente ninguna de Jesús*", enfatizó. Luego, con un estilo dramático que anunciaba que algo misterioso se revelaría pronto, dijo: "Tengo una enseñanza simple que me da toda la orientación que necesito".

"Qué bien. Me persuades. Cuéntame sobre esta enseñanza", le dije. Me llevó a otra habitación y me mostró una declaración enmarcada, colgada en su pared: *Haz a los demás lo que quieres que te hagan a ti*. "Eso es todo lo que necesitas", dijo. "Sigue eso y te irá bien en este mundo". Asentí con la cabeza y le pregunté si sabía de dónde provenía esta increíble enseñanza. No lo sabía, aunque pensó que tal vez todas las religiones lo decían de una manera u otra. Le expliqué que solo Jesús enseñó esta afirmación de la forma en que la tenía enmarcada en su pared, como un llamado positivo de atención. Esta atea apasionada con su "especialmente no necesidad de Jesús" estaba citando y orientando su vida en torno a la enseñanza central de Jesús. Nos reímos juntos y reconocimos que, de alguna manera, los dos estábamos comprometidos con ser seguidores de Cristo, incluso si ella no creía en el Dios del que hablaba Jesús. Hubo algo que ambos sentimos hasta nuestros huesos como verdadero: esta enseñanza de Jesús cambia la vida cuando es seguida, cambia el mundo cuando la siguen suficientes personas. "Así que en todo traten ustedes a los demás tal y como quieren que ellos los traten a ustedes. De hecho, esto es la ley y los profetas" (Mateo 7: 12).

En el capítulo 7, hablamos sobre cómo Jesús delinea este principio de sabiduría universal en términos de un llamado positivo a la acción. Otros maestros religiosos habían enseñado que no deberíamos hacer cosas a las personas que no quisiéramos que nos hicieran a nosotros. Jesús es el único que nos llama a tomar la iniciativa para hacer a los demás lo que nos gustaría que nos hicieran si estuviésemos en su lugar. Esta orientación positiva centrada en el otro es el amor en acción. Quiero seguir un poco más con esta idea.

Mis amigos wica tienen un dicho que resume su código de ética: no dañen a nadie y hagan lo que quieran. En otras palabras, siempre que sus acciones no sean dañinas para los demás, ustedes son libres de actuar de acuerdo con sus propios deseos, sean cuales fueren. Este sentimiento es un gran primer paso, pero no es exactamente "amoroso". El amor está centrado en el otro y orientado a la acción. De acuerdo con Jesús, no basta con ser lo suficientemente bueno como para NO hacer lo malo, ¡debemos buscar oportunidades para hacer el bien de manera activa! Debemos buscar oportunidades para expresar el cuidado práctico y la preocupación amorosa por los demás que nos gustaría que ellos y ellas nos expresaran. Esta es una reorientación radical de la moralidad para muchas personas, religiosas o no. Poner el énfasis de la moral personal en *no* dañar a nadie, como hacen muchas religiones, es ayudar a las personas a graduarse en la misma moral que puede tener una piedra. Una roca no hace daño a nadie, simplemente se sienta allí, sin hacer nada. Pero nosotros estamos hechos para amar.

El verano pasado, mis hijas fueron a un nuevo campamento diurno que mezcla intencionalmente a los acampantes con discapacidades intelectuales y físicas con niños sin discapacidades obvias. Les pedí a mis chicas que cada día encontraran maneras de amar a los demás como ellas quisieran ser amadas. Les expliqué que no ser malo con nadie no era un objetivo lo suficientemente bueno. Yo quería que cada día encontraran formas para ser un estímulo para los demás a su alrededor. Les expliqué que, como seres humanos, nuestra moralidad debería ir más allá de la de una roca. Así que creamos un Código Cavey para el amor: *Rock On*.[1] Cada día, mientras Nina y yo las dejábamos en el campamento, como familia manteníamos los puños en alto y decíamos ¡Rock On! Al final del día, compartíamos historias de cómo habíamos tomado la iniciativa, en el campamento o en el trabajo, para mostrarles amor a los demás de manera práctica. Este es el desafío de Jesús para aquellos que lo siguen: "Encuentren maneras de ir más allá de evitar hacer el mal y tomen la iniciativa en el amor hacia los demás. Vayan más allá de la moralidad de una piedra. ¡*Rock On*!"

Recientemente, escuché una conferencia a cargo de un maestro espiritual bastante exitoso en la que habló de cuánto admiraba a los hombres santos de ciertas religiones que, como expresión de piedad, simplemente no hacen nada. Pasan sus días en meditación, aprendiendo a no hacer nada en absoluto como un regalo para la humanidad. Son un ejemplo del valor de estar quietos, dijo. Deben ser admirados por haber alcanzado un estado de verdadera quietud, verdadero vacío.

---

[1] Juego de palabras con el verbo *to rock*, literalmente *sacudir*, que también lleva la connotación de "causar gran impresión" y se usa para estimular a alguien. *Rock On!* es una expresión de estímulo, ánimo y desafío que el autor aprovecha por su relación con *rock* (piedra, roca) en su cuestionamiento a "la ética de una piedra" (nota del traductor).

"¡Si tan solo pudiéramos llegar a ser como ellos!", dijo este maestro espiritual. Entendí a dónde quería llegar, pero no había forma en que yo pudiera estar de acuerdo. Claro, si el sufrimiento es una ilusión y todos estamos soñando con nuestra propia personalidad, entonces la quietud es un enfoque de vida tan bueno como cualquier otra cosa. Pero en un mundo como el nuestro, donde las personas reales se lastiman de muchas maneras concretas, necesitamos hacer más que seguir siendo una piedra. Necesitamos *Rock On*.

En la cultura occidental, incluso aquellas personas que desean crecer en su capacidad de amar, a menudo se enredan en cuestiones egocéntricas. Por ejemplo, Jesús dijo claramente: "Ama a tu prójimo como a ti mismo" (Mateo 22: 39), pero muchas personas de hoy usan esta enseñanza como un estímulo adicional para enfocarse en el requisito implícito de amar a nuestro prójimo: el amor *propio*. Su pensamiento es así: "No puedo amar bien a los demás a menos que aprenda a amarme a mí mismo, así que mejor me centraré en amarme mejor a mí mismo". Y así continúa el ciclo del narcisismo. Pero Jesús no enseña que debemos aprender a amarnos mejor a nosotros mismos: *el amor propio se asume*. Si tenemos sed, conseguimos algo de beber. Si tenemos hambre, nos alimentamos. Si nos sentimos incómodos, cambiamos nuestra posición. Naturalmente, pensamos en nosotros mismos todo el tiempo.[2] Jesús, asumiendo el amor propio como una realidad fundamental, nos alienta a ir más allá del egocentrismo para que nos centremos en el otro.

Fuimos creados para una amistad íntima con Dios que se forma con el tiempo a medida que tomamos decisiones juntos. Las amistades saludables no necesitan contratos ni listas de reglas que gobiernen la relación. El respeto mutuo y el amor las gobiernan bastante bien. Mientras ambas personas estén *orientadas la una hacia la otra* en el amor centrado en el otro, la relación se desarrollará naturalmente sin que ninguna de las dos personas tenga que convertirse en un administrador

---

[2] El apóstol Pablo asume lo mismo en Efesios 5: 29. Yo entiendo que algunas personas con ciertas condiciones mentales no aman ellas mismas de manera saludable, pero ese no es el punto que Jesús busca resaltar cuando habla del amor propio.

de sistemas.

Cuando me casé con Nina, prometimos amarnos, honrarnos y cuidarnos mutuamente por el resto de nuestras vidas. Nuestra orientación era *uno hacia el otro*, por lo que no tuvimos que elaborar un contrato con reglas detalladas sobre cómo sería esa relación amorosa. No necesitábamos una regla que dijera: "Si una de las partes del matrimonio llegará tarde a cenar, deberá llamar a la otra parte dentro de un tiempo razonable". Y, sin embargo, si uno de nosotros iba a llegar muy tarde para la cena, solo llamaba, simplemente porque eso es lo que hace una orientación *centrada en el otro*. Nuestra orientación relacional es *de uno hacia el otro*. Es muy diferente de, digamos, un contrato comercial en el que cada parte está esencialmente orientada, *alejada* de la otra, ya que la ganancia personal suele ser la motivación principal en tales transacciones. En los negocios, se necesita la letra pequeña. En el matrimonio, la letra pequeña mata la relación. Saber la diferencia es crucial. Cuando hay amor, no hay necesidad de ley, porque "el amor es el cumplimiento de la ley" (Romanos 13: 10).

Veamos otro ejemplo. Si mi esposa o yo fuéramos a golpear al otro o abusáramos del otro verbalmente, nos responsabilizaríamos mutuamente por estas acciones. Nunca escribimos reglas en nuestros votos matrimoniales sobre el abuso físico o verbal, pero no nos preocupa porque nuestra relación se basa en el amor y no en la ley. "El amor —escribió N. Kenneth Rideout— cumple todas las responsabilidades morales y éticas del uno hacia el otro".[3]

Las relaciones basadas en reglas fomentan la moralidad mínima. Yo tiendo a conducir un poco por encima de los 100 km/h en la carretera entre mi casa y mi oficina. Curiosamente, aunque el *límite* de velocidad es de 100 km/h, lo excedo. Aun así, solo lo supero por el pequeño margen que me permitiría librarme de una multa. En el fondo de mi mente, especialmente cuando me apresuro a una cita que me parece importante, surge la pregunta: ¿Qué tan rápido puedo ir y aún ser ignorado por la policía? Debo admitir que mi atención no se centra en amar

---
3 Rideout, *The Truth You Know You Know*, p. 6.

a otros conductores cuando viajo a una velocidad segura y cortés, sino en el cumplimiento de la ley y en la medida en que puedo acomodarla.[4] La ley tiende a cultivar una mentalidad de *cómo-me-puedo-escapar*. Esto, a su vez, fomenta la moralidad egocéntrica: vivir de cierta manera para que no tengamos que pagar la multa ni ir a la cárcel. La ley sirve para mantener a una sociedad en línea, pero no para transformar el mundo.

Ten en cuenta que, cuando se trata de la velocidad en la carretera, el enfoque de mi interacción con la ley es cuánto, dentro de lo razonable, puedo *exceder* el límite de velocidad, no cuán *debajo* del límite puedo mantenerme. La verdad fascinante es que los humanos tendemos a reaccionar a la ley preguntándonos qué tan *lejos* podemos excedernos de manera segura. Esto plantea otro problema con esa mentalidad que se nutre de la ley. Paradójicamente, la ley cultiva una tentación creciente (algo que el apóstol Pablo señala en Romanos 7). Una ley puede convertirse en el equivalente moral de un desafío de la infancia. Por ejemplo, cuando alguien está parado en un ascensor y ve un cartel pegado a la pared que dice: "Pintura fresca. No tocar", ¿qué es lo que desea hacer de inmediato? Exactamente.

Sí, necesitamos leyes que regulen nuestras sociedades porque nosotros no amamos automáticamente como deberíamos. Pero en las relaciones verdaderamente amorosas, ya sean las de un matrimonio, una amistad o nuestra relación con Dios, la ley siempre está en la banca. Un buen sustituto, pero secundario.

A lo largo de la Biblia, Dios compara la relación que desea tener con su pueblo con el matrimonio. Esto tiene sentido ya que el matrimonio es la máxima relación humana donde el amor reemplaza completamente a la ley.

Cuando *entramos* en un matrimonio, nuestra orientación debe

---

4 De igual manera, cuando estaciono junto al parquímetro, intento colocar solo la cantidad suficiente para el tiempo que voy a ocupar ese espacio. Nunca se me ocurre depositar una cantidad extra como para que otras personas que vengan después de mí puedan usar el excedente. Y eso que siempre me alegro cuando llego a un sitio y descubro que el parquímetro sigue marcando una buena porción de tiempo disponible. Cada vez que mi mente se pone en "Modo Ley" antes que en "Modo Amor", todo el universo gira en torno a mí.

ser *hacia* nuestra pareja, por lo que solo debemos prometer amar y luego pasar el resto de nuestras vidas resolviendo cómo es esa relación amorosa. Ten en cuenta que ese amor se basa en la promesa, en la elección, en el compromiso, en el pacto; no en la emoción. En los ritmos cotidianos de la relación, una pareja expresa sus deseos (no reglas) y la otra responde con entusiasmo debido al amor centrado en el otro que comparten. Mi esposa, por ejemplo, concentra todo su estrés en los hombros, por lo que a menudo me pide que le dé un masaje. No lo hago porque hayamos establecido una regla que me *obligue* a hacerlo, sino porque quiero responder positivamente a sus necesidades y deseos. Así es como funciona una relación de amor entre adultos: es una atención centrada en el otro que responde a los deseos y necesidades, sin reglas a la vista.

Eso sí, cuando se *sale* de un matrimonio, todo cambia. Cuando se produce un divorcio, la orientación de las personas *se aleja* de su pareja, por lo que los detalles de la ley ocupan un lugar central. La ley y el amor son dos formas de ser completamente diferentes, análogas a la diferencia entre los votos matrimoniales y los acuerdos de separación.

Jesús enseñó que todo lo que Dios quiere para su relación con nosotros es lo que debe darse en cualquier matrimonio: una relación amorosa, centrada en el otro y libre de la ley. Sin dudas, nuestra relación con Dios puede ser más que cualquier matrimonio humano, pero definitivamente no debería ser menos.

¿Eh? y R

1. Hagamos una lluvia de ideas. Este capítulo brinda algunos ejemplos de los problemas que pueden surgir cuando funcionamos en Modo Ley en lugar de Modo Amor. ¿Cuáles son algunos otros ejemplos de las diferentes situaciones de la vida en los que funcionar de acuerdo con la ley crea problemas? ¿El colegio? ¿El trabajo? ¿La familia?
2. ¿Cuáles son algunos de los riesgos de llamar a las personas a vivir por amor en lugar de por ley? ¿Puedes pensar en ejemplos? ¿Crees que

vale la pena el riesgo?
3. Algunas formas de religión hacen de un estado mental de iluminación su objetivo principal. Los devotos pueden pasar un gran porcentaje de su tiempo en la tierra tratando de perfeccionar un estado específico de conciencia a través de la meditación, la quietud y diversas formas de privación. ¿Cuáles podrían ser algunos de los efectos positivos de esta forma de práctica religiosa? ¿Cuál podría ser el inconveniente de este tipo de búsqueda religiosa?
4. En Mateo 12: 18, Jesús les ofrece a los líderes religiosos de su época algunos ejemplos de las Escrituras que ellos afirman como sagradas y que muestran que Dios se deleita en que su pueblo priorice el amor por encima de la ley. Luego, en los siguientes versículos (Mateo 12: 9-14), proporciona su propio ejemplo. Cuando tengas una Biblia a mano, lee el pasaje. ¿Qué versículo te parece más destacable? ¿Por qué? ¿Qué es lo subversivo acerca de las declaraciones de Jesús en los versículos 6 y 8? ¿Por qué crees que los líderes religiosos se resistieron a la enseñanza de Jesús?

"Lo que pido de ustedes es amor y no sacrificios, conocimiento de Dios y no holocaustos".
—Oseas 6: 6

CAPÍTULO 18

DE REGRESO AL JARDÍN

Somos polvo de estrellas, somos de oro, y tenemos que volver al jardín.

—Joni Mitchell

El libro más vendido del mundo, uno que la mayoría de la gente lo relaciona con la religión, comienza por establecer lo que debería haber sido un mundo sin religión. Los capítulos iniciales de la Biblia describen ese mundo como el diseño original de Dios. La religión no era parte de la vida en el jardín, y Dios no nos diseñó para eso.

Desde un punto de vista bíblico, la religión es un desarrollo posterior y tuvo resultados mixtos. En el mejor de los casos, el camino de las reglas y los rituales le brindó una ayuda extra (ver Mateo 19: 8) a la gente que aún no estaba sensibilizada a la presencia relacional de Dios. En el peor de los casos, el camino de las reglas y los rituales se entrometió en las vidas espirituales de la gente y las distrajo de la relación con Dios en lugar de conducirlas hacia allá (ver Romanos 7: 4-11; 2 Corintios 3: 5-7).

Independientemente de si tomamos o no la historia de Adán y Eva como historia o como metáfora, la ausencia de rituales y rutinas religiosas en su relato es clave para entender el resto de la Biblia. Al principio, se nos dice que Dios creó a los seres humanos para una relación íntima con él y con los demás (ver Génesis 2: 18-25). Juntos, la gente y Dios, vivieron en conexión profunda, cocreando una nueva vida (ver Génesis 1: 26-27) y cuidando la creación (ver Génesis 2: 15).

> Y dijo Dios: "Hagamos al ser humano
> a nuestra imagen y semejanza.
> Que tenga dominio sobre los peces del mar,
> y sobre las aves del cielo;
> sobre los animales domésticos,
> sobre los animales salvajes,
> y sobre todos los reptiles
> que se arrastran por el suelo."
> Y Dios creó al ser humano a su imagen;
> lo creó a imagen de Dios.
> Hombre y mujer los creó,
> y los bendijo con estas palabras:
> "Sean fructíferos y multiplíquense;
> llenen la tierra y sométanla...". (Génesis 1: 26-28)

Dios podría haber hecho un mundo autosuficiente en el que pasáramos nuestros días como consumidores pasivos en lugar de contribuyentes. Pero un mundo así no es apropiado para seres creados para reflejar la imagen divina. Somos seres creativos por naturaleza, hechos a imagen y semejanza del Creador. Nos hicieron para que desplegáramos nuestra creatividad divina en la Tierra como sus representantes y cuidáramos con ternura a toda la creación. Por lo tanto, era natural que Dios les manifestara su presencia a Adán y Eva de manera humana, ya que la humanidad refleja su propia imagen y semejanza (ver Génesis 1: 26; 3: 8). En el Edén, vemos a Dios y a la gente, al Creador y a la creación, caminando y hablando juntos en la brisa de la noche, viviendo la vida en una relación íntima. Esta es la vida que Dios quiso para nosotros.

Durante un largo tiempo, la gente ha asumido que la *religión* es la forma en que nos conectamos con Dios, y que la *relación* es la forma en que nos conectamos con las personas. La lección original de la Biblia es que nuestra conexión con Dios debe ser mucho más parecida a las relaciones con otras personas: íntimas, sin guion, auténticas.[1]

---

1 Sí, la Biblia da cuenta de una regla que Dios les dio a Adán y a Eva: "... del árbol del conocimiento

Las personas pueden utilizar los rituales y las rutinas, las instituciones y las organizaciones como expresiones significativas de fe genuina, pero no deben confundirse con la sustancia de esa fe. Los profetas del Antiguo Testamento llamaron en reiteradas ocasiones a Israel "a un regreso al jardín", de vuelta a "caminar con Dios" de manera relacional, apasionada y activa. Dios no estaba en contra de los gestos simbólicos y los rituales; él quería que esos gestos se enriquecieran con un significado real, respaldado por vidas de misericordia, justicia, pasión y amor. Dios es como un amante que no solo quiere recibir flores, sino que, además, vayan acompañadas de una actitud de verdadero amor y servicio.

> ¿Cómo podré acercarme al Señor
> y postrarme ante el Dios Altísimo?
> ¿Podré presentarme con holocaustos
> o con becerros de un año?
> ¿Se complacerá el Señor con miles de carneros,
> o con diez mil arroyos de aceite?
> ¿Ofreceré a mi primogénito por mi delito,
> el fruto de mis entrañas por mi pecado?
> ¡Ya se te ha declarado lo que es bueno!
> Ya se te ha dicho lo que de ti espera el Señor:
> Practicar la justicia,
> amar la misericordia,
> y humillarte ante tu Dios! (Miqueas 6: 6-8)

---

del bien y del mal, no (deberán) comer". ¿Por qué la norma? ¿Y, para empezar, por qué ese árbol está ahí? Yo creo que la respuesta está en la naturaleza del amor. El amor verdadero necesita opciones. Si el amor no es elegido libremente, no es amor. Por ejemplo: si yo fuera el último hombre sobre la tierra, y mi esposa me dijera: "Bruxy, tú eres el hombre para mí", muy difícilmente conmovería mi corazón. Lo bello del amor es que, dadas las otras opciones, la amante aun así opta por su amado. Dios escogió a Adán y a Eva. Él podría haber creado a alguien más, pero los escogió a ellos, así como nos escoge a nosotros (ver Efesios 1: 4). Para que ellos reflejaran completamente la imagen de Dios y lo amaran así como Dios los amaba, tenían que tener la oportunidad de escoger un camino diferente. Desde luego, cualquier opción que nos aleje de Dios antes que acercarnos a él termina por conducirnos a alguna forma de muerte, ya que Dios es la fuente de toda vida. Pero Dios no forzó a Adán ni a Eva a que escogieran la vida, pues, de haberlo hecho, la de ellos no hubiera sido una opción real. Para profundizar más sobre esa norma en el jardín del Edén, por qué Adán y Eva no la observaron y sus resultados duraderos, ver Gregory Boyd, *Repenting of Religion* [*Arrepentirse de la religión*].

Caminar con Dios. Hacer la vida juntos. Estar de forma conciente con Dios en las experiencias diarias de nuestras vidas. Esa es la fe, la confianza que es la base de cualquier asociación intencional. Al colocar a Adán y Eva en un "jardín" (Génesis 2: 8, 15), Dios estaba llamando a toda la humanidad a asociarse con él para cuidar la creación.

Un jardín es un lugar de encuentro entre la naturaleza y la cultura humana. Refleja tanto la creatividad divina como la humana, a diferencia de los extremos de una ciudad por un lado y un bosque (o selva, dependiendo de qué tan tropicales sean tus gustos) por el otro. Génesis nos muestra que el diseño original de Dios era una relación íntima y decidida entre él y la humanidad, expresada a través de una asociación cocreativa. Como John Lennon, Dios imaginó un lugar sin religión. Lo llamó Edén y lo hizo existir.

Si es verdad que un mundo sin religión fue el diseño original de Dios, entonces también es verdad que un mundo sin religión es el objetivo final de Dios para nosotros. Desde una perspectiva bíblica, la salvación no se trata en última instancia de ir al cielo como un espíritu incorpóreo, sino de la renovación de toda la creación en lo que debería haber sido en primer lugar (ver Isaías 11: 19; 55; Romanos 8: 18-25; 2 Pedro 3: 13). Así como Adán y Eva caminaron y hablaron directamente con Dios en el jardín sin que ninguna institución religiosa intermediaria se interpusiera, así dice la Biblia que el deseo de Dios para nosotros es volver a experimentar una intimidad cara a cara consigo mismo (vea 1 Corintios 13: 12).

En el libro de Apocalipsis, capítulos 21 y 22, se describe el estado final de la humanidad, y no es lo que podríamos esperar. Sin nubes, sin arpas, sin queso crema. En cambio, la Biblia dice que estamos en un viaje de regreso al mundo, a *ese* mundo, como Dios originalmente quiso que fuera. El autor enfatiza el hecho de que en ese mundo feliz no hay templo (ver Apocalipsis 21: 22). Como ya hemos discutido, el templo era la institución que conectaba a las personas con Dios en el Israel del siglo I, el foco de los rituales de sacrificio y limpieza. Pero en ese estado final, dice el libro de Apocalipsis, Dios mismo actuará como el templo. No más formas, no más estructuras, no más rituales para conectarnos con Él. La historia de la Biblia, entonces, es la historia de los muchos desvíos y más desvíos tomados por la humanidad en su camino de regreso a la unión íntima con Dios, y las muchas maneras en que él nos ayuda en el camino. En última instancia, es la historia de Dios que no solo *revela* un camino, sino que *se convierte* en el camino de regreso al jardín. Este es el significado de Jesús. Un día lo logrará para toda la creación, pero mientras tanto, podemos comenzar a experimentar esta intimidad ahora.

Entonces, cuando Jesús llega a la escena, le señala al pueblo el regreso al jardín, recordándoles con regularidad a los líderes religiosos la forma en que originalmente se suponía que fuera el mundo (ver Mateo 19: 19). Dice que Dios nos está llamando a nuestro estado original de relación íntima y creativa con él mismo y con los demás *directamente*, sin la necesidad de las tradiciones mediadoras de la religión.

Jesús va al extremo y asevera que incluso la ley que Dios le dio a Israel por un período de tiempo (registrado en lo que los cristianos llamamos el "Antiguo Testamento") fue el compromiso de Dios con la humanidad debido a lo que él llama nuestra "dureza de corazón" (Mateo 19: 8).[2] En otras palabras, las personas se habían vuelto demasiado egocéntricas y atrofiadas para las relaciones y, por lo tanto, sin la capacidad de relacionarse de forma sanas con Dios y entre ellas, libres de directivas, rituales y rutinas. Así que la vida basada en reglas puede haber tenido un papel que desempeñar durante un tiempo, pero es parte del pasado.

¿Eh? y R

---

[2] Resulta irónico observar que el término específico de la Torá que se cuestiona en Mateo 19 es una concesión a Deuteronomio 24 que rebaja el estándar de moralidad. El camino del amor que Jesús proclama siempre *levanta* el patrón ético. Observen, y esto es importante, la implicación de la enseñanza de Jesús en esta situación. Si Jesús responsabiliza a la dureza del corazón humano por los bajos estándares morales del Antiguo Testamento, y simultáneamente desafía a sus seguidores a un estándar más alto, la implicación es que Jesús ofrece un remedio para la condición del corazón humano. A ese remedio lo llama Espíritu Santo.

1. En lugar de poner a Adán y Eva en una ciudad o en una jungla, Dios eligió colocarlos en un jardín, un lugar de asociación entre la creatividad divina y la humana. He oído decir que cada vez que Dios decide que quiere hacer algo en la historia, su pensamiento es "¿Con quién puedo hacerlo?". Para Dios, todo gira en torno a una relación. Piensa en las historias bíblicas que involucran a Abraham, Moisés, Josué y Jesús. (Si no estás lo suficientemente familiarizados con la Biblia, solo omite esta pregunta).
   - ¿Cómo muestra Dios su deseo de asociarse con las personas en cada una de esas historias?
   - ¿Puedes pensar en otros ejemplos bíblicos en los que Dios se asocia con personas?
   - ¿De qué manera podría Dios querer asociarse contigo para lograr grandes cosas?
2. Nos dejaron a cargo del planeta y ya vemos el desastre que hemos hecho. ¿Por qué crees que muchas personas religiosas tienden a no dedicar sus energías al cuidado de la creación?
3. Jesús dijo que las leyes del Antiguo Testamento eran necesarias debido a nuestra "dureza de corazón". Y no se quedó en esas declaraciones. Además, tomó la iniciativa para deshacer, desafiar y anular esas mismas reglas. ¿Qué es lo esperanzador que Jesús quiere decir del corazón humano?

"No vi ningún templo en la ciudad, porque el Señor Dios Todopoderoso y el Cordero son su templo".
—Apocalipsis 21: 22

CAPÍTULO 19

ES HORA DE MADURAR

Dios ha actuado para enderezar al mundo y rescatarnos de la esclavitud a los programas religiosos humanos.

—Richard B. Hays

¿No enseña la Biblia que Dios mismo originó la religión hebrea? ¿No hizo una aparición personal en el Monte Sinaí para entregarle la Ley a Moisés? ¿No es cierto que ese cuerpo de ley (llamado la Torá o la enseñanza) va más allá de los Diez Mandamientos para incluir cientos de reglas religiosas, rituales y rutinas? Si Dios nos llama a abandonar la religión, en primer lugar, ¿por qué introdujo a su pueblo en ese asunto? Si Dios cambió su *modus operandi* con la humanidad a través de Jesús, ¿significa eso que había cometido un error del que debía deshacerse? ¿Jesús fue enviado a decirnos que Dios cambió de opinión acerca de la religión?

Hay muchos escenarios donde las circunstancias en desarrollo requieren un enfoque gradual. En esas situaciones, la necesidad de cambio no anula el hecho de que el enfoque original fuera apropiado para su época. Tratamos una semilla de manera diferente una vez que se convierte en una planta, aunque, esencialmente, no haya cambiado en sustancia. De la misma manera, Jesús trata al Antiguo Testamento como la semilla que da nacimiento a algo nuevo y maravilloso: "—¿A qué se parece el reino de Dios? —continuó Jesús— ¿Con qué voy a compararlo? Se parece a un grano de mostaza que un hombre sembró en su huerto. Creció hasta convertirse en un árbol, y las aves anidaron en sus ramas" (Lucas 13: 18-19).

De la semilla a la planta, al árbol, al hogar para otros seres vivos. Una misma sustancia, diferentes etapas. Cada etapa es adecuada para su momento, pero con el tiempo necesita dar paso a algo más grande.

No importa cuánto intentó Jesús desafiar a sus coterráneos israelitas a una manera diferente de interpretar y aplicar la Torá, él nunca dijo que la Torá misma fuera un error. Sin embargo, sí nos dice que necesitamos una nueva comprensión y aplicación (ver Mateo 5: 17-48; 12: 18). Sus primeros seguidores hicieron el mismo énfasis cuando escribieron (ver Romanos y Gálatas): la ley sigue siendo buena, pero su papel en nuestras vidas debe cambiar.

Los padres saben que las diferentes etapas del desarrollo infantil requieren diferentes estilos de crianza. Este método evolutivo no anula la validez de los estilos anteriores. Más bien, solo significa que cada estilo es apropiado para el nivel de desarrollo del niño. A lo largo de la Biblia, Dios usa la analogía de la paternidad para enseñarnos acerca de nuestra relación con él. Como hijos de Dios, podemos esperar que nos cuide apropiadamente a través de nuestras diversas etapas de crecimiento espiritual. Cuando somos pequeños, necesitamos reglas y límites más estrictos. A medida que crecemos, las reglas pueden relajarse y podemos conocer a nuestros padres, no solo como padres, sino también como amigos. Cuando somos niños, necesitamos que nos digan qué hacer, qué ponernos, cómo comportarnos, qué comer. A medida que los niños crecen, todos los padres esperan que las instrucciones recibidas en la infancia se conviertan en *principios* internalizados de la vida adulta.

Tengo dos hijas (y, mientras escribo esto, ¡un bebé en camino!). Cuando Chelsea y Chanelle eran más pequeñas, mi esposa y yo teníamos que decirles qué ponerse al salir, qué cantidad tenían que comer, cuándo tenían que irse a la cama, dónde podían usar sus patinetas, qué podían hacer, qué podían ver en la televisión, y así sucesivamente. No me importó para nada involucrarme en esa microgerencia. Es parte de la crianza. Pero es solo una etapa temprana de la vida de las hijas. Sin embargo, si después de varios años mis chicas todavía me llaman de la universidad y me preguntan "Papá, ¿qué me pongo hoy?", "¿Tengo que comerme todas las verduras?" o "¿A qué hora debo acostarme esta noche?", no me consideraría un padre exitoso. La paternidad exitosa es un proceso de instrucción temprana que conduce a una posterior internalización e incorporación de las dinámicas saludables de la vida. Lo que comienza como reglas y rutinas debe convertirse en principios y prioridades que nuestros hijos llevarán con ellos a sus vidas adultas.

Lo mismo es cierto para Dios y sus hijos. En las primeras etapas de la humanidad, nuestro Papá espiritual nos dio el mismo tipo de reglas, regulaciones y rutinas que todos los niños necesitan. Sin embargo, esa fase de una relación padre-hijo nunca puede ser un fin en sí mismo, sino un medio para un fin. La ley del Antiguo Pacto era valiosa como tutora (ver Gálatas 3: 24-25), y todavía es valiosa como fuente de principios divinos (ver Mateo 5: 17-18). Sin embargo, la meta de Dios para la humanidad siempre ha sido movernos hacia una relación personal con él como amigos (ver Juan 15: 15).

Es por eso que los seguidores de Cristo deben valorar el Antiguo Testamento como una Escritura, una enseñanza de la verdad, sin la obligación de practicar cada ley dietética o rutina religiosa. Aunque los principios son atemporales, la práctica específica de esos principios puede ser ahora obsoleta. Detrás de cada regla que los padres dan a sus hijos hay un principio duradero; deben ser los principios, no las reglas, los que perduren.

Este es un tema recurrente en el Nuevo Testamento. El apóstol Pablo llegó al extremo de comparar a los niños pequeños con esclavos en un punto específico: ambos están obligados a seguir reglas, ya sea que las entiendan y estén de acuerdo con ellas o no. Su objetivo, al escribir a la comunidad cristiana primitiva, fue decir que Jesús vino para ayudarnos a salir de esa "esclavitud" de las reglas religiosas y llevarnos a una nueva libertad espiritual:

> En otras palabras, mientras el heredero es menor de edad, en nada se diferencia de un esclavo, a pesar de ser dueño de todo. Al contrario, está bajo el cuidado de tutores y ad-

ministradores hasta la fecha fijada por su padre. Así también nosotros, cuando éramos menores, estábamos esclavizados por los principios de este mundo. Pero cuando se cumplió el plazo, Dios envió a su Hijo, nacido de una mujer, nacido bajo la ley, para rescatar a los que estaban bajo la ley, a fin de que fuésemos adoptados como hijos.
(Gálatas 4: 1-5)

Los principios y reglas inútiles de este mundo: eso es lo que significa la religión cuando nos enfocamos en los preceptos en lugar de los principios. Dios tiene un mensaje para las personas religiosas que aún se aferran a estas reglas inútiles: *es hora de madurar*.

Justo antes de la muerte del actor W. C. Fields, un amigo visitó la habitación del hospital donde estaba y se sorprendió al verlo leer una Biblia. Cuando le preguntó qué hacía con una Biblia, Fields respondió: "Estoy buscando atajos". Y ese es otro problema con la vida basada en reglas: podemos desarrollar una mentalidad de atajos, de salirnos por la tangente, con demasiada facilidad.

Cuando era niño, era un legalista con una voluntad fuerte. Las reglas eran el lenguaje que yo entendía, y trataba de acomodarlas para mi beneficio. Una vez, cuando una de mis hermanas mayores trataba de hacer su tarea en la mesa del comedor, empecé a molestarla. ¿Por qué? No lo sé. Simplemente sentí que era mi deber cívico como hermano menor molestar a mi hermana de vez en cuando, y había determinado que ese iba a ser uno de esos momentos importantes para cumplir con mi deber.

Mi papá intervino y me recordó: "Es tiempo de la lectura, jovencito, ¿de acuerdo?". Sabía lo que quería decir. Al llegar del colegio tenía que leer un capítulo del libro que estuviera leyendo en ese momento y darle a mi hermana un espacio tranquilo para que hiciera sus deberes. Pero ya me había embarcado en mi misión de molestarla, así que escuché las palabras de mi padre pero no su significado. Cuando regresó, me encontró molestándola de muchas maneras. Enseguida, me recordó que habíamos acordado que era hora de leer. Entonces le respondí: "Dijiste que era hora de lectura, pero no dijiste que *yo* tenía que leer".

Mi padre es un hombre paciente, por lo que simplemente le subió el volumen a los detalles de sus instrucciones. "Al decirte que es hora de leer, quiero decir que tienes que hacerlo, ¿está bien?". Escuché sus palabras, pero nuevamente ignoré su significado. Cuando se fue, continué mi tarea: leía en voz alta páginas del libro de mi hermana y otros materiales impresos que pude encontrar, molestándola hasta el final. Cuando mi papá regresó, ya había perdido un poco de paciencia, pero mi "sentido arácnido" me indicó que podía presionar un poco más. "¿Qué está pasando aquí?", preguntó. Le respondí: "Me dijiste que tenía que leer, pero no me dijiste *lo que* tenía que leer".

Mi padre, obviamente, sabía que se había disparado mi Función Juego y reprimió la situación con mayor detalle y autoridad. "Esto es lo que tienes que hacer, hijo. Tienes que leer tu propio libro, sentado en el sofá de la sala, y no puedes levantarte del sofá o dejar de leer hasta que te lo diga. ¿Entendido?". Estuve de acuerdo. Era fácil estar de acuerdo, ya sabía la brecha que había dejado abierta para mí. Tomé mi libro de lectura, me senté en el sofá y comencé a leerlo en voz alta, muy fuerte, al nivel *molesta-a-tu-hermana-que-intenta-hacer-su-tarea-en-la-habitación-de-al-lado*: cada palabra pronunciada con una irritante precisión fonética. Hasta allí, hubo algo satisfactorio en tener la capacidad de "vencer al sistema". Finalmente, mi padre venció mi propio sistema, y tuve que someterme a algunas reglas rígidas, como sentarme en el sofá, leer mi propio libro en *silencio* y no hacer ningún sonido (ya no pude ponerle dramatismo al paso de una página a otra, ni emitir hondos suspiros), hasta que me liberó de la tarea.

Mi papá nunca perdía la oportunidad de darles a sus hijos una lección importante, y después de que mi tiempo de lectura terminó, usó mi actitud legalista como ilustración de la enseñanza de Jesús. Me dijo: "Sabes que te quiero mucho. Y eso significa que siempre quiero lo mejor para ti. Creo que tú también me amas, y a tu hermana, pero eso significa que deberías querer lo mejor para nosotros también. Deberías querer que a tu hermana le vaya bien en la escuela, y escucharme cuando te pido que hagas algo. Sabías a qué me refería cuando te dije que era hora de leer, y tu amor debería haberte motivado a obedecer lo que quería decir. Sabes que, finalmente, conseguí que hicieras lo correcto: leer y dejar de molestar a tu hermana. Pero tuve que usar muchas reglas. Tuve que usar la ley para que te comportaras por amor. Luchaste contra el amor. Creaste las reglas necesarias porque no estabas listo para amar. Sé que eres un niño, pero quiero que sepas que no me gustó cómo fuiste hoy. Quiero que aprendas a amar, no solo obligarte a obedecer las reglas. Supongo que lo que estoy diciendo es que es *hora de que madures*".

Si intentas seguir la enseñanza bíblica como un libro de reglas, estás funcionando en un nivel espiritualmente inmaduro. Jesús desafió a los fariseos en este punto una y otra vez (ver Mateo 12: 18). Las reglas se hacen necesarias allí donde el amor no guía nuestro comportamiento. Hoy trato de transmitirles a mis hijas el mismo regalo que me dio mi padre. Les digo que no quiero que solo sigan las reglas, sino la razón detrás de las reglas. Gracias, papá.

¿Eh? y R

1. Algunas iglesias "bíblicas" tienen un lema muy repetido: "La Biblia lo dice. Eso es suficiente, no hay discusión. Yo lo creo. Hagámoslo". ¿Cuáles podrían ser algunos problemas inherentes a ese tipo de actitud? ¿Cómo reescribirías ese lema para reflejar mejor las enseñanzas de Jesús?
2. El dinero es un área de nuestras vidas en la que siempre tomamos atajos: impuestos, tarifas, ganancias, donaciones. Jesús reprendió con frecuencia a las personas religiosas por ser inmaduras e irresponsables con la riqueza. Lee Lucas 12: 13-34 y 16: 13-15.
    - ¿Cómo crees que las instituciones religiosas podrían estar manejando mal el dinero hoy?
    - ¿De qué manera *tú* administras mal el dinero?

- A la luz de la enseñanza de Jesús de que nuestros corazones siempre se inclinarán hacia aquello en lo que invertimos nuestro dinero (ver Lucas 12: 34), ¿qué pasos prácticos podrías tomar en tu propias vida para invertir tu dinero y posesiones en lo que es más importante?
3. ¿Hay áreas éticas en las que actualmente inviertes tus energías en busca de oportunidades para acomodar la norma en lugar de responder a las altas demandas del amor?

"Cuando yo era niño, hablaba como un niño, pensaba como un niño, razonaba como un niño; cuando llegué a ser adulto, dejé atrás las cosas de niño".
—1 Corintios 13: 11

CAPÍTULO 20

RELIGIÓN VS. RELACIÓN

La religión es el rival de la espiritualidad íntima... La religión, un sistema fastidioso de hacer y no hacer, de lo que se debe y lo que no, impotente para cambiar las vidas humanas, pero trágicamente capaz de devastarlas, es lo que queda después de que el verdadero amor por Dios se ha esfumado. La religión es la cáscara que queda después de que lo real ha desaparecido.

—Doug Banister

Jesús desafió a su pueblo a una espiritualidad que era, y es, subversivamente simple. Nunca usó la palabra "religión" para describir lo que tenía en mente para sus seguidores. En cambio, lo que sí dijo fue que él quería que la gente simplemente "conociera" a Dios (Juan 17: 3). En los tiempos bíblicos, "conocer" a alguien era un eufemismo común para el sexo (por ejemplo, Mateo 1: 25 dice que María era virgen porque José "no la conoció hasta que ella dio a luz un hijo" —Biblia de Jerusalén). Conocer a alguien, fuera sexualmente o no, solía referirse a tener una unión íntima con la persona. Jesús enfatizó esta unión con Dios a través de una de sus palabras favoritas: *fe* (ver Mateo 9: 29; 17: 20; Marcos 1: 15; 5: 36; 11: 22; Lucas 7: 50; 18: 8; Juan 3: 14-18; 6: 29; 7: 38; 8: 24; 11: 25-26; 12: 36, 44-46; 14: 1; 17: 20-21).[1]

Supe de un niño a quien se le pidió en la escuela dominical que definiera la fe. ¿Su respuesta? "La fe es cuando crees en algo que sabes que no es verdad". Bueno, al menos tuvo la valentía de decir lo que mu-

---

[1] En algunas versiones, la misma palabra griega para *fe* suele traducirse como "creer" o "creencia".

chos de nosotros pensamos. Pero esa definición se basa en un malentendido sobre la naturaleza de la fe.

La fe es un concepto profundamente relacional. Significa "confianza" o "confiabilidad". Tanto la *emunah* hebrea (usada en el Antiguo Testamento) como la *pistis* griega (usada en el Nuevo) tienen el doble significado de fe y fidelidad, confianza y confiabilidad. *La fe es la creencia o la confianza en una persona que nos impulsa a actuar con amor y lealtad hacia ella.* No se trata de creer en algo que va en contra de nuestro intelecto, sino de ir más allá del intelecto hacia la experiencia. Si tengo fe en Jesús, significa que confío en él lo suficiente para seguirlo, para abrazar sus enseñanzas para mi vida. Dallas Willard lo dice de forma simple: "Recuerda, creer algo es actuar como si eso fuera así".[2]

Amo a mi esposa. Confío en ella. Tengo fe en ella. Y le soy fiel. Esta fe no es irracional ni antintelectual, pero tampoco es simplemente un proceso académico. Es *relacional*, que es una forma superior de saber. De modo que la fe y la razón no son opuestas (como las personas suelen pensar), sino simplemente diferentes categorías de conocimiento. Sé que 2 + 2 = 4. También conozco a mi esposa. Lo primero es razón; lo segundo, relación. La fe que tengo en Nina no es irracional ni contraria a la evidencia; simplemente va mucho más allá: de la razón a la intimidad.

De acuerdo con el uso de la palabra por parte de Jesús, tener "fe" no es creer en un determinado menú de categorías teológicas ni participar en una lista específica de rituales, sino confiar y comprometerse con esa persona para *orientarse hacia* en lugar de *alejarse de* ella.

La religión cristiana tiende a codificar la enseñanza de Jesús y luego exige que los adherentes depositen su fe en la doctrina "ortodoxa" resultante. Cuestionar cualquier doctrina es cuestionar a Cristo. Pero Jesús nos llama a poner nuestra fe en él. Marcus Borg nos ayuda a distinguir la diferencia:

---

2 Willard, *The Divine Conspiracy*, 318.

Creer *en* una persona es muy diferente a creer que una serie de afirmaciones sobre la persona son ciertas... *Creer que* y *creer en* son muy diferentes. Lo primero lleva a un énfasis en la creencia correcta, en creer las cosas correctas. Lo segundo, a una vida transformada.[3]

En una ocasión, algunos buscadores espirituales se acercaron a Jesús para preguntarle qué "trabajo" les exigiría Dios que hicieran. Sin duda, su trasfondo religioso los había preparado para recibir una respuesta que incluyera una variedad de deberes detallados: oren mucho, lean mucho, donen esto, embárquense en ese peregrinaje, hagan estas cosas, eviten estas otras, etc. Sin embargo, el consejo de Jesús fue demasiado simple como para que lo comprendieran: "Esta es la obra de Dios: que crean en aquel que envió" (Juan 6: 28-29).

Confíen en mí, dice Jesús. Lleguen a *conocerme*. Estas personas esperaban reglas. Jesús les ofreció relación.

Jesús, representando a Dios para nosotros, dice *sígueme* (Mateo 4: 19; 9: 9; Juan 1: 43; 10: 27; 21: 19, 22; énfasis agregado). Él no dice: sigan esta nueva religión que estoy empezando.

¿Qué pasó, entonces? ¿Qué fue lo que se salió de cauce de manera trágica? ¿Cómo fue que comenzó la religión cristiana? Es como si Jesús hubiera dicho: "Aquí están las buenas noticias: ¡la religión es REDUNDANTE! ¡Ya no necesitan ningún sistema de reglas, rituales y rutinas para acercarse a Dios! ¡Él ha venido para ofrecerles amor divino, perdón y bendición en primera persona!". Y luego, durante los siguientes siglos, sus seguidores hubieran dicho: "¡Qué idea tan fantástica! ¡Debemos construir una religión a partir de eso! Lo llamaremos religión cristiana, y tendremos nuestro propio conjunto de reglas, rituales y rutinas que las personas deben seguir, todo en el nombre de Jesús".

La *fe* cristiana es el fenómeno de las personas que siguen a Jesús. La *religión* cristiana es el fenómeno de las personas que siguen el fenómeno de las personas que siguen a Jesús. La religión cristiana pone

---

3 Borg, *Jesus*, 20-21

el énfasis en la institución y las tradiciones que guarda, en lugar de la persona de Jesús. Me imagino la diferencia algo así:

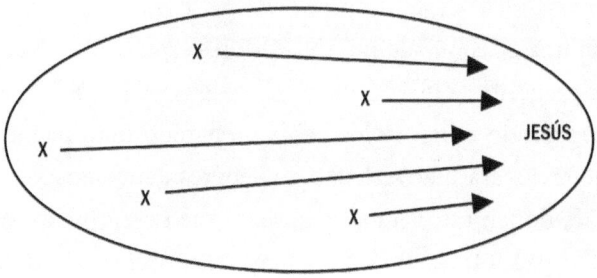

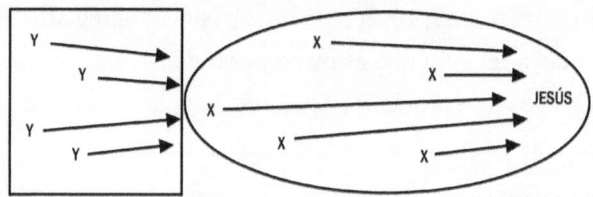

Cuando la fe se convierte en religión, las personas en el interior del grupo comienzan a centrar su atención en la zona de exclusividad que han creado, patrullando los límites para regular quién está adentro y quién está afuera. Desarrollan marcadores de límites visibles, demarcaciones de santidad que se convierten en importantes signos de identidad grupal. Como vimos en la parte 2, Jesús desafió este fenómeno específico en la religión de su época. La pregunta es (y aquí me dirijo a las personas que dicen seguir a Jesús): ¿Estamos dispuestos a asumir ese desafío hoy y a mantener nuestros ojos fijos en Jesús como la única fuente y meta de nuestra fe (ver Hebreos 12: 2) antes que en las múltiples líneas de demarcación religiosa que definen nuestra identidad de grupo? En otras palabras, ¿estamos dispuestos a ir hacia nuestro centro en lugar de hacia el perímetro?

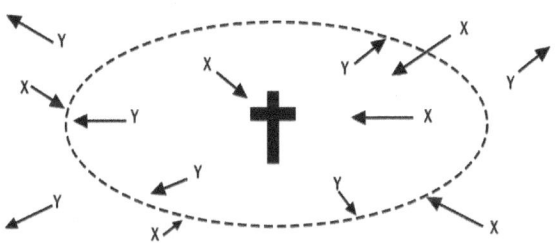

CONJUNTO CENTRADO

El corazón, la actitud y la orientación definen la identidad

Como lo señala Gregory Boyd en su libro, *Repenting of Religion*, los grupos que gravitan hacia su centro pueden tener perímetros menos claros, pero no se sentirán amenazados por la *ambigüedad perimetral*, porque tienen claro el núcleo de su identidad. Esto, a su vez, conduce a una mayor compasión y aceptación.[4] Sin tener que creer ideas utópicas como "todas las personas van al cielo cuando mueren" ni "el pecado es una ilusión" ni "todas las religiones son igualmente válidas", los seguidores de Jesús no intentan separar a los "salvos" de quienes no los son, ni distinguir quién está adentro y quién afuera. Vigilar el perímetro es lo que hacen las personas religiosas, pero no los seguidores de Cristo; al menos, no los seguidores de Cristo que realmente quieren seguir a Cristo.

Para tomar prestada una imagen de Jesús, sus seguidores permitirán que el trigo y la maleza crezcan uno al lado de la otra porque saben que no se supone que deben juzgar o separar (ver Mateo 13: 24-30). Jesús promovió una espiritualidad sin juzgar. Él no dijo que no habría un juicio de Dios al final de nuestras vidas, pero sí que en el presente sus

---

4 Boyd, *Repenting*, 8.

seguidores no deberían tratar de hacer esa obra en nombre de Dios (ver Juan 3: 17; 12: 47-48). Aquellos que siguen a Jesús están llamados a representar el amor de Dios a otros; no su juicio (ver Romanos 12: 19-21).

A los discípulos de Jesús les tomó un tiempo reemplazar su mentalidad religiosa de patrullar la frontera por una fe más amplia. Cuando se enteraron de que otras personas actuaban como si fueran seguidores de Cristo, pero sin mostrar todas las señales que los discípulos querían ver, fueron a quejarse con Jesús, esperando que él apoyara sus esfuerzos para oponerse a estos creyentes de la frontera. La respuesta de Cristo ilustra su convicción de que los problemas periféricos no deben definir su movimiento: "El que no está contra nosotros está a favor de nosotros" (Marcos 9: 40).[5]

Cuando las personas pecaminosas, quebrantadas y lastimadas se sorprenden gratamente de cómo aceptamos y las personas religiosas se indignan por la aceptación que brindamos, hay una buena posibilidad de que estemos empezando a vivir como Jesús. Finalmente, habremos aprendido la diferencia entre aceptación y acuerdo, una lección que las personas religiosas encuentran difícil de comprender.

Una vez, tuve una larga conversación con mis amigos Testigos de Jehová sobre la belleza de seguir a Jesús en lugar de seguir una institución que dice estar siguiendo a Jesús, como la Sociedad Torre del Vigía, la organización que recibe su mayor lealtad. Solíamos reunirnos semanalmente para estudiar la Biblia juntos. Pensé que los estaba convirtiendo y ellos pensaron que me estaban convirtiendo. Todos éramos felices. Hablamos sobre las diferencias doctrinales y las interpretaciones bíblicas en conflicto, pero una luz se encendió en mí cuando me di cuenta de que nuestro centro, nuestro enfoque, no era el mismo. No éramos dos tipos de seguidores de Jesús que intentaban descubrir la mejor manera de vivir sus enseñanzas. Mis amigos eran más acríticamente

---

[5] En Mateo 12: 30 y Lucas 11: 23, Jesús parece enseñar exactamente lo contrario al decir: "El que no está conmigo está contra mí". Pero, como suele ser el caso, el contexto es la clave. En esos ejemplos, Jesús está involucrado en una confrontación con los líderes religiosos a quienes les dirige su reproche (ver Mateo 12: 2-4). En Marcos 9: 40, sin embargo, Jesús se refiere a cualquiera que intenta seguirlo de forma sincera, incluso si no pertenece al grupo "correcto".

leales a una organización que a Jesús. Creían que solo a través de su membresía en la Sociedad Torre del Vigía ("la organización de Dios en la tierra", como la llamaban), alguien podría llegar a conocer a Dios, porque solo esa organización es la que enseña la doctrina completamente verdadera. Claro, admitían que la organización cometía errores en su enseñanza de vez en cuando, como hacer predicciones claras sobre la fecha del regreso de Cristo que nunca se hicieron realidad. Pero seguían creyendo que su confianza debía ser puesta en la doctrina de la Torre del Vigía y que debían ser bautizados por un líder de los Testigos de Jehová si querían agradar a Dios.

Volví a Juan 17: 3, donde Jesús dice en una oración al Padre: "Y esta es la vida eterna: que te *conozcan* a ti, al único Dios verdadero, y a Jesucristo, a quien tú has enviado" (énfasis añadido). "Conocer" a Dios, sostuve, es un acto relacional y no solo educativo. Claro, conocer a alguien puede involucrar el aprendizaje de información precisa sobre esa persona, pero eso se da a través de la participación directa, no a través del estudio académico.

Curiosamente, los Testigos de Jehová tienen su propia "marca" de traducción de la Biblia (*La Traducción Nuevo Mundo de las Santas Escrituras*) que ajusta ligeramente el texto de Juan 17: 3 para decir: "Esto significa vida eterna, su conocimiento sobre ti, el verdadero Dios, y de aquel a quien enviaste, Jesucristo". ¿Observas la modificación sutil que cambia todo? "Conocer" a Dios se ha convertido en "tener conocimiento de" Dios. Para ellos, encontrar información precisa sobre Dios reemplaza astutamente una conexión relacional con Dios. Y, por supuesto, esta doctrina está acompañada por la enseñanza de que solo la Biblia de la Torre del Vigía tiene la información correcta que necesitamos. Con eso, se ha creado un sistema teológico de dependencia de la organización para la salvación. La salvación a través del sistema, ofrecida puerta a puerta.

Desafié a mis amigos Testigos de Jehová a que su dependencia de la organización para la salvación se desvía en las buenas nuevas de Jesús. Les dije que al convertir a la sociedad de la Torre del Vigía en una mediadora necesaria de la verdad entre Dios y nosotros, estaban reescribiendo 1 Timoteo 2: 5 y haciéndole decir: "Porque hay un Dios y un solo mediador entre Dios y la gente, y ese mediador es la sociedad de la Torre del Vigía" (a diferencia de Jesús, como en realidad dice el texto).

Cuando seguimos a Jesús, pasamos nuestras vidas trabajando en esa relación de una manera llena de gracia, y celebramos la diversidad de otros que también quieran seguirlo. Pero cuando reemplazamos nuestra fidelidad a Jesús con la lealtad a una institución u organización, vemos a las personas fuera de nuestra organización específica como una competencia en lugar de una familia espiritual extendida. Lamentablemente, veo que esta mentalidad está haciendo daño en muchas denominaciones cristianas de hoy.

Hay muchas personas que llevan el nombre de "cristianas" que se unieron a un grupo y tomaron una etiqueta, pero no han entrado en una relación de confianza con la persona de Jesús. Simplemente, no lo conocen. Y supongo que hay muchas personas que aman y siguen a Jesús que tal vez no encajen bien en muchos de los grupos, iglesias y denominaciones que llevan el título de "cristianas". En el día del juicio puede haber muchas sorpresas:

"No todo el que me dice: 'Señor, Señor', entrará en el reino de los cielos, sino solo el que hace la voluntad de mi Padre que está en el cielo. Muchos me dirán ese día: 'Señor, Señor, ¿no profetizamos en tu nombre, y en tu nombre expulsamos demonios e hicimos muchos milagros?' Entonces les diré claramente: "*Jamás los conocí.* ¡Aléjense de mí, hacedores de maldad!" (Mateo 7: 21-23, énfasis agregado).

¿Eh? y R

1. ¿Cuál es la diferencia entre conocer a alguien o algo por fe y conocer por un ejercicio de la razón? ¿Por qué es significativa esa diferencia?

2. ¿Cuáles son algunas diferencias entre la *fe* cristiana y la *religión* cristiana?
3. Si ninguna organización es el único camino hacia Dios, ¿significa esto que nunca debemos pertenecer a una organización como parte de nuestra expresión espiritual? ¿O es que las organizaciones, iglesias, denominaciones y otras formas de grupos espirituales tienen un papel positivo que desempeñar en nuestras vidas?
4. El apóstol Pablo escribió: "Porque hay un solo Dios y un solo mediador entre Dios y los hombres, Jesucristo hombre..." (1 Timoteo 2: 5).
    - ¿En qué sentido esa declaración se hubiera considerado subversiva en su tiempo?
    - ¿Cuáles son las implicaciones de esa enseñanza para nuestros días?
5. ¿Qué gráfico de los que vemos a continuación crees que representa mejor la enseñanza de Jesús sobre la salvación, donde "X" es un verdadero seguidor de Cristo y "Y" es alguien que no lo es, y el círculo representa las fronteras reconocidas de la religión cristiana "ortodoxa"? ¿Por qué?

CONJUNTO ACOTADO

Los marcadores de límites definen la identidad

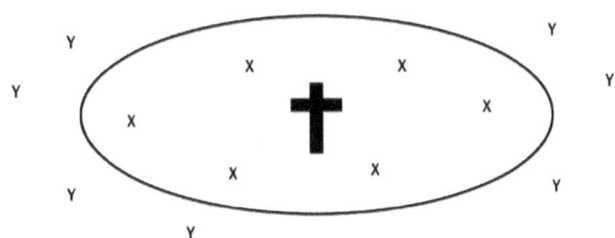

"El que no está contra nosotros está a favor de nosotros".
—Marcos 9: 40

CAPÍTULO 21

¿ENTONCES QUÉ?

La religión, por lo tanto, es una perdedora, una actividad del ámbito teológico de la caída. Tiene un pasado fallido y un futuro en bancarrota. No había religión en el Edén y no habrá ninguna en el cielo; y, mientras tanto, Jesús ha muerto y resucitado para persuadirnos de que derribemos todo ahora mismo.

—Robert Farrar Capon

Si has llegado hasta aquí y has transitado conmigo a través de este libro, ya estás listo para concluir, como muchos lo han hecho, que este mundo sería un lugar mucho mejor sin religión, y creo que tendrías razón. Más o menos. Aunque cierta, esa conclusión es incompleta. Sin nada para llenar el vacío, el resultado de acabar con la religión difícilmente implicaría una mejoría. La historia así lo confirma. Por cada fundamentalista religioso violento, hay un fundamentalista secular violento. Por cada Osama bin Laden hay un Stalin.

La naturaleza aborrece el vacío. El corazón humano también lo aborrece. El alma humana fue creada con un propósito: ser completamente auténtica, convertirse en aquello para lo cual fue hecha; el alma humana necesita más que la ausencia de algo, necesita la presencia de Alguien. Fuimos diseñados para vivir en el contexto de una relación con la Conciencia Divina, la Persona de Dios.

Este concepto de relación íntima e interactiva con Dios, una relación de intimidad desnuda, deleite y pasión, estuvo en el centro de la enseñanza de Jesús y se hizo evidente en su propia vida. Experimentar a Dios como Padre, Madre, Esposo, Amante, Amigo, Consejero y Guía es el centro teleológico en la enseñanza de Jesús, la meta hacia la cual nos está guiando.

Lo bello de relacionarse con Dios es que no necesitamos dominar ninguna técnica o herramienta para hacerlo. He hablado con personas que se han disciplinado en múltiples técnicas religiosas y las han practicado regularmente durante años con la esperanza de, algún día, iluminarse. Aunque encomiables, creo que se han perdido algo maravilloso acerca de Dios. Nuestra "iluminación" puede llegar en un momento, una vez que nos demos cuenta de que Dios es una Persona que nos ama y desea una relación íntima con nosotros. Cuando esa realidad nos atrapa por completo, se enciende una luz que nunca se puede apagar. Estamos *iluminados*. Así, el resto de nuestra vida se puede pasar disfrutando y profundizando esa relación a través de una variedad de medios.

Observa la diferencia. Los seguidores de Cristo participan en prácticas espirituales (como la oración, el estudio de la Biblia y la meditación), no para *lograr* algo, sino para *experimentar* mejor lo que ya saben que es verdad. No hablo con mi esposa para *lograr* un matrimonio, sino para *experimentar* el matrimonio que tenemos. En muchas religiones, las técnicas de oración y/o meditación y/o lectura de las Sagradas Escrituras se utilizan para, de alguna manera, lograr la iluminación o conexión con lo divino. Pero, según Jesús, en lo que concierne a Dios la conexión ya existe. Todo lo que tenemos que hacer es darle la bienvenida. La presencia amorosa de Dios nos rodea como el aire; es la atmósfera en la que vivimos (ver Hechos 17: 28). Simplemente necesitamos dejar de contener la respiración.

Una vez que hemos aceptado el amor de Dios como un hecho de la vida, la atmósfera ineludible de nuestras vidas, somos libres de participar en actividades como la oración, la asistencia a la iglesia y el estudio de las Escrituras como expresiones de la vida que Dios nos da, no como técnicas para obtener esa vida.

Cuando Jesús habla de prácticas espirituales como la oración, la contribución a obras de caridad y el ayuno, nunca prescribe ninguna rutina religiosa a seguir. En su lugar, nos da pautas para mantener esas prácticas enfocadas en la relación con Dios y no en las apariencias. Asume que, una vez que tengamos una visión correcta de Dios y un deseo correcto de conectarnos con él, entonces oraremos y dialogaremos con Dios porque queremos, no porque nuestra religión lo exija. Por eso, comienza su enseñanza sobre la oración con las palabras "*Cuando* oren" (ver Mateo 6: 5-7), asumiendo que oraremos, en lugar de "Tú debe orar, y debes orar muchas veces al día, de esta manera, mirando en esta dirección", etc. Para Jesús, la oración se asume —no es una orden— porque él la ve como un acto relacional entre dos partes amorosas que desean comunicarse.

Jesús habló del "vino" de su mensaje que necesita "odres nuevos" (Mateo 9: 17): esas estructuras, patrones y formas de vida que contienen y transportan la sustancia. A medida que el vino nuevo se fermenta y se expande, el odre que lo contiene debe extenderse con él. Si intentamos poner vino nuevo en un odre viejo que se ha vuelto quebradizo y no puede estirarse más, en algún punto se abrirá y el vino se perderá.

Jesús no está contra el odre de la estructura. Todas las relaciones pueden beneficiarse de un grado de estructura flexible, y nuestra relación con Dios no es diferente. Pero Jesús enfatiza que *la estructura debe someterse a la sustancia, las formas de la religión deben ser moldeadas por la esencia de la fe, y no al revés*. Los patrones de ejercicio espiritual deben permanecer flexibles y relacionales para que no intentemos contener el vino nuevo dentro de tradiciones anticuadas e inflexibles que simplemente no pueden contener la plenitud del vino del Evangelio en constante expansión. Se necesitan odres, pero solo como vehículos para el vino. Y ningún odre es sacrosanto.

Si te consideras religioso, pregúntate esto: ¿Qué pasaría si mi institución o denominación religiosa se cerrara por completo? ¿Qué diferencia haría eso en la actividad de Dios en el planeta? Si tu iglesia, denominación o tradición de larga data terminara, ¿se vería obstaculizada la forma de salvación de Dios? Si crees que tu tradición u organización religiosa es indispensable para la actividad salvífica de Dios en el planeta Tierra, entonces te estás aferrando a un odre frágil.

Una vez hablé con un líder religioso que afirmaba que la tradición de su iglesia se remontaba a Jesús y que, por lo tanto, era el verdadero "odre" que contenía el nuevo vino de Cristo al que todos podían acceder. Obviamente, tuvimos que estar de acuerdo en no estar de acuerdo. Creo que se perdió el punto de las buenas nuevas que trajo Jesús: que ningún odre es el camino a Dios.

Una vez que el odre de una estructura, tradición u organización en particular se convierte en nuestro enfoque, se pierde el beneficio del vino. Nadie sació su sed al masticar un recipiente.

La pregunta para todos los que tenemos un trasfondo religioso es esta: ¿podemos decir junto con el apóstol Pablo que consideramos nuestra herencia religiosa "basura" en comparación con la intimidad espiritual de conocer a Jesús por fe? Es el sentimiento que expresa en Filipenses 3: 29, donde usa la palabra griega *skubalon*, que significa "estiércol" o "excremento" para describir la importancia de su odre religioso en comparación con el vino en sí.[1]

¿Creo esto en relación con la iglesia y la denominación de la que soy parte? Absolutamente. Debido a que soy pastor en una iglesia que parece saludable y vibrante, en ocasiones me preguntan sobre la cuestión de la sostenibilidad: "¿Qué hacen los líderes de *The Meeting House* para garantizar que la organización perdure en buen estado para la próxima generación?". Podría responder algunas cosas específicas. Mi respuesta siempre comienza con esta pregunta: ¿Qué te hace pensar que nosotros creemos que *The Meeting House* deba perdurar?[2] Las expresiones organizativas de la fe y la espiritualidad pueden ir y venir. Estas formas son sombras, expresiones de la realidad de la fe misma. Cuando aceptamos el hecho de que ninguna iglesia, institución, organización o denominación debe perdurar, comenzamos a liberarnos de la esclavitud de mantener los sistemas. Sabiendo que ninguna

---

1 Aunque *skubalon*, que aparece en Filipenses 3: 8, significa "estiércol", puede también referirse a la basura o algo que en comparación sea inútil, lo que explica por qué algunas versiones traducen el término como "desperdicio", "basura" o "desecho".

2 Respondo lo mismo cuando me preguntan por mi denominación específica, Hermanos en Cristo, y eso que soy un gran admirador de ese segmento maravilloso del cuerpo de Cristo.

organización es indispensable para Dios, puedo celebrar el estado de salud *actual* de *The Meeting House* y deleitarme en cómo —por ahora— Dios usa esta organización, sin preocuparme por el futuro. Es un sentimiento de alegría liberadora y profundamente relajante.[3]

Y aquí está la gran ironía: Jesús está feliz de ver que sus seguidores nos organizamos para difundir el mensaje acerca de que las organizaciones no son la respuesta. Los seguidores de Cristo leemos la Biblia para aprender de las enseñanzas de Jesús, que nos dice que leer la Biblia no es lo que nos hace cristianos. Oramos a diario para estar en comunión con el Dios que nos recuerda que orar a diario no es lo que nos hace aceptables ante él. Meditamos para sumergir nuestras almas en el amor de Dios que ya es nuestro, no para lograr un estado de iluminación autoinducida. Y vamos a la iglesia para celebrar juntos el mensaje de que ir a la iglesia no es lo que nos hace hijos de Dios.

Una persona que sigue a Cristo reconoce que ir a la iglesia no la hace más cristiana, así como caminar en el bosque no la convertirá en un árbol. Y una vez que esto se comprende y se abraza, una comunidad eclesial puede convertirse más en una fiesta al estilo *ven-como-estés*, que una obligación religiosa. Es una celebración de la vida que se nos da, no un intento religioso de lograr esa vida.

Esta es la diferencia crucial. La religión ofrece un sistema que promete llevar a la salvación algún día. Jesús ofrece la salvación como un regalo, ahora. El resto se convierte en una oportunidad gozosa para expresar lo que ya es nuestro, una celebración de la salvación, no un método para obtenerla.

De vez en cuando, alguien que todavía no entiende el tema me dice: "Pero, Bruxy, ¿cómo puedes decir que la religión no es el camino a Dios cuando eres pastor de una iglesia? ¿No eres representante de la religión?". La pregunta surge de la tendencia a confundir forma y sustancia. Una vez que alguien comprende la sustancia del mensaje de Cristo, que ninguna forma religiosa es el camino a Dios, entonces somos

---

[3] Esto no quiere decir que no planeamos a futuro, sino que tomamos nuestros planes de manera delicada, sabiendo que el resultado no está en nuestras manos. Ver Mateo 6: 25-34 y Santiago 4: 13-16.

libres de expresar nuestro amor por Cristo en una variedad de formas. Las formas en sí mismas no necesitan ser rechazadas, pero la dependencia de cualquier forma para la salvación, sí. La idolatría de las formas ha provocado más división y sufrimiento que cualquier otra cosa en el planeta, pero el problema no son las forma en sí.

El problema con la religión organizada no es que esté organizada. El problema con la religión organizada es que es religiosa, cree que su propio conjunto de reglas, regulaciones, rituales y rutinas son el camino exclusivo de Dios.

Si estoy en lo cierto, *el antídoto para la religión organizada no es religión desorganizada, sino antirreligión organizada*, un esfuerzo colectivo para usar la organización y la estructura para lograr que la gente encuentre y experimente la espiritualidad subversiva de Jesús. Las copas pueden ser útiles para contener el agua, siempre y cuando recordemos que es el agua la que refresca y no la copa. Lamer la copa nos deja insatisfechos.

Esta es la espiritualidad que te invito a experimentar. Puede significar el fin de la religión, pero no es el fin de la fe, que se expresa a través del amor.

¿Eh? y R

1. En el capítulo 18 (*De regreso al Jardín*), dije: "Durante un largo tiempo la gente ha asumido que la *religión* es la forma en que nos conectamos con Dios, y que la *relación* es la forma en que nos conectamos con las personas. La lección original de la Biblia es que nuestra conexión con Dios debe ser mucho más parecida a nuestras relaciones con otras personas: íntimas, sin guion, auténticas". ¿Cómo cambiaría tu vida si fuera más relacional con Dios y menos religiosa?
2. El valor del perdón juega un papel principal en las enseñanzas de Jesús (ver Mateo 5: 23-24; 6: 12, 14-15; 9: 28; 18: 21-22; Marcos 11: 25; Lucas 6: 36-38; 15: 11-32; 17: 34). Esto tiene sentido dentro del con-

texto de la convicción de Jesús de que nuestra conexión con Dios debe ser más como una relación de amor mutuo entre personas. El perdón es lo que hace posible la relación continua entre los seres imperfectos (¡incluso si uno es perfecto!).
- ¿Percibes una necesidad del perdón de Dios en tu relación con él? ¿Hay formas en que hayas deshonrado a Dios y a su creación?
- ¿Hay alguien a quien le estés negando el perdón? ¿Cómo podría afectar esto tu relación con Dios?

3. ¿Dónde encaja la "iglesia" en la imagen de alguien que quiere seguir la espiritualidad subversiva de Jesús, pero no quiere quedar atrapado en la tradición religiosa, exclusiva y orgullosa?
- ¿Cuáles podrían ser las ventajas de ser un miembro comprometido de una comunidad saludable que sigue a Jesús (el significado de "iglesia")? Haz una lista de todas las que puedas imaginar.
- ¿Cuáles podrían ser también las trampas de ser parte de esa misma comunidad?
- ¿Cuáles son algunas cosas que podemos hacer para protegernos contra las trampas y maximizar las ventajas?

4. Si es que hay algo de valor en este libro, ¿qué de su contenido puede ser útil para tu peregrinaje espiritual? ¿Qué pasos prácticos podrías tomar para vivir de manera diferente a la luz de lo discutido en este libro?

"Pero vayan y aprendan lo que significa: 'Lo que pido de ustedes es misericordia y no sacrificios'. Porque no he venido a llamar a justos sino a pecadores".
—Mateo 9: 13, NTV

EPÍLOGO

LA "RELIGIÓN" QUE LE GUSTA A DIOS

¿Qué religión predico? La religión del amor.

—John Wesley

Hay un pasaje en el Nuevo Testamento que, a primera vista, parece tener algo positivo que decir acerca de la "religión". El enfoque del pasaje es el tipo de estilo de vida que debe caracterizar a las personas que siguen a Jesús. Santiago, el hermano de Jesús, escribe una carta completa a la comunidad cristiana primitiva para recordarles cómo debería ser su "religión". Entonces, ¿cuáles son las símbolos ceremoniales, los rituales comunitarios que se supone corresponden a la "religión" de Jesús?

> Si alguien se cree religioso, pero no le pone freno a su lengua, se engaña a sí mismo, y su religión no sirve para nada. La religión pura y sin mancha delante de Dios nuestro Padre es esta: atender a los huérfanos y a las viudas en sus aflicciones, y conservarse limpio de la corrupción del mundo. (Santiago 1: 26-27)

Lo que acabas de leer es el único uso claramente positivo de la palabra religión en la Biblia. Santiago no pone el énfasis en el ritual ni en la tradición, ni siquiera en la pureza doctrinal o teológica, sino en el comportamiento práctico, centrado en el otro. En resumen, dice que deberíamos ser:

- **constructivos** en lugar de destructivos con nuestras palabras,
- **compasivos** en formas prácticas hacia las personas en peligro,
- **contraculturales** en nuestra vida diaria, negándonos a seguir simplemente las normas aceptadas por la mayoría ("el mundo") cuando no conducen a un estilo de vida amoroso.

La única "religión" que Dios acepta es la *fe* (una relación de confianza con la Persona de Dios) que se expresa a sí misma en una acción amorosa práctica, como Santiago continúa explicando fervientemente en su escrito. Para las personas que quieren seguir a Jesús, la prioridad de los rituales se reemplaza con una relación centrada en el otro. Nada más. Eso es todo. Esa es una buena religión, en pocas palabras, que al final tampoco tiene nada que ver con lo que muchas personas quieren decir cuando usan la palabra "religión" hoy.

Fíjate ahora en lo que Santiago *no dice* en su carta a los seguidores de Cristo. No dice que la única religión que Dios aprecia es decir ciertas oraciones un número específico de veces al día, participar en los rituales apropiados, meditar en la posición correcta, creer las doctrinas correctas, asistir a los servicios específicos, leer los libros apropiados, memorizar los textos correctos, celebrar las fiestas correctas, etc. Lo que la gente suele pensar cuando aborda el tema de la "religión" (las reglas, los rituales y las rutinas) está completamente ausente. En cambio, el hermano de Jesús concluye que Dios quiere que experimentemos una relación íntima con él mismo y luego lo expresemos a través de un estilo de vida holístico de compasión por los demás.

En una de sus cartas a una comunidad de seguidores de Cristo de primera generación, el apóstol Pablo luchó con la misma disyuntiva de seguir el camino de la relación o el de la religión. Su conclusión fue que "lo que vale es la fe que actúa mediante el amor" (Gálatas 5: 6). La fe, una relación íntima y de confianza con Dios, convertida en amor, la fuerza que guía el cuidado, la compasión y el servicio centrados en el otro. Esto es todo lo que importa.

EPÍLOGO

Pero ¿por dónde empezamos? ¿A dónde nos dirigimos para saciar nuestras almas sedientas?

Algunos maestros religiosos o espirituales aconsejan que debemos aprender a mirar hacia adentro en lugar de buscar un Dios distante fuera de nosotros. Por lo general, el énfasis es que las personas ya son divinas y que simplemente necesitamos tomar conciencia de nuestra naturaleza infinita.

Como seguidor de Cristo, también me vuelvo hacia adentro, pero por una razón diferente. Porque confío en Jesús, creo que me ha ofrecido vivir en su Espíritu, interactuar conmigo, guiarme y revelarme continuamente su amor, desde adentro hacia afuera.

Una vez, Jesús le dijo a una mujer espiritualmente sedienta que conoció en un pozo: "Todo el que beba de esta agua volverá a tener sed… pero el que beba del agua que yo le daré, no volverá a tener sed jamás, sino que dentro de él esa agua se convertirá en un manantial del que brotará vida eterna" (Juan 4: 13-14; ver también 7: 37-39). Observa que nuestro primer movimiento es llegar a recibir de Jesús, y con eso nuestra sed se apaga; pero no se detiene ahí. El agua, el Espíritu viviente que bebemos, se convierte en una fuente dentro de nosotros y podemos mirar hacia adentro para encontrar ese poder que da vida.

Creo que el Espíritu de Cristo viene a cada uno de nosotros y se da a conocer de una manera u otra (Juan 12: 32; 16: 8), pero espera que nosotros, por medio de la fe, echemos mano de su recurso. El Espíritu de Cristo puede acercarse a través de la Biblia, a través de otra persona, a través de la naturaleza, a través de un libro, tal vez, incluso, este y tal vez incluso en este momento. Él ha venido a nosotros. El siguiente paso es nuestro.

La información en las páginas de este libro es solo eso: información. Obviamente, no cambiará tu vida, ni elevará tu coeficiente intelectual, ni te convertirá en una persona más atractiva. Francamente, este libro no va a hacer nada por ti, sino que te indicará un camino. Si el camino de Jesús te interesa, te corresponde dar los siguientes pasos.

Con eso en mente, me gustaría ofrecerte tres sugerencias sobre cuáles podrían ser esos próximos pasos:

Primero, *lee este libro de nuevo, lentamente*. Ya tienes la visión general, así que intenta profundizar más. La información en los capítulos anteriores será más significativa ahora que has leído hasta el final. Además, consigue una copia de la Biblia en lenguaje contemporáneo y busca las referencias de las Escrituras a medida que avanzas. Lee el contexto, aprecia el escándalo. Trata de meditar en las declaraciones que te parezcan destacables y/o registrar en un diario tus pensamientos y descubrimientos. Regresa a la pregunta "¿Cuál es la lección aquí *para mí*?". Intenta orar en respuesta a las verdades espirituales que descubras. Habla con Dios sobre tu vidas en relación con las cosas que estás aprendiendo y sobre cómo podrías vivir de manera diferente a la luz de las enseñanzas de Jesús.

En segundo lugar, *lee todos los evangelios*. Explora por tu cuenta lo que Mateo, Marcos, Lucas y Juan cuentan sobre la vida de Jesús y busca el panorama general. Si te gusta lo que encuentras, sigue leyendo todo el Nuevo Testamento. Mantén un registro de las percepciones que descubras y de las preguntas que surjan.

En tercer lugar, *busca una comunidad intencional*. Encuentra a otros que hagan las mismas preguntas y que estén dispuestos a caminar contigo en este peregrinaje. Comienza un club de lectura, organiza un grupo de discusión espiritual, sumerge los dedos de los pies en el agua de una comunidad eclesial y haz muchas preguntas (como las que has estado consignando en tu diario mientras leías los Evangelios). Dado que la espiritualidad de Jesús es implacablemente relacional, tiene sentido procesar su enseñanza dentro de contextos relacionales. Aprendan juntos, y cuando sea posible, actúen juntos. Jesús no nos llama a una espiritualidad privatizada, sino a una experiencia de familia espiritual. John Stott escribió: "El propósito de Dios no es solo salvar a individuos aislados, y así perpetuar nuestra soledad, sino construir una nueva sociedad, una nueva familia, incluso una nueva raza humana, que viva una nueva vida y un nuevo estilo de vida".[1]

En los primeros días del movimiento de Jesús, los seguidores de Cristo se llamaban "hermano" y "hermana" (ver Romanos 16: 1; Filemón 2; Santiago 2: 15). Esta no era una forma poética ni cortés de ser, sino que era un reflejo de lo que realmente creían. Muchos de los seguidores de Cristo fueron repudiados por sus familiares y amigos terrenales, y finalmente la sociedad en general se volvió contra ellos; los persiguieron a pesar de que eran hermanas y hermanos amantes de la paz y los vieron morir casi por deporte. Con el Dios de Jesús como su Padre común, ellos y ellas constituían verdaderamente una familia; eran familia el uno para el otro. En todas sus luchas, no oraron "Mi padre que está en el cielo" sino "Nuestro Padre..." (Mateo 6: 9).

Recuerda que la verdad última no se encuentra en un libro, ni en este ni en ningún otro. Jesús definió la verdad como una *Persona*: él mismo (Juan 14: 6). "Conocer" la verdad es más que un ejercicio intelectual. Es una experiencia relacional. Mi oración por ti es simplemente que "(conozcas) la verdad, y la verdad te haga libre" (Juan 8: 32).

---

1 Stott, *Por qué soy cristiano*, p. 111. (Traducción del original citado por el autor. Nota del traductor).

APÉNDICE A

ORÍGENES DE LA PALABRA *RELIGIÓN*

El cristianismo no es una religión. El cristianismo es la proclamación del fin de la religión, no de una nueva religión, ni siquiera de la mejor de todas las religiones... Si la cruz es señal de algo, es el signo de que Dios se ha salido del negocio de la religión y ha resuelto todos los problemas del mundo sin requerir que un solo ser humano haga un solo acto religioso. La cruz es en realidad señal de que la religión no puede hacer nada por los problemas del mundo, que nunca funcionó y nunca lo hará.

—Robert Farrar Capon

Siempre hay personas que sienten que realmente se ha llegado a un nivel de persuasión satisfactorio una vez que se profundiza en los idiomas antiguos en los que se escribió la Biblia originalmente. Sin eso, sienten que la historia está incompleta. Así que si te gustan esas cosas, te ofrezco este apéndice.

Los escritores de los documentos que ahora llamamos el Nuevo Testamento escribieron en el griego de siglo I, el lenguaje escrito más común para el mundo conocido en ese momento. Obviamente, querían que su mensaje fuera recibido por la mayor cantidad de personas posible. Hay dos palabras griegas que utilizaron y que a veces traducimos "religión" o "religioso" en nuestras Biblias en español. Cada una se utiliza en un sentido despectivo o altamente calificado.

Deisidaimonia significa literalmente "miedo a los demonios" y se usa para referirse a la religión pagana. Podría ser mejor traducida como *superstición* o *supersticioso* y ciertamente no pretende ser una palabra de aprobación ni afirmación.

Threskeia se refiere principalmente al culto ceremonial de una deidad y se puede usar para identificar cualquier externalización de las creencias internas de alguien, ya sea positiva o negativa. *Threskeia*, entonces, se refiere a los elementos externos que pueden o no estar asociados con alguna fe genuina. Esta es la palabra con la que juega Santiago en Santiago 1: 26-27, replanteándola en términos de la ética de amor de Jesús.

Por su parte, Jesús nunca llama a la gente a la religión *threskeia* (y ciertamente no a la religión *deisidaimonia*), sino que siempre enfatiza la *fe* misma. La palabra griega para "fe" es *pistis*, en forma de sustantivo, y *pisteuo*, en forma de verbo, que generalmente se traduce como "creer" y, a veces, como "confianza", ya que no tenemos en español una forma de verbo natural que se desprenda o relacione con la palabra "fe".

¿Qué de nuestra palabra "religión"? ¿De dónde viene? La etimología de "religión" parece tener dos posibilidades latinas: *relegere*, que significa leer algo una y otra vez; o *religare*, que es una combinación de *re* (devolver o repetir) y *ligare* (vincular o unir). Siguiendo esta segunda opción, la religión puede significar volver a la sujeción; una fijación del yo a algo que se considera importante; una especie de anclaje o reconexión. Entendida positivamente, entonces, la religión es "una reconexión a algo importante". Negativamente entendida, simplemente significa "un retorno a la esclavitud". Obviamente, en este libro me refiero a ese uso negativo.

Entiendo que algunas personas usan la palabra "religión" para referirse a una sana expresión externa de su fe interior, y eso es maravilloso. Sin embargo, en la mayoría de los casos, cuando miro a mi alrededor o por encima de mi hombro y repaso miles de años de historia religiosa, lo que veo con frecuencia en nombre de la religión es un retorno ritualizado a la esclavitud. El concepto de religión se ha asociado estrechamente con un encadenamiento repetitivo de uno mismo a creencias y comportamientos, tradiciones y teologías heredados. Con demasiada frecuencia, esto condena a la gente a un compromiso irracional con la institución o clan que custodia las tradiciones, en lugar de fomentar una relación con el Dios que nos rodea a todos con su amor. La religión nos ata. Jesús vino a liberarnos.[1]

---

[1] Stott, *Por qué soy cristiano*, p. 111.

APÉNDICE B

EL LENGUAJE DE HOY

Aquellos que carecen de la capacidad de distinguir una cosa de otra pueden citar las letras de la Escritura y, al mismo tiempo, realmente negar su verdad interior.

—El Bhagavad Gita

Un libro está escrito en palabras, pero las palabras no son lo importante. Lo que importa es el mensaje, el significado transmitido a través de ellas. Cuando las personas no entienden el mensaje, a menudo se fijan en las palabras mismas. En este apéndice, quiero desafiarnos a evitar esta tendencia contenciosa.

A decir verdad, muchas personas usan la palabra "religión" para referirse a una fe genuina y profundamente arraigada. Algunas pueden hablar de tener una "experiencia religiosa" como una manera de referirse a un encuentro espiritual con Dios. Cuando alguien me dice que es una persona religiosa yo escucho el significado y el espíritu detrás de sus palabras en lugar de discutir sobre las palabras en sí. Echarías por la borda el propósito de este libro si utilizaras *El fin de la religión* para alimentar el juicio áspero contra cualquiera que se declare "religioso". Todos debemos escuchar el significado detrás de las palabras que usa la gente, y espero que tú también lo hagas. Lo mismo con este libro. *Cada conversación exige una cierta cantidad de traducción*, debido al simple hecho de que las personas usan las palabras de manera diferente.

Así que procede con cautela. Es posible entrar en discusiones, debates y argumentaciones que no son realmente sobre nada *sustancial*, sino más bien sobre las *etiquetas* que usamos para describir nuestras opiniones. Esos argumentos sobre las palabras dividen a las personas innecesariamente y nos distraen a todos de nuestra búsqueda primaria de la verdad.

El apóstol Pablo escribió palabras de consejo a su compañero Timoteo sobre este tema. Le aconsejó que uno de sus trabajos como líder espiritual debería ser ayudar a las personas a dejar de pelearse por las palabras, "pues no sirven nada más que para destruir a los oyentes" (2 Timoteo 2: 14; ver también 1 Timoteo 6: 4; 2 Timoteo 2: 23; Tito 3: 9).

Deja de pelear por las palabras. Presta atención a sus *significados*, a la *sustancia* de lo que dice la gente, y luego arriba decide si estás de acuerdo o no. Espero que apliques este principio al leer este libro o al participar en discusiones espirituales con otros.

Las palabras son intentos humanos por envolver la realidad con etiquetas. Debemos admitir la naturaleza imprecisa de la empresa desde el principio, especialmente cuando se habla de la realidad última. Esto significa que debemos abordar las discusiones espirituales con dosis generosas de gracia para con quienes pueden estar luchando con el uso de las palabras para comunicar sus puntos de vista.

"Dios es espíritu", dice Jesús (Juan 4: 24), lo que significa, entre otras cosas, que está más allá de la forma. Las palabras son formas. Componen información (en *forma* de *acción*). Nuestra tarea es usar las palabras como servidoras en nuestra búsqueda de la verdad sin permitir que se conviertan en la maestra.

Quizás esta es una de las razones por las que Jesús enseñaba a través de la narración en lugar del discurso teológico (y por qué la Biblia en su conjunto es un gran metarrelato del descubrimiento espiritual humano). En palabras de Madeleine L'Engle, "Jesús no fue un teólogo; él era Dios contando historias".[1] A través de las parábolas, Jesús usó el relato para mostrarnos verdades acerca de Dios y de nosotros mismos de una manera que se niega a respaldar nuestra tentación religiosa de poner la atención en palabras teológicas específicas.

A las personas religiosas les gusta escuchar ciertas palabras que

---

1 L'Engle, *Walking on Water*, p. 54.

se usan de manera particular y que las hacen sentir seguras, como si estuvieran en casa. A menudo, las personas religiosas desarrollan un lazo emocional con las palabras como si ellas fueran la realidad que etiquetan.

Alguien que me había escuchado hablar tan solo una vez se me acercó para decirme que no hablaba lo suficiente de la soberanía de Dios. En el único sermón que escuchó, yo había hablado sobre el reino de Dios, su autoridad y su guía amorosa (que es a lo que se refiere la palabra *soberanía*), pero este hombre necesitaba escuchar la palabra específica —*soberanía*— para sentirse bien con el mensaje.

Algunas personas se vinculan emocionalmente con palabras como *pecado* (que significa *errar al blanco* o *dejar de alcanzar la meta prevista*) o *arrepentimiento* (que simplemente significa *cambiar de opinión sobre algo*) o *santidad* (que significa haber sido apartado para un propósito especial). Esas personas perciben las señales emocionales que necesitan para sentirse bien con respecto a lo que se está comunicando cuando encuentran esas palabras en los libros que leen o en los sermones que escuchan. Los sinónimos nunca servirán; tampoco las traducciones más literales de la palabra bíblica original.

Solicito que conste en actas que no tengo el hábito de evitar palabras como *soberanía*, *pecado*, *arrepentimiento* o *santidad*, pero tampoco siento la necesidad de inyectarlas en sermones o conversaciones para probar mi ortodoxia bíblica. Aquí entre nosotros, confieso que pienso que las personas que tienen fijación en las palabras necesitan *arrepentirse* de su *pecado* y vivir una vida *santa* que honre a nuestro Dios *soberano*. (¿Cómo quedó? ¿Ya te sientes mejor?).

Pasa el tiempo y las personas religiosas llegan al punto de llevar las palabras a la categoría de lo *no negociable* de su fe y, cuando eso sucede, se producen discusiones acaloradas sobre palabras más que sobre la realidad, generalmente. Toma un curso de historia de la religión cristiana y verás ese principio en acción una y otra vez. Es un legado de división, persecución y violencia. Como mínimo, la obsesión religiosa con la fraseología teológica puede convertir una vida espiritual próspera en una disfuncional y desconectada de su entorno, muerta por sobredosis de abstracción mental.[2]

Al ser producto de una crianza en círculos eclesiales, sé de muchos cristianos que discuten intensamente por una interpretación específica de las Escrituras "porque Jesús usó *esta* palabra y no *aquella*" a fin de defender su comentario (el de Jesús) de un pasaje bíblico en particular. Infortunadamente, solo una minoría de cristianos piensa en las implicaciones del hecho de que Jesús probablemente hablaba arameo y que sus seguidores anotaron su enseñanza en griego. No tenemos las *palabras* de Jesús; tenemos la *Palabra* de Jesús.[3] Es decir, tenemos el mensaje de Cristo preservado en su enseñanza y ejemplo, pero no tenemos las palabras específicas que él haya usado para comunicar ese mensaje.

¿Por qué los autores del Nuevo Testamento escribieron en griego a riesgo de no registrar las palabras exactas de Jesús? La razón parece pragmática. Para ser breve, el griego era el idioma más leído de la época. Para los escritores de los cuatro evangelios bíblicos era más importante difundir el mensaje que dar a conocer las palabras exactas de Jesús. Obviamente, era el *mensaje* en el que querían que nos enfocáramos, no en las palabras específicas.[4]

---

[2] Para ser claros, yo no estoy diciendo que la teología no sea importante. Este libro es un ejercicio de una clase de discurso teológico. Jesús dice que debemos amar a Dios con nuestra mente tanto como hemos de amarlo con nuestro corazón (ver Marcos 12: 30). Lo que estoy diciendo es que los cristianos nunca deben convertir al estudio teológico en la escalera al cielo. Encontrar las palabras y las frases correctas para expresar nuestra fe en Cristo no es lo que nos salva. Por ejemplo, como cristiano yo creo en la doctrina de la justificación por la fe, pero yo no creo que soy salvo por creer en la justificación por la fe. Soy salvo por Jesús (ver 1 Timoteo 2: 5). En palabras atribuidas a Karl Barth, "Jesús no nos da la receta para mostrarnos el camino a Dios como lo hacen otros maestros religiosos. Él mismo es el camino".

[3] Esa disparidad entre las palabras que originalmente se pronunciaron y las que se escribieron en la Biblia se aplica a los cuatro evangelios que registran la vida y la enseñanza de Jesús. En otros libros del Nuevo Testamento, tales como las cartas de Pablo, contamos con las palabras originales de los autores que escribieron en griego lo que quisieron decir en griego.

[4] Hay un beneficio adicional en el hecho de que la Biblia no haya registrado las palabras específicas de Jesús que se hace evidente cuando contrastamos la Biblia con el Corán. Los musulmanes creen que el Corán transcribe las palabras específicas de Alá en su versión original en árabe. Eso quiere decir que para que una persona pueda obtener el mayor beneficio del Corán debe conocer el árabe con fluidez, puesto que sus palabras son exactamente las mismas palabras de Dios. Los creyentes que no leen árabe están siempre en desventaja, ya que ninguna traducción a otro idioma se considera el Corán "real". De hecho, una de las evidencias que los musulmanes presentan como "prueba" de que el Corán es inspirado por Dios es la belleza de su lectura —en árabe—, una prueba que no está al alcance de quienes no hablan el idioma. Es un alivio que la Biblia nos invite a apreciar la

APÉNDICE B

Tristemente, las personas religiosas a menudo se casan con ciertas palabras como si ellas tuvieran un poder mágico para producir resultados espirituales. La consecuencia es una forma extraña de idolatría lingüística que se expresa en una religión de debates seudoacadémicos en lugar de la del amor fraternal. Al escribir los Evangelios en griego, los primeros seguidores de Jesús nos ayudan a entender que lo que importa son los mensajes y no el uso mágico de palabras religiosas específicas.

A través de historias e ilustraciones hechas con palabras, Jesús llama a todos los oyentes a considerar el significado de su mensaje. Al reflexionar sobre su significado, nos invita a descubrir al Dios que nos ama más allá de lo que las palabras puedan expresar.

---

belleza de su mensaje, no de su arameo, de su hebreo ni de su griego. Antes que un mensaje académico para especialistas en idiomas antiguos, o antes que un mensaje secreto para gnósticos místicos cuyas claves para desentrañar el misterio las conocen solo ellos, Jesús enseñó un mensaje que está al alcance de todos; incluso de los niños.

APÉNDICE C

CAPTURANDO EL EVANGELIO

Si solo hubiera gente malvada en algún lugar, cometiendo actos insidiosamente malvados y solo bastara con expulsarlos de nuestro medio y destruirlos... Pero la línea que divide el bien y el mal atraviesa el corazón de cada ser humano. ¿Y quién está dispuesto a destruir un pedazo de su propio corazón?

—Aleksandr Solzhenitsyn

Este mundo es inefablemente hermoso. Y es feo hasta la médula. Y está lleno de vida, amor y alegría. Y es indescriptiblemente triste. La imprenta es un increíble invento de la creatividad humana. Los periódicos que imprimimos detallan nuestra depravación humana. Salgo a caminar y no puedo evitar pensar en la naturaleza como una obra de arte divino, hasta que veo a un león derribando lentamente una gacela en un documental sobre la naturaleza. El nuestro es un mundo donde las palabras "niño" y "pornografía" se usan en una misma oración. ¿Qué es lo que está mal con este mundo?

Hasta cierto punto, toda religión es un intento de respuesta a esa pregunta. La religión surge de nuestro sentido intuitivo de que necesitamos corregir algo que está incompleto o que no está sincronizado con nuestra experiencia humana. Cada religión etiqueta este problema de manera diferente, desde el apego a la ignorancia hasta el mal *karma*, pero lo que une a todas es la oferta de ayudar a la humanidad a superar el problema, cualquiera que sea.

La Biblia califica nuestro problema como "pecado", y esa es una buena noticia, porque el pecado puede tratarse directamente a través de algo llamado *perdón*. El pecado es un bloqueo relacional que requiere un remedio relacional. Asume la forma de cualquier actitud o acción que nos aleja de Dios en lugar de orientarnos hacia él. Pecamos cada vez que "erramos al blanco", que es seguir la voluntad amorosa de Dios para nuestras vidas.[1] El pecado es egocentrismo: una vida egocéntrica antes que una centrada en Dios. Cuando elegimos este camino, les causamos dolor a los demás, a Dios, a nosotros mismos y a toda la creación. N. T. Wright comenta: "'El pecado' es un poder desatado en el mundo, un parásito engañoso y corrosivo que ha entrelazado a toda la raza humana en sus tentáculos y la está ahogando lentamente".[2]

Debido a que todos estamos conectados en la creación (Adán fue hecho de la tierra y Eva fue hecha de Adán, y, desde entonces, todas las personas han sido "hechas" de otras personas), cuando pecamos, afectamos a toda la creación en algún nivel. En cierto sentido, el pecado es como la contaminación espiritual que lentamente va elevando el nivel de disfunción en la naturaleza. La Biblia narra que cuando Adán y Eva pecaron por primera vez, la creación comenzó a funcionar mal (ver Génesis 3: 17-18), y ahora "toda la creación gime a una, como si tuviera dolores de parto" (Romanos 8: 22).

Hay facciones de la espiritualidad moderna que no aceptan que hayan aspectos negativo en nuestra naturaleza humana. Las personas que se suscriben a estas formas de creer solo quieren pensar en nuestra humanidad en términos de luz, amor y perfección. Pero creo que cualquier espiritualidad que tenga miedo de mirar el lado oscuro de la humanidad, de mirarlo realmente a la cara, está en profunda negación y es fundamentalmente insegura.

Sí, ser una persona es ser una gloriosa portadora de la imagen de lo divino. Pero no solo somos portadores de la imagen de Dios, también somos portadores de imágenes rotas, y necesitamos ayuda para volver a unirnos a este mundo. Ambos aspectos de nuestra humani-

---

[1] La palabra griega que el Nuevo Testamento usa con mayor frecuencia para referirse al pecado es *hamartía*, o *jamartía*, que significa "errar al blanco".
[2] Wall, Sampley y Wright, *The New Interpreter's Bible*, 10:554.

dad deben mantenerse unidos si queremos pensar con claridad sobre quiénes somos y qué necesitamos. Aunque Jesús les atribuyó un valor infinito a las personas que conoció (ver Mateo 10: 29-31), nunca negó su pecado. De hecho, él creía que el origen del mal, el lugar de todos nuestros problemas, es el corazón humano (Marcos 7: 20-23). Si miro al siglo pasado, me inclino a estar de acuerdo.

Cada uno de nosotros lleva por dentro las semillas de la guerra, el asesinato, la violación y el robo. Podemos elegir nutrir nuestro odio, nuestra lujuria y nuestra envidia, y ayudar a crear un mundo de victimización y pobreza, o podemos arrepentirnos, es decir, alejarnos de ese lado de nuestra alma y pedirle a Dios que nos ayude a crecer en semejanza a Cristo. Jesús nos ayuda a recuperar la imagen de Dios en nosotros.

El primer paso para obtener ayuda es admitir que algo está mal. Curiosamente, Jesús nunca se esforzó por convencer a la gente de que eran pecadores. Él mantuvo los ojos abiertos, atento a aquellas personas que eran lo suficientemente valientes como para admitir sus luchas internas, y luego les ofreció la ayuda que necesitaban. Es por eso que sus seguidores rara vez eran personas religiosas, sino "pecadores" confesos. Cuando los líderes religiosos vieron ahí un defecto de diseño en su movimiento, Jesús respondió: "No son los sanos los que necesitan médico sino los enfermos. Y yo no he venido a llamar justos sino pecadores" (Marcos 2: 17).

Por supuesto, Jesús sabía que todas las personas están "enfermas" en algún nivel, pero también sabía que solo algunas personas son lo suficientemente seguras, o lo suficientemente honestas, o están lo suficientemente destrozadas como para admitirlo. Cuando estamos listos para admitir nuestra enfermedad, estamos listos para la cura.

En los tiempos del Antiguo Testamento, los sacrificios de animales se usaban para representar física y gráficamente el daño espiritual que hace el pecado. Estos sacrificios fueron más simbólicos que efectivos, prefigurando una realidad venidera.

> La ley es solo una sombra de los bienes venideros, y no la presencia misma de esas realidades. Por eso nunca puede, mediante los mismos sacrificios que se ofrecen sin cesar año tras año, hacer perfectos a los que adoran. De otra manera, ¿no habrían dejado ya de hacerse sacrificios? Pues los que rinden culto, purificados de una vez por todas, ya no se habrían sentido culpables de pecado. Pero esos sacrificios son un recordatorio anual de los pecados, ya que es imposible que la sangre de los toros y de los machos cabríos quite los pecados. (Hebreos 10: 14)

Jesús se convirtió en la realidad, la sustancia, de la cual el sistema de sacrificios era simplemente una sombra (ver también Colosenses 2: 16-17). Los sacrificios del templo eran como dramas gráficos que encontraron su cumplimiento en Jesús. Es fascinante observar que todas las religiones antiguas apuntaban, a su manera, hacia una misma realidad, tal como Karen Armstrong afirma: "El sacrificio de animales era una práctica religiosa universal en el mundo antiguo".[3]

Los primeros seguidores de Cristo creían que Jesús se había convertido en una especie de esponja de pecado cósmico que absorbía el pecado de este mundo en un solo punto y, al hacerlo, ofrecía revertir el proceso de decadencia a aquellos que confiaran en él y, finalmente, a toda la creación. El pecado está enraizado en nuestro instinto de supervivencia antes que en la entrega. Jesús deshace el poder del pecado a través de su gran acto de autosacrificio, de amor que da vida: "Al que no conoció pecado alguno, por nosotros Dios lo trató como pecador, para que en él recibiéramos la justicia de Dios" (2 Corintios 5: 21). A través de Jesús, Dios absorbe nuestro pecado y, si estamos dispuestos a aceptarlo, podemos absorber su perfección. Y así, Dios mismo se convierte en la solución al problema del mundo, invitándonos a todos a una relación reconciliada con él: "... en Cristo, Dios estaba reconciliando al mundo consigo mismo, no tomándole en cuenta sus pecados y encargándonos

---

[3] Armstrong, *The Great Transformation*, xv.

a nosotros el mensaje de la reconciliación" (2 Corintios 5: 19).

Este mensaje se llama "evangelio", que significa "buenas noticias". Es exactamente eso: buenas noticias. Dios ha hecho la obra de salvarnos de nuestro propio pecado y egoísmo. Simplemente nos pide que confiemos y tengamos fe en él: "Porque tanto amó Dios al mundo, que dijo a su Hijo unigénito, para que todo el que cree en él no se pierda, sino que tenga vida eterna. Dios no envió a su Hijo al mundo para condenar al mundo, sino para salvarlo por medio de él" (Juan 3: 16-17).

Entonces, podríamos resumir el evangelio como el mensaje de buenas noticias de que Dios se convirtió en uno de nosotros para:

- mostrarnos su amor (ver Lucas 15: 11-32; Juan 3: 16-17; Romanos 5: 8);
- salvarnos del pecado (ver Mateo 9: 18; Juan 1: 29; 12: 46-47; 1 Corintios 15: 14; Efesios 2: 5; 1 Timoteo 1: 15);
- cancelar la religión (ver Juan 17: 3; 1 Timoteo 2: 5; Romanos 10: 4; Efesios 2: 14-15)

Algunas personas no están listas para este mensaje. Pueden tropezar con cualquiera de estos aspectos del evangelio:

- **Amor**: Se ven a ellas mismas como desagradables y tienen problemas para aceptar que el Creador del universo tenga algo que ver con ellas.
- **Pecado**: No quieren pensar que necesitan perdón por el pecado.
- **Fe**: Piensan que una salvación consistente solo en confiar en Dios es demasiado fácil, demasiado simple. No quieren dejar de lado sus sistemas religiosos más intrincados.

Recuerdo que yo mismo "tropecé" con la simplicidad de este pasaje de la Biblia, en el que el apóstol Pablo trata de explicarle a un grupo de cristianos cómo llegaron a ser hijos de Dios: "Porque por gracia ustedes han sido salvados mediante la fe; esto no procede de ustedes, sino que es el regalo de Dios, no por obras, para que nadie se jacte" (Efesios 2: 8-9). Esa es la gracia asombrosa. Debido a su amor, su gracia, Dios nos ha alcanzado. La gracia es una realidad interna para Dios. El hecho de que su motivación para salvarnos sea interna significa que no hay nada que podamos hacer para que nos ame más de lo que lo hace ahora, y nada que podamos hacer para que nos ame menos.

Recuerdo haber mirado a mis hijas cuando eran bebés mientras dormían en sus cunas. No estaban haciendo nada que pudieran motivarme a que yo las amara más o menos. El amor que tenía por ellas, y que todavía tengo, fue y es involuntario. Simplemente es. Ese es el corazón de Dios hacia nosotros.

BIBLIOGRAFÍA

Ali, M. Amir, PhD. "Jihad Explained". Institute of Islamic Information and Education. No. 18. 2006. http://www.iiie.net/Articles/tabid/54/TID/18/cid/1/Default.aspx.

Armstrong, Karen. *A Short History of Myth.* New York: Canongate Books, 2005.

——. *The Great Transformation: The Beginning of our Religious Traditions.* New York: Alfred Knopf, 2006.

Baker, Mark D. *Religious No More: Building Communities of Grace and Freedom.* Downers Grove, IL: InterVarsity Press, 1999.

Barclay, William. *The Mind of St. Paul.* London: Fontana Books, 1965.

Barnett, Paul W. *Jesus and the Logic of History.* Edited by D. A. Carson. Vol. 3 of *New Studies in Biblical Theology.* Downers Grove, IL: InterVarsity Press, 1997.

Barth, Karl. *The Humanity of God.* Richmond, VA: John Knox Press, 1960.

Bock, Darrell L. *Studying the Historical Jesus: A Guide to Sources and Methods.* Grand Rapids, MI: Baker Academic, 2002.

Borg, Marcus J. *The Heart of Christianity: Rediscovering a Life of Faith.* San Francisco: Harper SanFrancisco, 2003. (Edición en español: *Las antigüedades de los judíos*, Libro XVIII) Obtenido para esta traducción el 21 de mayo de 2019: http://biblio3.url.edu.gt/Libros/2011/las_antigue.pdf)

——. *Jesus: Uncovering the Life, Teachings, and Relevance of a Religious Revolutionary.* San Francisco: HarperSanFrancisco, 2004.

Borg, Marcus J., y N. T. Wright. *The Meaning of Jesus: Two Visions.* San Francisco: HarperSanFrancisco, 1999.

Boyd, Gregory A. *Repenting of Religion: Turning from Judgment to the Love of God.* Grand Rapids, MI: Baker Books, 2004.

Boyd, Gregory A., y Edward K. Boyd. *Letters from a Skeptic: A Son Wrestles with his Father's Questions about Christianity.* Colorado Springs: Cook Communications, 1994.

Buckman, Robert. *Can We Be Good Without God?: Behavior, Belonging and the Need to Believe.* New York: Viking, 2000.

Burridge, Richard A. *What Are the Gospels?: A Comparison with Graeco-Roman Biography.* Grand Rapids, MI: Eerdmans Publishing Company, 2004.

Capon, Robert Farrar. *Between Noon and Three: A Parable of Romance, Law, and the Outrage of Grace.* San Francisco: Harper and Row, 1982.

———. *Kingdom, Grace, Judgment: Paradox, Outrage, and Vindication in the Parables of Jesus.* Grand Rapids, MI: Eerdmans Publishing Company, 2002.

Carroll, James. *Constantine's Sword: The Church and the Jews.* New York: Mariner Books, 2001.

Carroll, Vincent, y David Shiflett. *Christianity on Trial: Arguments Against Anti-Religious Bigotry.* San Francisco: Encounter Books, 2002.

Cawthorne, Nigel. *Witches: History of a Persecution.* London: Arcturus Publishing, 2004.

Chalke, Steve, y Alan Mann. *The Lost Message of Jesus.* Grand Rapids, MI: Zondervan, 2003.

Clouser, Roy. *Knowing with the Heart: Religious Experience and Belief in God.* Downers Grove, IL: InterVarsity Press, 1999.

Collinson, Patrick. *The Reformation: A History.* New York: Modern Library, 2004.

Culpepper, R. Alan. *The New Interpreter's Bible.* Vol. 9. Nashville: Abingdon, 1995.

Dennett, Daniel C. *Breaking the Spell: Religion as Natural Phenomenon.* New York: Viking, 2006.

Dubay, Thomas, SM. *The Evidential Power of Beauty: Science and Theology Meet.* San Francisco: Ignatius Press, 1999.

BIBLIOGRAFÍA

Dugger, Celia W. "Religious Riots Loom over Indian Politics". *New York Times*. July 22, 2002. http://www.genocidewatch.org/Indianriots27July2002.htm.

Ellerbe, Helen. *The Dark Side of Christian History*. Orlando, FL: Morningstar and Lark, 1995.

Fowler, James A. *Christianity is Not Religion*. James A. Fowler, 1998. http://www.christinyou.net/pages/notrel.html.

Green, Joel B., y Mark D. Baker. *Recovering the Scandal of the Cross: Atonement in New Testament and Contemporary Contexts*. Downers Grove, IL: InterVarsity Press, 2000.

Green, Michael. *Who is This Jesus?*. Nashville: Thomas Nelson, 1990.

Groothuis, Douglas. *Wadsworth Philosophers Series: On Jesus*. Toronto: Thompson Wadsworth, 2003.

Habermas, Gary R. *The Historical Jesus: Ancient Evidence for the Life of Christ*. Joplin, MO: College Press Publishing Company, 2001.

Harris, Sam. *The End of Faith: Religion, Terror, and the Future of Reason*. New York: W. W. Norton and Company Inc, 2004. (Edición en español: *El fin de la fe: Religión, terror y el future de la razón*, Paradigma, 2007).

Heelas, Paul, y Linda Woodhead. *The Spiritual Revolution: Why Religion is Giving Way to Spirituality*. Oxford: Oxford University Press, 2005.

Heschel, Abraham Joshua. *I Asked for Wonder: A Spiritual Anthology*, ed. Samuel H Dresner. New York: Crossroad Publishing Company, 2003.

Hovestol, Tom. *Extreme Righteousness: Seeing Ourselves in the Pharisees*. Chicago: Moody Press, 1997.

Jenkins, Philip. *The New Anti-Catholicism: The Last Acceptable Prejudice*. New York: Oxford University Press, 2003.

Josephus, *Antiquities*, 18:30. (Edición en español: *Las antigüedades de los judíos, Libro XVIII*. Obtenido para esta traducción el 21 de mayo de 2019. http://biblio3.url.edu.gt/Libros/2011/las_antigue.pdf)

Juergensmeyer, Mark. *Terror in the Mind of God: The Global Rise of Religious Violence*. Berkeley y Los Angeles: University of California Press, 2003. (Edición en español: *Terrorismo religioso: El auge global de la violencia religiosa*, Madrid: Sigo XXI Editores, 2001).

Kaiser, Walter C., Jr. *The Christian and the "Old" Testament*. Pasadena, CA: William Carey Library, 1998.

Keesmaat, Sylvia C. "Strange Neighbors and Risky Care". En *The Challenge of Jesus' Parables*, ed. Richard Longenecker. Grand Rapids, MI: Eerdmans, 2000.

Kern, Kathleen. *We Are the Pharisees*. Scottdale, PA: Herald Press, 1995.

Kimball, Charles. *When Religion Becomes Evil*. New York: HarperCollins, 2002.

King, Martin Luther, Jr. "The Casualties of the War in Vietnam". Speech, Los Angeles, CA, February 25, 1967.

Kinlaw, Dennis F. *Let's Start with Jesus: A New Way of Doing Theology*. Grand Rapids, MI: Zondervan, 2005.

Kraybill, Donald B. *The Upside-Down Kingdom*. Waterloo, ON: Herald Press, 2003.

———. *The Upside Down Kingdom*. Scottdale, PA: Herald Press, 1990.

LaHaye, Tim, and Jerry Jenkins. *Glorious Appearing*. Wheaton, IL: Tyndale, 2004. (Edición en español: *El regreso glorioso: Los últimos días*, Thorndike Press, 2006.

L'Engle, Madeleine. *Walking on Water: Reflections on Faith and Art*. Wheaton, IL: Harold Shaw Publishers, 1980.

Lewis, C. S. *Mere Christianity*. San Francisco: HarperSanFrancisco, 2001. (Edición en español: *Cristianismo y nada más,* traducido por Julio C. Orozco, Miami: Editorial Caribe, 1977).

Maier, Paul L. *In the Fullness of Time: A Historical Look at Christmas, Easter, and the Early Church*. New York: HarperCollins, 1991.

Main, Darren John. *Spiritual Journeys Along the Yellow Brick Road*. Tallahassee, FL: Findhorn Press, 2000.

Manji, Irshad. *The Trouble With Islam Today: A Muslim's Call for Reform in Her Faith*. Toronto: Vintage Canada, 2005.

McCracken, David. *The Scandal of the Gospels: Jesus, Story, and Offense*. New York: Oxford University Press, 1994.

McLaren, Brian D. *The Secret Message of Jesus: Uncovering the Truth that Could Change Everything*. Nashville: W Publishing Group, 2006.

Miles, Jack. *Christ: A Crisis in the Life of God*. New York: Alfred A. Knopf, 2001.

Moynahan, Brian. *The Faith: A History of Christianity*. New York: Image Books, 2002.

Nelson-Pallmeyer, Jack. *Jesus Against Christianity: Reclaiming the Missing Jesus*. Harrisburg, PA: Trinity Press International, 2001.

———. *Is Religion Killing Us?: Violence in the Bible and the Quran*. New York: Trinity Press International, 2003.

Neusner, Jacob. *Judaism When Christianity Began: A Survey of Belief and Practice*. Louisville, KY: Westminster John Knox Press, 2002.

Nolan, Albert. *Jesus Before Christianity*. Maryknoll, NY: Orbis Books, 2000.

Placher, William C. *Jesus the Savior: The Meaning of Jesus Christ for Christian Faith*. Louisville, KY: Westminster John Knox Press, 2001.

Rideout, N. Kenneth. *The Truth You Know You Know: Jesus Verified in Our Global Culture*. Nashville: NDX Press, 2005.

Sayers, Dorothy L. *Creed or Chaos?: Why Christians Must Choose Either Dogma or Disaster*. Manchester: Sophia Institute Press, 1974.

Sanders, E. P. *The Historical Figure of Jesus*. New York: Penguin, 1993.

Schmidt, Alvin J. *How Christianity Changed the World*. Grand Rapids, MI: Zondervan, 2004.

Siefrid, Mark A. *Christ, our Righteousness: Paul's Theology of Justification*. Edited by D. A. Carson. Vol. 9 en *New Studies in Biblical Theology*. Downers Grove, IL: InterVarsity Press, 2000.

Stott, John. *Why I Am A Christian*. Downers Grove, IL: InterVarsity Press, 2003. (Edición en español: *Por qué soy cristiano*, Barcelona: Andamio, 2009)

———. *The Cross of Christ*. Downers Grove, IL: InterVarsity Press, 1986. (Edición en español: *La cruz de Cristo*, trad. por David Powell, Buenos Aires: Editorial Certeza. 1996).

———. *Focus on Christ*. New York: Collins, 1979.

Tice, Rico, and Barry Cooper. *Christianity Explored*. Waynesboro, GA: Authentic Media, 2002.

Twiss, Miranda. *The Most Evil Men and Women in History*. London: Michael O'Mara Books, 2002.

Vanier, Jean. *Becoming Human*, disco compacto de lecturas de Jean Vanier para Massey College, Toronto, 1998. Toronto: CBC Audio, 2001.

Van Voorst, Robert E. *Jesus Outside the New Testament: An Introduction to the Ancient Evidence*. Grand Rapids, MI: Eerdmans Publishing Company, 2000.

Wall, Robert W., J. Paul Sampley, y N. T. Wright. *The New Interpreter's Bible*. Vol. 10. Nashville: Abingdon, 2002.

Weis, René. *The Yellow Cross: The Story of the Last Cathars' Rebellion Against the Inquisition*. New York: Vintage Books, 2000.

Willard, Dallas. *The Divine Conspiracy: Rediscovering Our Hidden Life in God*. San Francisco: HarperSanFrancisco, 1998.

———. *The Great Omission: Reclaiming Jesus' Essential Teachings on Discipleship*. New York: HarperCollins Publishers, 2006. (Edición en español: *La gran omisión: Recuperando las enseñanzas esenciales de Jesús en el discipulado*, HarperCollins Español, 2015).

Wills, Garry. *What Jesus Meant*. New York: Penguin, 2006.

Wright, N. T. *Jesus and the Victory of God*. Minneapolis, MN: Fortress Press, 1996.

———. *The Challenge of Jesus*. Downers Grove, IL: InterVarsity Press, 1999.

———. *Simply Christian: Why Christianity Makes Sense*. New York: Harper Collins, 2006. (Edición en español: *Simplemente Cristiano: Por qué el cristianismo tiene sentido*, Miami: Editorial Vida, 2012).

Witherington, Ben, III. *The Christology of Jesus*. Minneapolis, MN: Fortress Press, 1990.

Yancey, Philip. *The Jesus I Never Knew*. Grand Rapids, MI: Zondervan, 1995.

Yoder, John Howard. *The Politics of Jesus*. Grand Rapids, MI: Eerdmans Publishing Company, 1999.

Young, Brad H. *Jesus the Jewish Theologian*. Peabody, MA: Hendrickson Publishers, 1995

SOBRE EL AUTOR

Bruxy Cavey es pastor principal en *The Meeting House*, una iglesia para personas que no están en la iglesia. Esta comunidad de múltiples sitios en el área metropolitana de Toronto comparte una misma enseñanza y visión: crear lugares para que, quienes andan en sus búsquedas espirituales, se sientan con la confianza de elevar sus preguntas y desarrollar una fe reflexiva. El estilo desparpajado de Bruxy, su rigor histórico y franqueza refrescante lo han convertido en un invitado popular a programas de radio y televisión y a universidades en todo Canadá. Bruxy vive en Hamilton, Ontario con su esposa, Nina, y sus tres hijas, Chelsea, Chanelle y Maya.